Niklas Holzberg
Der antike Roman

Der antike Roman

Eine Einführung

von

Niklas Holzberg

4., komplett überarbeitete Auflage

ISBN 978-3-11-222898-2
ISBN 978-3-11-222899-9 (PDF)
ISBN 978-3-11-222900-2 (EPUB)

Library of Congress Control Number: 2026932522

Bibliografische Information der Deutschen Nationalbibliothek
Die Deutsche Nationalbibliothek verzeichnet diese Publikation in der Deutschen Nationalbibliografie; detaillierte bibliografische Daten sind im Internet über http://dnb.dnb.de abrufbar.

De Gruyter und Walter de Gruyter GmbH sind Teil von De Gruyter Brill.
www.degruyterbrill.com

Fragen zur allgemeinen Produktsicherheit: productsafety@degruyterbrill.com

Einbandabbildung: David M. Schrader / iStock / Getty Images Plus

In memoriam Christine Jackson-Holzberg

∵

Inhalt

Vorwort zur 2. Auflage

Die 1986 erschienene erste Auflage dieser Einführung, die auf Untersuchungen zum antiken Roman aus einem Zeitraum von etwas über hundert Jahren fußte, war bereits im Druck, als ein Buch herauskam, dass dann endgültig eine neue Epoche in der Forschungsgeschichte einleitete: John J. Winkler, *Auctor & Actor: A Narratological Reading of Apuleius's* The Golden Ass (Berkeley et al. 1985). Winkler hatte seine Analyse eines antiken Romans zum ersten Mal konsequent auf die Erkenntnisse der modernen Literaturwissenschaft gestützt, und das gab den Anstoß dazu, dass in den letzten fünfzehn Jahren zu einem Thema, dem die Klassische Philologie bis dahin verhältnismäßig wenig Beachtung geschenkt hatte, mehr Arbeiten entstanden als in der ganzen Zeit zuvor. Außer zahlreichen Aufsätzen und Monographien wurden mehrere Sammelbände publiziert, die größtenteils aus zwei großen Tagungen und aus der Tätigkeit von neugegründeten Arbeitsgruppen hervorgingen.

Der einen der beiden Tagungen, der ›International Conference on the Ancient Novel‹ (ICAN TWO), veranstaltet im Juli 1989 in Hanover/New Hampshire in den USA, war bereits 1976 eine ICAN in Bangor in Wales vorausgegangen. Diese ›Stiftungskonferenz‹, der das 100. Jubiläum des Erscheinens von Erwin Rohdes epochaler Monographie über den griechischen Roman zum Anlass diente, hatte bereits alles in Gang gesetzt. Aber erst ab Mitte der achtziger Jahre des 20. Jahrhunderts und dann vor allem nach der Konferenz in Hanover stieg nicht nur die Zahl der Publikationen zum antiken Roman erheblich, sondern es wurden auch Diskussionsforen geschaffen, die den direkten gedanklichen Austausch förderten: die ›Groningen Colloquia on the Novel‹ und die regelmäßigen Kolloquien und Vortragsveranstaltungen der amerikanischen ›Society of Biblical Literature‹ (die sich vor allem der christlichen Romanliteratur widmete) sowie der Münchner Sektion der 1970 in den USA gegründeten ›Petronian Society‹. Und im Juli 2000 fand in Groningen die dritte ›International Conference on the Ancient Novel‹ (ICAN 2000) statt.

Die moderne Erforschung des antiken Romans begann also eigentlich nach dem Erscheinen der ersten Auflage dieser Einführung. Wichtige Ergebnisse der vielen unmittelbar danach publizierten Untersuchungen fanden bereits 1995 in die englische Übersetzung (*The Ancient Novel: An Introduction*, London/New York) und 1998 in die davon abhängige niederländische Übersetzung (*De roman in de oudheit*, Amsterdam) Eingang. Aber auch in der kurzen Zeit nach dem Erscheinen dieser neuen Fassungen geschah in der Forschung immer noch so viel, dass für die zweite Auflage in deutscher Sprache ganze Abschnitte neu zu schreiben waren; insbesondere die Ausführungen zur Entstehung der

 | HTTPS://DOI.ORG/10.1515/9783112228999-201

Gattung haben, weil wir inzwischen weit mehr über die nachklassische griechische Literatur wissen als früher, eine wesentliche Veränderung erfahren.

All das, was ich in den letzten fünfzehn Jahren dazugelernt habe, verdanke ich freilich nicht nur Büchern und Aufsätzen, sondern auch den häufigen Diskussionen mit den ›novel people‹ in aller Welt. Bei der Nennung von Personen muss ich mich auf diejenigen Freunde und Kollegen beschränken, von deren Untersuchungen, Äußerungen in Diskussionen und persönlichen Gesprächen sowie Briefen ich ganz besonders für diese Einführung profitiert habe: Klaus Alpers, Andreas Beschorner, Jan Bremmer, Gerlinde Bretzigheimer, Susanne Brodersen, Gian Biagio Conte, Ken Dowden, Brigitte Egger, Massimo Fusillo, Tomas Hägg, Heinz Hofmann, Rolf Kussl, Barbara Leininger, Stefan Mairoser, Danielle van Mal-Maeder, Roland Mayer, Stefan Merkle, Elisa Mignogna, Peter von Möllendorff, John Morgan, Hans Peter Obermayer, Rudi van der Paardt, Richard Pervo, Karin Prasch, Bryan Reardon, Ulrich Rütten, Gareth Schmeling, Antonio Stramaglia, Simon Swain, James Tatum, Alfons Wouters und Maaike Zimmerman. Ihnen allen sei an dieser Stelle herzlich gedankt, insbesondere Peter von Möllendorff, der das Manuskript kritisch durchsah und mir wertvolle Verbesserungsvorschläge machte. Außerdem gilt mein Dank den beiden Freunden Hartmut Längin und Sven Lorenz, die mir bei den Korrekturen halfen.

Es ist im Grunde ein neues Buch geworden. Nicht nur bei der Erforschung der Natur werden neue Erkenntnisse gewonnen, sondern auch in der Literaturwissenschaft. Speziell bei der Gattung Roman, deren wohl bedeutendster antiker Vertreter den Titel *Metamorphosen* trägt – ebendieser Text hatte ja Winkler zu seinem Buch angeregt –, ist es auch gar nicht verwunderlich, dass einmal für gültig gehaltene Lehrmeinungen sich wandeln. Umso notwendiger ist es, dass über den jüngsten Stand des Mutationsprozesses immer wieder einmal berichtet und dabei vor allem ein leichtfasslicher Überblick vermittelt wird. Wenn es der vorliegenden Einführung gelungen ist, dies zu leisten, hat sie ihre Aufgabe erfüllt.

München, im August 2000 Niklas Holzberg

Vorwort zur 3. Auflage

Dieses Buch, das mittlerweile auch in polnischer und slowenischer Sprache erschien (*Powieść antyczna. Wprowadzenie*, Kraków 2003; *Antični roman. Uvod*, Ljubljana 2004), wird nunmehr in dritter Auflage von der *Wissenschaftlichen Buchgesellschaft* verlegt. So ergab sich die Gelegenheit zu einer gründlichen Durchsicht und zur Aktualisierung der Bibliographie. Außerdem werden Textstellen jetzt außer in Übersetzung auch im Wortlaut des Originals zitiert. Für wertvolle Hilfe bei den Korrekturen ergeht ein herzliches Dankeschön an Christine Jackson-Holzberg. Ihr und unserm Sohn Daniel Mackay ist das Buch gewidmet.

München, im Juni 2005 Niklas Holzberg

Vorwort zur 4. Auflage

Die vierte Auflage erscheint im Verlag *De Gruyter* 20 Jahre nach der dritten von 2006. Inzwischen ist die Zahl derjenigen, die sich mit dem antiken Roman im weitesten Sinne wissenschaftlich auseinandersetzen, so stark angewachsen, dass man geradezu von einem Boom sprechen kann. Freilich schreiben jetzt die Nachfolger:innen derjenigen Forscher:innen, welche die neunziger Jahre des letzten Jahrhunderts zu einer ›klassischen‹ Epoche der *ancient novel studies* machten, indem sie eine solide Grundlage für alle künftigen Auseinandersetzungen mit der Gattung schufen. Der Möglichkeit, ganz neue Erkenntnisse zu gewinnen, waren also Grenzen gesetzt. Deshalb verwundert es nicht, dass in vielen Arbeiten literaturwissenschaftliche und andere Theorien angewandt werden, welche die Grenzen dessen überschreiten, was ein antiker Text der Interpretation gestattet. Ich habe daher manches von dem, was da verfasst wurde, in diesem Buch, das einen breiten Leser:innenkreis ansprechen möchte, nicht berücksichtigt.

Andererseits wurde durchaus viel entdeckt, was das bisherige Bild von einigen Texten modifizierte oder veränderte; dazu trug die Auffindung bisher nicht bekannter Texte in Papyrusfragmenten bei. Es sind also wieder einzelne Passagen der vorliegenden Einführung umgeschrieben, und natürlich ist die Bibliographie gegenüber derjenigen von 2006 erheblich erweitert – trotz des Verzichts auf manche Untersuchung, die mir übers Ziel hinauszuschießen scheint. Für wertvolle Hinweise zu danken habe ich diesmal Nikoletta Kanavou, Iannis Konstantakos, Antonio Stramaglia und Stefan Tilg sowie für die sehr sorgfältige Durchsicht des Manuskripts Rudolf Vetterl. Gewidmet ist das neue Buch meiner am 13. Oktober 2025 gestorbenen Frau, welche die erste Auflage sowie die Einführung in die antike Fabel ins Englische übersetzte.

München, im Herbst 2025 — Niklas Holzberg

 | HTTPS://DOI.ORG/10.1515/9783112228999-203

KAPITEL 1

Die Gattung

Im Bereich des ausschließlich der Unterhaltung dienenden TV-Spielfilms, der sich seit etwa sechzig Jahren einer ähnlichen Popularität erfreut wie zuvor der triviale Liebes- und Abenteuerroman, zählen zu den weltweit bisher größten Publikumserfolgen US-amerikanische Familienserien, in denen die Wechselfälle des Schicksals von Ölbaronen und anderen Millionären dargestellt werden. Allein in der Bundesrepublik Deutschland interessierten sich z. B. in den frühen achtziger Jahren des 20. Jahrhunderts jede Woche rund 14 Millionen Fernsehzuschauer für das in Seifenopern wie *Dallas* und *Dynasty* dargestellte Leben von Angehörigen der reichen Oberschicht, in dem Freud und Leid mehrerer Liebespaare, Intrigen und Schurkereien, Reiseabenteuer, Bedrohung durch Krankheit oder Tod und Wiedersehen mit totgeglaubten Familienmitgliedern, Gerichtsverhandlungen usw. ebenso eine beherrschende Rolle spielen wie in Illustrierten- und Groschenromanen und in dem – analog zu dem obligatorischen Happy End dieser Art von Fabulistik – die einzelnen Episoden zumindest für die Hauptfiguren der Serie in der Regel glücklich ausgehen.

Den meisten Konsumenten von TV-Produktionen des genannten Typs dürfte kaum bewusst sein, dass es bereits in der griechischen Literatur der Antike, die man doch gemeinhin für geistig höchst anspruchsvoll und eher erbaulich als unterhaltsam hält, eine motivische Entsprechung gab: einen bestimmten Typ von fiktionaler Prosaerzählung, der, als literarische Gattung vermutlich in der Mitte des ersten Jahrhunderts nach Christi Geburt entstanden, bis etwa zur Mitte des 3. Jahrhunderts n. Chr. eine gewisse Blüte erlebt haben dürfte, dann aber wohl von der literarischen Bühne verschwand. Jedenfalls wurde, soweit wir heute sagen können, nur in diesem relativ kurzen Zeitraum eine nicht geringe Anzahl von hierher gehörenden Texten produziert, die teils entweder vollständig oder fragmentarisch überliefert, teils verlorengegangen sind. Diese ›Romane‹ – auf den Begriff komme ich zurück – weisen in der Motivik ihrer Bauelemente nicht nur eine starke Ähnlichkeit mit der Motivik der erwähnten und anderer Fernsehserien auf, sondern sind auch untereinander thematisch so eng verwandt, dass man von einem Handlungsschema sprechen kann, auch wenn es von allen fünf Erzählern, deren Romane vollständig erhalten sind, variiert wird. Die Bekanntschaft mit dem Schema ist eine wichtige Voraussetzung für die Interpretation der Texte. Deshalb beginne ich meine Einführung in die Gattung damit, in groben Zügen einen Roman nachzuerzählen, dessen Autor von den traditionellen Motiven besonders ausgiebigen Gebrauch macht: die *Ephesiaka* (»Ephesische Geschichten«) des Xenophon von Ephesos.

 | HTTPS://DOI.ORG/10.1515/9783119783112228999-001

1.1 Beispiel für das typische Handlungsschema: Xenophons *Ephesiaka*

Die beiden Protagonisten des Romans sind der junge Ephesier Habrokomes und seine etwas jüngere Frau Anthia, die bald nach ihrer Hochzeit auseinandergerissen werden und erst nach einer längeren Abenteuerreise durch den östlichen Mittelmeerraum zu einem von nun an glücklichen Eheleben zusammenfinden.

Zu Beginn der Handlung verliebt sich der als ungewöhnlich schön beschriebene, mit allen Geistesgaben und Fähigkeiten reichlich ausgestattete und von einem vornehmen Bürger abstammende Habrokomes in die ebenso extrem schöne Anthia; direkte Ursache dafür ist die durch unmäßigen Stolz auf seine körperlichen und geistigen Vorzüge verursachte Verachtung der Macht des Liebesgottes. Denn aus Zorn über eine solche Überheblichkeit lässt Eros den sechzehnjährigen jungen Mann, als dieser bei einem Artemis-Fest die vierzehnjährige Anthia zum ersten Mal erblickt, sofort in heftiger Liebe zu ihr erglühen und zusammen mit dem auch sofort heftig in ihn verliebten Mädchen eine Zeitlang psychische Qualen und physische Schwäche erleiden, bis die besorgten Eltern deshalb das Orakel des Apollon von Kolophon befragen. Dieses spricht dunkel von einer heilbaren Krankheit, die Habrokomes und Anthia befallen habe, was die Eltern dazu veranlasst, die zwei zu verheiraten. Weiteren rätselhaften Eröffnungen glaubt man gleichermaßen durch Taten entsprechen zu müssen. Das Orakel redet außerdem von Irrfahrten und Heimsuchungen des Paars bis zur Wende zu einem besseren Schicksal, und so werden Habrokomes und Anthia, kaum sind sie miteinander vereint, zu Schiff auf die Reise geschickt.

Am Anfang der Fahrt schwören die Liebenden sich gegenseitig ewige Treue, auch für den Fall, dass irgendetwas sie trennt. Ihr guter Vorsatz wird schon früh erstmals auf die Probe gestellt. Nach einem kurzen Aufenthalt der beiden auf Rhodos, wo sie im Tempel des Sonnengottes eine goldene Rüstung weihen, kapern ihr Schiff, als sie weiterreisen, Seeräuber, die das Paar zum Haus ihres Anführers Apsyrtos in der Nähe des phönizischen Tyros verschleppen. Während der Fahrt ist sein Untergebener Korymbos in Leidenschaft für Habrokomes entbrannt, und ein anderer Pirat namens Euxeinos begehrt Anthia. Das erste von insgesamt fünf Büchern des Romans endet wie die Episode einer TV-Serie damit, dass die gerade geschaffene Situation die Leser:innen in Spannung versetzt. Denn als Habrokomes und Anthia von dem sexuellen Verlangen der zwei Seeräuber erfahren, bitten sie um Bedenkzeit, und man möchte natürlich wissen, wie die Eheleute sich in ihrer bedrohlichen Lage entscheiden.

Die Spannung wird zu Beginn des zweiten Buches zunächst auf den Höhepunkt getrieben, weil das Paar beschließt, sich der Gefahr durch Selbstmord zu entziehen. Aber dann beansprucht Apsyrtos Habrokomes und Anthia als Sklaven und Sklavin für sich und bringt sie zusammen mit dem Bediensteten-paar Leukon und Rhode in sein Haus in Tyros. Da dort seine Tochter Manto für Habrokomes erglüht, aber auf Ablehnung stößt, verursacht die Rachsucht der Enttäuschten die Trennung der Eheleute: Wie Potiphars Frau den biblischen Joseph beschuldigt Manto Habrokomes fälschlich der versuchten Vergewaltigung, worauf ihr Vater ihn auspeitschen und in Ketten gefangen halten lässt, und Anthia muss Manto nach deren Hochzeit mit dem Syrer Moiris als Sklavin zusammen mit Leukon und Rhode nach Antiochia begleiten.

Von nun an springt die Handlung in meist sehr kurzen Abschnitten zwischen den Erlebnissen der zwei Hauptfiguren in einer Weise hin und her, die besonders stark an die Szenenführung von TV-Serien mit ihren oft kaum mehr als eine Minute andauernden Einzelepisoden innerhalb einer Folge erinnert. Bis zum Ende von Buch 2 berichtet der Erzähler in je drei einander abwechselnden Abschnitten über weitere Erlebnisse des Ehepaars; außerdem erfahren wir, dass Leukon und Rhode, nach Xanthos in Lykien gebracht, an einen alten Mann verkauft werden, der sie wie eigene Kinder behandelt.

Anthia wird von Manto gezwungen, den Ziegenhirten Lampon zu heiraten, der sie jedoch aus Mitleid mit ihrem Schicksal nicht anrührt. Weil dann Moiris sie begehrt, befiehlt seine Frau Manto dem Ziegenhirten, Anthia zu töten, dieser verkauft sie aber stattdessen an kilikische Händler, mit denen zusammen sie nach einem Schiffbruch vor der Küste Kilikiens in die Gewalt der Räuberbande des Hippothoos gerät. Zum Opfer für Ares bestimmt, wird Anthia von Perilaos, dem für den Frieden in Kilikien verantwortlichen obersten Beamten, durch einen Überfall auf die Banditen befreit und mit ihnen – nur Hippothoos kann durch Flucht der Inhaftierung entgehen – nach Tarsos gebracht. Als Perilaos dort Anthia zu heiraten wünscht, bittet sie sich dreißig Tage Bedenkzeit aus.

Währenddessen sucht der inzwischen von Apsyrtos für unschuldig befundene und deswegen freigelassene Ehemann Anthias nach ihr und verfehlt sie immer nur sehr knapp; die Inszenierung einer solchen Situation dient wie in TV-Serien der Aneinanderreihung von Abenteuern, die in dem Roman mehrfach unter dieser Voraussetzung bis zu dessen Schluss bewirkt wird. Habrokomes hat, von Apsyrtos zum Haushaltsvorstand gemacht, durch den Ziegenhirten von Anthias Scheinehe und erneuter Versklavung erfahren und folgt daher ihren Spuren. Am Ende des zweiten Buches lernt er in Kilikien den bei der Überwältigung seiner Truppe entkommenen Räuberhauptmann Hippothoos kennen und schließt Freundschaft mit ihm. Zu Beginn von Buch 3 unterwegs nach Kappadokien, wo Hippothoos wieder eine Bande anzuwerben hofft, erzählen die Freunde sich gegenseitig ihre Lebensgeschichte, die der Autor im

Falle des Räubers als in den Roman eingelegte Novelle von der tragisch endenden Liebe des Hippothoos zu einem Knaben gestaltet.

Anthia hat sich inzwischen nach Ablauf ihrer Bedenkzeit von einem Landsmann, dem ephesischen Arzt Eudoxos, der sich aus einem Schiffbruch nach Tarsos gerettet hat, für Geld, das ihm die Heimreise ermöglicht, Gift geben lassen. Sie nimmt es ein, da es sich aber in Wahrheit um ein Schlafmittel handelt, erwacht sie nach ihrer ›Bestattung‹ in der Gruft, wird von Grabräubern verschleppt und in Alexandria verkauft. Dorthin strebt bald darauf zufällig auch Habrokomes, nachdem er von der Beraubung des Grabes erfahren und sich daraufhin von Hippothoos getrennt hat. In Ägypten erwartet Anthia und Habrokomes jeweils wieder eine Bedrohung ihrer sexuellen Enthaltsamkeit. Anthia versucht ihr neuer Herr, der Inder Psammis, zu vergewaltigen, aber sie weiß sich der Befriedigung seiner Libido zu entziehen, indem sie behauptet, sie sei seit ihrer Geburt und nun noch ein ganzes Jahr der Göttin Isis geweiht. Habrokomes wird, als er auf dem Weg nach Alexandria im östlichen Nildelta gestrandet ist und Räuber ihn in Pelusion an einen alten ausgedienten Soldaten namens Araxos verkauft haben, von Kyno, der Frau dieses Veteranen, sexuell begehrt. Der junge Mann weist sie zurück, und am Schluss des dritten Buchs, als die Frau, um frei für die von ihr gewünschte neue Ehe zu sein, ihren Mann ermordet und den sich jetzt erst recht verweigernden Habrokomes wegen des Mordes verklagt hat, schickt man ihn zum Statthalter von Ägypten; er wird zum Tode verurteilt und zum Strafvollzug nach Alexandria gebracht. Wieder weckt ein Buchende große Spannung.

Bereits am Anfang von Buch 4 bahnt sich die Erweiterung des Romangeschehens durch einen dritten Handlungsstrang an, in dessen Zentrum Hippothoos steht. Es wird kurz erzählt, wie er mit einer inzwischen neu angeworbenen Bande nach einem Beutezug durch Syrien vergeblich nach Habrokomes sucht und daraufhin den Schauplatz seiner Räubereien zunächst nach Phönizien und Ägypten und schließlich an die Nordgrenze Äthiopiens verlegt. Habrokomes bindet man unterdessen am Ufer des Nils ans Kreuz. Er betet in seiner Not zum Sonnengott, woraufhin er aufgrund eines plötzlichen Windstoßes in den Fluss stürzt, aber an der Mündung aus dem Wasser gefischt, zum Feuertod verurteilt und ein zweites Male durch den Fluss, der jetzt den Scheiterhaufen überschwemmt, gerettet wird; der Statthalter lässt ihn bis zur Klärung des mirakulösen Geschehens vorläufig einkerkern. Nach einer Fortführung des Berichts über Anthia – dazu gleich – erfahren wir, dass ihr während ihrer neuen Abenteuer freigesprochener Mann beabsichtigt, sie nunmehr in Italien zu suchen.

Die junge Frau kommt im Gefolge des Inders an die Grenze Äthiopiens, gerät dort zum zweiten Mal in die Hände des Hippothoos, wobei die beiden sich gegenseitig nicht wiedererkennen, und erlebt in der letzten Episode des vierten Buchs erneut eine Attacke auf ihre Beharrlichkeit bei der Bewahrung der ehelichen Treue: die Bemühungen des Anchialos, eines der Räuber aus der Bande des Hippothoos, sie für Sex zu gewinnen. Da Anthia den Mann ersticht, als er sie vergewaltigen will, wirft man sie zur Strafe zusammen mit zwei riesigen Hunden in eine Grube und deckt diese mit Balken und Erde zu. Aber ein anderer Räuber namens Amphinomos, der auch auf Sex mit Anthia begierig ist, verhindert, dass sie gefressen wird, indem er die Tiere heimlich durch Füttern besänftigt. Wie das dritte Buch endet das vierte mit dem speziellen Spannungseffekt, den man in der Terminologie des Films und der TV-Serie Cliffhanger nennt.

Das fünfte und letzte Buch führt die Protagonisten der drei Handlungsstränge nacheinander nach Italien, ohne sie jedoch dort schon zu vereinen. Jetzt knüpft der Erzähler einen vierten Handlungsfaden durch kurzes Hinüberblenden nach Rhodos, wo der im zweiten Buch abgebrochene Bericht über das Schicksal Leukons und Rhodes fortgesetzt wird. Die beiden wollen, nachdem ihr Herr gestorben ist und ihnen ein reiches Erbe hinterlassen hat, in der Hoffnung, Habrokomes und Anthia wiederzusehen, nach Ephesos fahren; als sie aber unterwegs auf Rhodos hören, dass dies vergeblich sein werde, verweilen sie auf der Insel. Die erste Episode des Buches berichtet von Habrokomes, der sich eine Zeitlang bei dem alten Fischer Aigialeus in Syrakus aufhält und dessen Lebensgeschichte – wieder schiebt Xenophon eine erotische Novelle ein – vernimmt. Nachdem wir abwechselnd drei weitere Hippothoos-Episoden, drei weitere des Geschehens um Anthia und (zwischen einer Passage über den Abschied des Habrokomes von Syrakus und der dritten über Anthia) den Beginn der neuen Leukon-Rhode-Handlung gelesen haben, erfahren wir, dass Habrokomes sich nach Nukerion in Unteritalien begeben hat und sich den Männern anschließt, die in Steinbrüchen arbeiten.

Hippothoos ist unterdessen mit seiner Bande zurück nach Ägypten gezogen, erneut bei einem Gefecht mit Soldaten als einziger davongekommen und nach Sizilien gesegelt. Überfallen hat die Bande diesmal die Truppe des hohen ägyptischen Beamten Polyidos, in dessen Hände bald darauf die inzwischen von Räuber Amphinomos aus der Grube gerettete Anthia geraten ist. Sie hat sich einem Vergewaltigungsversuch des Polyidos durch die Flucht in einen Isistempel entziehen können. Dort hat ihr ein Wunderzeichen die Wiedervereinigung mit Habrokomes geweissagt, doch sie ist erst einmal ein Opfer der Eifersucht Rhenaias, der Frau des Polyidos, geworden: Diese hat sie an einen Bordellwirt in Tarent verkauft. Dem Ausüben der Tätigkeit einer Prostituierten hat Anthia nur durch Vortäuschen einer Epilepsie ausweichen können, bis endlich – das lesen wir im Anschluss an die Nachricht über die Arbeit des Habrokomes im Steinbruch – Hippothoos, der mittlerweile in Tauromenion eine reiche ältere Frau geheiratet, sie nach ihrem Tode beerbt, zusammen mit dem von ihm geliebten Knaben Kleisthenes sich nach Tarent begeben und Anthia vorgefunden hat. Er erkennt sie diesmal wieder, bedrängt sie sexuell, gibt das aber sofort auf, als er von ihrer Bindung an seinen Freund Habrokomes erfährt. Danach erfolgt die Ankunft sowohl des Habrokomes als auch der Anthia und des Hippothoos auf Rhodos, wo alle drei mit Leukon und Rhode zusammentreffen.

Nun ist das Happy End zu erwarten, aber um es möglichst lange hinauszuzögern, zerlegt der Erzähler das Geschehen auf Rhodos in drei Wiedererkennungsszenen: 1. Leukon und Rhode stoßen im Heliostempel auf Habrokomes, und zwar bei einer Säule, die die beiden zur Erinnerung an ihn und Anthia neben der von den Liebenden einst dort geweihten goldenen Rüstung aufgestellt haben. 2. Leukon und Rhode begegnen im Heliostempel auch Hippothoos und Anthia, nachdem Anthia am Tag zuvor eine Locke zusammen mit einer Inschrift für Habrokomes geweiht hat, die ihre zwei einstigen Bediensteten entdecken. 3. Habrokomes hört von dieser Wiedererkennung, rennt »Anthia« rufend durch die Stadt und trifft auf sie beim Isistempel. In der Nacht danach schwören Habrokomes und Anthia sich gegenseitig, die einst gelobte Treue nie gebrochen zu haben. Am nächsten Tag kehren die beiden Paare, von Hippothoos und Kleisthenes begleitet, nach Ephesos zurück, wo sie von nun an zusammenbleiben und ein glückliches Leben verbringen.

1.2 Die erhaltenen Texte

Verfasst um die Wende des 1. zum 2. Jahrhundert n. Chr., weisen die *Ephesiaka* sowohl in ihrer Motivik als auch in ihrer narrativen Technik – auf beides wird noch näher eingegangen – eine unverkennbare Verwandtschaft mit einer ganzen Reihe von Werken der griechischen Erzählprosa des 1.–3. Jahrhunderts n. Chr. auf. Im Folgenden gebe ich eine Übersicht über diese Texte, bei der ich mich auf knappe Informationen zum Autor (wenn er bekannt ist), zum Titel und zur Art der Überlieferung beschränke.

- In mittelalterlichen Abschriften antiker Ausgaben auf uns gekommen und seit dem Beginn der Neuzeit von Byzanz nach Westeuropa gelangt sind außer den *Ephesiaka* des Xenophon von Ephesos die Romane *Kallirhoe* des Chariton, *Leukippe und Kleitophon* des Achilleus Tatios, *Daphnis und Chloe* des Longos und *Aithiopika* (»Äthiopische Geschichten«) des Heliodoros. Während diese Texte in Kodizes stehen, deren äußere Form derjenigen unseres modernen Buches gleicht, standen die antiken Textvorlagen überwiegend auf Papyrusrollen. Seit dem Ende des 19. Jahrhunderts hat man nicht wenige Fragmente solcher Rollen, die größtenteils der ägyptische Wüstensand konserviert hatte, aber auch Bruchstücke antiker Kodizes entdeckt. Dabei fanden sich im Bereich der Romanliteratur neben Resten der Werke Charitons, des Achilleus Tatios und Heliodors

- Fragmente des *Ninos-*, *Sesonchosis-*, *Parthenope-*, *Chione-*, *Kalligone-*, *Antheia-* und *Herpyllis-Romans*, der *Phoinikika* (»Phönizische Geschichten«) des Lollianos sowie kleinere, inhaltlich kaum noch fassbare Textrudimente, die in ihrer Zugehörigkeit zu unserem Typus der fiktionalen Prosaerzählung überdies meist zweifelhaft sind.
- Neben solchen Bruchstücken blieben wiederum in mittelalterlichen Kodizes Paraphrasen verlorener Romane erhalten, und zwar von Τὰ ὑπὲρ Θούλην ἄπιστα (»Die unglaublichen Dinge jenseits von Thule«) des Antonios Diogenes und den *Babyloniaka* (»Babylonische Geschichten«) des Iamblichos; von diesen beiden Romanen haben wir außerdem Fragmente in antiken und mittelalterlichen Handschriften.

Mit dem Romantyp, den die genannten Texte repräsentieren, sind fünf weitere Werke der antiken Erzählprosa eng verwandt, und zwar ebenso bezüglich der narrativen Technik wie der Motivik. Doch sie bilden eine eigene Gruppe, da ihre Autoren mit den für Romane vom Typ der *Ephesiaka* charakteristischen Motiven ein literarisches Spiel treiben. Ein solches ist auch in einigen der bisher aufgezählten Texte durchaus erkennbar, am deutlichsten in dem Roman des Achilleus Tatios, aber nur in den jetzt zu nennenden Romanen wird die Grenze zu komischer Verzerrung von Motiven, wie sie die *Ephesiaka* enthalten, durchgehend und denkbar weit überschritten. Hier sind folgende Texte zu nennen:

- Zwei in lateinischer Sprache verfasste Romane, die *Satyrica* (»Satyrische Geschichten«) des Petronius Arbiter, die wir nur in mittelalterlichen Exzerpten des Originals und weiteren (kleinen) Bruchstücken besitzen, und die vollständig lesbaren *Metamorphosen* des Apuleius, bekannter unter dem alternativen Titel *Der goldene Esel*;
- (Pseudo-?)Lukian, Λούκιος ἢ Ὄνος (»Lukios oder Der Esel«), eine Kurzfassung der von Apuleius benutzten Vorlage des (verlorenen) griechischen Romans mit dem Titel *Metamorphosen*, als dessen Autor uns wiederum eine mittelalterliche Paraphrase Lukios von Patrai nennt;
- Ein Papyrusfragment des griechischen *Iolaos-Romans* und mehrere Bruchstücke des griechischen *Protagoras-Romans*, die das byzantinische Lexikon *Etymologicum Genuinum* überliefert.

In (Pseudo-?)Lukians *Lukios oder Der Esel* steht z. B. statt eines Liebespaars (wie in Xenophons Roman) ein junger Mann, der in einen Esel verwandelt ist, im Zentrum des Geschehens. Seine Erlebnisse werden uns aber nicht nur als komische Varianten der in den Romanen vom Typ der *Ephesiaka* üblichen Abenteuer dargeboten – so droht ihm einmal statt der Ermordung die Kastration –, sondern auch mit krassem Realismus geschildert. Man pflegt die fünf zuletzt genannten Romane deshalb als ›komisch-realistisch‹ zu bezeichnen.

Es stellt sich nun die Frage, ob man sie derselben Gattung zurechnen kann wie die vorher zu einer Gruppe vereinten Prosaerzählungen, für die man, weil sie eine Wunschwelt als die Wirklichkeit präsentieren, den Terminus ›idealisierende Romane‹ gewählt hat. Damit sehen wir uns mit dem äußerst schwierigen Problem einer Definition des literarischen Genres ›antiker Roman‹ konfrontiert.

Eine Lösung des Problems wird zusätzlich durch die Tatsache erschwert, dass in altertumswissenschaftlichen Handbüchern unter dieser Überschrift meist noch weitere Werke fiktionaler Prosa wie ›utopische Romane‹, *Alexander-Roman* oder ›Briefromane‹ aufgeführt sind; dabei handelt es sich um Texte, die sich stofflich und erzähltechnisch teils mit den zwei gerade aufgelisteten Romantypen berühren, teils aber auch erheblich von ihnen unterscheiden. Zudem lässt uns die antike Literaturkritik beim Versuch einer Gattungsdefinition weitgehend im Stich. Denn für die erhaltenen antiken Abhandlungen zur Literaturtheorie ist die fiktionale Prosaerzählung kein Thema, ja sie haben nicht einmal einen Gattungsnamen geprägt. Der Terminus ›Roman‹ kommt aus dem Altfranzösischen (*romanz*), er entstand im Mittelalter zur Bezeichnung längerer Vers- oder Prosaerzählungen, die nicht im Latein der Gelehrten, sondern in der romanischen Sprache der weniger Gebildeten geschrieben waren.

1.3 Antike Begriffe zur Bezeichnung der Gattung

Dass die antiken Dichtungstheoretiker, die sich doch bei den meisten Literaturformen um umfassende Definitionen bemüht haben, den Roman ignorierten, kann man vielleicht ganz einfach wie folgt erklären: Die gattungstypologischen Klassifizierungen der Antike gehen in der Hauptsache auf alexandrinische Gelehrte der hellenistischen Epoche zurück, und damals existierten die beiden Varianten der oben genannten fiktionalen Erzählungen, der idealisierende und der komisch-realistische Roman, noch gar nicht. Aber glücklicherweise sind uns in griechischer Sprache aus byzantinischer Zeit und auf Lateinisch sogar schon aus der Spätantike ›Ersatzbegriffe‹ bezeugt, die immerhin ahnen lassen, dass man zumindest mit einer bestimmten Gruppe längerer fiktionaler Prosaerzählungen einigermaßen feste inhaltliche Vorstellungen verband. Wenn wir in beiläufigen Äußerungen zu den uns hier interessierenden Texten z. T. mehrfach auf die griechischen Termini δρᾶμα, (σύνταγμα) δραματικόν (»dramatische Erzählung«) oder κωμῳδία (»Komödie«) und die lateinischen Begriffe *fabula* oder *mimus* stoßen, dann wird ohne weiteres deutlich, dass die antiken Leser:innen sich durch das Romangeschehen an Dramenhandlungen erinnert fühlten.

Das lässt sich zweifach begründen. Zum einen ist der Aufbau sowohl einer Handvoll Tragödien des späten Euripides als auch aller überlieferten Komödien des Menander, Plautus und Terenz von ganz ähnlichen Verwicklungen um ein Liebespaar geprägt wie die Motiv- und Erzählstruktur der Romane nach Art der *Ephesiaka*, zum anderen spielt bei antiken Definitionen der Gattung ›Komödie‹ das Kriterium der Wirklichkeitsnähe eine wichtige Rolle. Während einerseits der Epiker und der Tragiker Stoffe neu bearbeiteten, die aus dem Mythos, also aus dem Bereich der Wirklichkeitsferne und des Wunderbaren stammten, andererseits der Historiker über wahrhaftige Begebenheiten berichtete, vereinte der Komödiendichter in gewisser Weise diese zwei einander entgegengesetzten Möglichkeiten. Er erdachte seine Stoffe zwar selbst, gab ihnen aber bewusst den Anschein der Realität. Genau diese fiktionale Abbildung der Lebenswirklichkeit des antiken Menschen finden wir gleichfalls in den bisher aufgelisteten narrativen Texten. Im weitesten Sinne bedeutet somit die Bezeichnung σύνταγμα δραματικόν ›fiktionale Erzählung aus dem Bereich der Erfahrungswelt der Rezipient:innen, die sonst in der Komödie dargestellt wird‹. Und da eine solche Definition durchaus auch auf die neuzeitlichen Texte zutrifft, die wir Romane nennen, können wir die oben aufgeführten antiken Erzählungen getrost als solche bezeichnen.

1.4 Typische Gattungselemente des idealisierenden und komisch-realistischen Romans

Nicht nur bei den Leser:innen der Werke, für welche die gerade genannten ›Ersatzbegriffe‹ verwendet wurden, dürfen wir mit einer festen Vorstellung vom stofflichen Rahmen eines bestimmten Typs von Prosaerzählung in mehreren Büchern rechnen, sondern erst recht bei den Autoren selbst. Die feste Vorstellung führte Letztere offenkundig dazu, dass sie, wie schon angesprochen, innerhalb des stofflichen Rahmens bei der Wahl der einzelnen Handlungsmotive und der verschiedenen Mittel zu ihrer Darbietung einem vorgegebenen Schema folgten. Dieses ist auch in den Texten der Romanciers, die auf irgendeine Art davon abweichen oder ein literarisches Spiel damit treiben, mindestens andeutungsweise stets präsent. Das bloße Vorhandensein ständig wiederkehrender Gattungselemente schafft zusammen mit den ›Ersatzbegriffen‹ eine Grundlage für die Gattungsdefinition, die ich im letzten Abschnitt des laufenden Kapitels liefern werde. Ich gebe daher eine kurze Übersicht über die konstanten Elemente, und zwar erst einmal anhand des Gattungstyps ›idealisierender Roman‹, der oben durch die Inhaltsangabe der *Ephesiaka* Xenophons exemplarisch betrachtet wurde.

Zunächst zu den Motiven. Hauptpersonen des Geschehens sind ein junger Mann und eine junge Frau von vornehmer Abstammung und herausragender Schönheit, die, bereits verheiratet oder einander versprochen, auf einer längeren Reise in ferne Länder – eine Ausnahme bildet der Roman des Longos – teils zusammen, teils getrennt eine Serie meist leidvoller Abenteuer durchzustehen haben. Häufigste Ursache ihrer Leiden ist der Schwur unverbrüchlicher Treue, dessen strikte Einhaltung sie als Gefangene von Räubern bzw. Piraten oder als Sklaven reicher Herren bzw. Herrinnen in gefährliche Situationen bringt. Nicht selten werden sie von der Ermordung bedroht. Oder sie fassen, auf irgendeine Weise in die Enge getrieben, den verzweifelten Beschluss, sich selbst zu töten, worauf entweder Rettung im letzten Augenblick folgen kann oder ein Scheintod, der weitere Verwicklungen hervorruft.

Bevorzugte Schauplätze dieser Abenteuer sind die Länder Kleinasiens, des Nahen Ostens und Ägyptens, in denen das Liebespaar sowohl mit Griechen als auch mit Orientalen zusammentrifft. Wenn die beiden auf dem Meer reisen, geraten sie in der Regel in einen Sturm, der einen Schiffbruch herbeiführt. Die Leidenskette endet mit der Wiedervereinigung, der eine Wiedererkennungsszene vorausgehen kann, der Heimkehr und der Hochzeit, wenn es dazu noch nicht gekommen ist, als Basis für ein von nun an uneingeschränkt glückliches Leben. Über dem Geschehen walten zuweilen eine oder mehrere Gottheiten, die z. B. – wie schon in Homers *Odyssee* – dadurch, dass sie einem oder beiden Protagonisten wegen einer Verfehlung zürnen, die Abenteuerserie in Gang gesetzt haben.

Nun zur Erzähltechnik. In betonter Anlehnung an die zur Zeit der Genese des antiken Romans einzig vergleichbare Gattung narrativer Prosa, das Geschichtswerk, erzählt der Autor wie ein Historiograph das Geschehen linear bzw. in Parallelberichten, die aufgrund einer Trennung der beiden Protagonisten erforderlich werden. Dabei kann er novellenartige Schilderungen von Erlebnissen anderer Personen oder Exkurse, z. B. mythographischer oder fachwissenschaftlicher Natur, einschalten. Kompliziertere narrative Techniken wie Ich-Erzählung, Retrospektive oder Verschachtelung, ja Verrätselung der Handlung, die sich von der Darstellungsform der Historiographie entfernen, in neuzeitlicher Romanliteratur dagegen umso häufiger verwendet sind, entwickelte der antike Roman, soweit wir sehen, erst im Laufe der Gattungsgeschichte. Dabei blieb jedoch bis zum letzten der uns erhaltenen Vertreter des Genres die gesuchte Nähe zu den Erzählmitteln der Geschichtsschreibung gewahrt.

Besonders einfach kann sich das bereits im Titel offenbaren. Denn Überschriften wie *Ephesiaka*, *Phoinikika*, *Babyloniaka* und *Aithiopika* (weitere Titel dieser Art sind für verlorene Romane bezeugt oder für erhaltene zu erschließen) hätte auch ein antiker Historiograph seinem Werk geben können; das bekannteste Beispiel bieten die *Hellenika* (»Griechische Geschichte«) des Xenophon von Athen aus klassischer Zeit. Die Einzelepisode des antiken Romans steht dagegen eher in der Tradition typischer Tragödien- und Komödienszenen und erinnert damit wieder stark an die moderne Fernsehserie. Dialoge lösen oft kürzer oder länger die Berichterstattung des Erzählers ab, und viele Monologe und Reden dramatisieren das Geschehen, dessen Höhepunkt eine Gerichtsverhandlung bilden kann.

Dieselben Mittel narrativer Technik finden wir, wie gesagt, bei den komisch-realistischen Romanen. Die beiden lateinischen Texte, Petrons *Satyrica* und namentlich die *Metamorphosen* des Apuleius, erreichen, was die Anwendung kunstvoller Erzählweisen betrifft, ebenso wie die am Schluss der Entwicklung des idealisierenden Romans stehenden Texte des Achilleus Tatios, Longos und Heliodor ein bemerkenswert hohes literarisches Niveau und liefern zusammen mit ihnen der modernen Narratologie faszinierendes Anschauungsmaterial.

Im stofflich-motivischen Bereich ersetzen die komisch-realistischen Romane, wie ebenfalls schon angesprochen wurde, die idealisierende Darstellung der fiktionalen Wirklichkeit durch komische oder derb-realistische Schilderung. So spielen z. B. Szenen mit unverhülltem Sex, die es in Romanen vom Typ der *Ephesiaka* wegen des Motivs des Treueschwurs der beiden Protagonisten nicht geben kann – eine gewisse Ausnahme bildet der Roman des Achilleus Tatios –, bei Petron, (Pseudo-?)Lukian und Apuleius eine wichtige Rolle (und das galt wahrscheinlich auch für den *Iolaos*- und vielleicht für den *Protagoras-Roman*). Doch Eros stellt ein in den Texten beider Gattungstypen dominierendes Thema dar, und hier wie dort sind überwiegend leidvolle Abenteuer aneinandergereiht. Ferner ist das Ende des Romangeschehens bei (Pseudo-?)Lukian und Apuleius – im Falle von *Satyrica*, *Iolaos*- und *Protagoras-Roman* kennen wir es nicht, dürfen aber Entsprechendes vermuten – ›happy‹ wie im idealisierenden Roman. Wie die Vertreter dieses Typs kann man die fünf komisch-realistischen Romane als σύνταγματα δραματικά (»dramatische Erzählungen«) bezeichnen, denn auch in ihnen wird durch die Welt, in der sich die Akteure bewegen, diejenige der Lebenswirklichkeit der Leser:innen abgebildet.

Schließlich zeigen sich, wie wir sehen werden, auch beim Vergleich der jeweiligen Weltsicht der beiden Romantypen gedankliche Berührungen. Die griechischen Romane, die wie jede Literatur unter ganz bestimmten gesellschaftlichen Bedingungen entstanden, spiegeln die Einstellung ihrer Autoren zu der sozialen und politischen Situation ihrer Zeit wider, und die Art, in der die Verfasser der komisch-realistischen Romane das Menschenbild der idealisierenden Romane in verzerrter Form präsentieren, weist Züge von satirischer Moralkritik auf.

1.5 Weitere romanhafte Prosaerzählungen der Antike

Die beiden bisher nur unter allgemeinen Gesichtspunkten betrachteten Typen fiktionaler Prosaerzählungen des klassischen Altertums können – so viel dürfte deutlich geworden sein – wegen der Übereinstimmung in der Motivik und der narrativen Technik einer einzigen Gattung zugeordnet werden. Für sie allein wird daher von der gräzistisch-latinistischen Literaturgeschichtsschreibung in der Regel der Terminus ›antiker Roman‹ verwendet. Aus heutiger Sicht des Prosaromans als einer für die verschiedensten Spielarten offenen Gattung wird man ihr freilich folgende Formen fiktionaler Prosatexte der Griechen und Römer gleichfalls zuordnen: Utopie und Erzählung einer phantastischen Reise, fingierte Biographie und Briefsammlung, scheinbar wahrhafter Bericht über den Trojanischen Krieg und außerhalb des Neuen Testaments überlieferte Apostelgeschichten. Was jedoch die zeitgenössische Rezeption betrifft, darf hier das Bewusstsein von Fiktionalität nicht ohne weiteres vorausgesetzt werden; man bedenke, dass z. B. die Gleichsetzung der griechischen Epistolographen mit den historischen Persönlichkeiten, als die sie sich ausgeben, nicht vor 1699 von Richard Bentley als verfehlt erkannt wurde (s. u. S. 21). Außerdem weisen die gerade aufgezählten Typen fiktionaler Prosatexte nur partielle Übereinstimmungen mit der idealisierenden und der komisch-realistischen Prosaerzählung sowie untereinander auf.

Ich begnüge mich deshalb damit, diese heterogenen ›Romane‹ in einem Überblick zu behandeln und nur die gattungstypologisch homogenen σύνταγματα δραματικά ausführlicher zu betrachten. Zudem wurden diese literaturwissenschaftlich bisher weit gründlicher untersucht als die sogenannten ›fringe novels‹, deren Erforschung mit Blick auf die Romane vom Typ der *Ephesiaka* und dem der *Satyrica* noch in den Anfängen steckt.

1.5.1 Utopie und phantastische Reiseerzählung

Durch das Motiv ›Reise in fremde Länder‹ sind dem bisher behandelten Romantyp zwei uns nur durch Inhaltsangaben und Fragmente kenntliche narrative Prosatexte verwandt, deren Autoren jeweils einen Ich-Erzähler – einen solchen darf man mit größter Wahrscheinlichkeit voraussetzen – von dessen Fahrt zu Inseln außerhalb der bekannten Welt berichten ließen.

Euhemeros von Messene, der, wie er schreibt, im Auftrag des Königs Kassander von Makedonien (305–297 v. Chr.) mehrere Reisen unternahm, nannte sich der Sprecher in dem einen der beiden fiktionalen Berichte, der Ἱερὰ ἀναγραφή (»Heilige Aufzeichnung«); ihren Inhalt gibt die im 1. Jahrhundert v. Chr. entstandene Βιβλιοθήκη (*Bibliotheca historica*) Diodors, eine griechische Weltgeschichte, wieder (5,41–46; 6,1). Daraus und aus weiteren Zeugnissen geht hervor, Euhemeros sei auf einer seiner Fahrten zu einer Gruppe von Inseln gelangt, deren größte, Panchaia, in doppelter Hinsicht als höchst bemerkenswert gelten dürfe. Zum einen soll dort ein prachtvoller Zeustempel zu bewundern gewesen sein, in dessen Innerem sich eine Säule mit Darlegungen über die Taten des Uranos, Kronos und Zeus befunden habe. Diese seien ursprünglich nichts weiter als Sterbliche gewesen, die, durch Stärke und Klugheit unter den übrigen Menschen hervorstechend, wegen ihrer Leistungen als Könige verehrt und nach dem Tod zu Göttern wurden. Zum anderen habe das Gesellschaftssystem der Inselbewohner, das Euhemeros offenbar ausführlich darstellte, u. a. Züge eines primitiven Kommunismus getragen.

Als Ich-Erzähler des zweiten Berichts, der eine Inselbeschreibung enthielt, nennt Diodor einen Kaufmann namens Iambulos, der, auf einer Reise durch Arabien erst von Räubern und dann von Äthiopiern gefangen genommen, von diesen zusammen mit einem Gefährten zu einer »glücklichen Insel« geschickt worden sei. Auch dort hätten – so Diodor (2,55–60) – hinsichtlich des Klimas und der Fruchtbarkeit des Landes paradiesische Zustände geherrscht, und die soziale Ordnung der Insulaner sei (wie die der Panchaier) von Prinzipien eines Urkommunismus geprägt gewesen. Andere Kuriositäten, die Iambulos beobachtet habe, hätten vor allem die Physis von Mensch und Tier betroffen; z. B. seien die Insulaner in der Lage gewesen, mit dem Blut eines schildkrötenartigen Tieres abgeschnittene Körperteile wieder anzukleben.

Man vermutet mehrheitlich, es habe sich bei den beiden Prosatexten um utopische Romane mit einer bestimmten philosophischen Aussage, also um Vorläufer von Thomas Morus' berühmtem Werk *Utopia*, gehandelt. Außerdem gingen viele Forscher:innen mit Selbstverständlichkeit davon aus, dass sowohl bei ›Euhemeros‹ als auch bei ›Iambulos‹ – die Namen der Ich-Erzähler pflegen mit denen der Autoren gleichgesetzt zu werden – der Rahmen der Inselbeschreibung die Form eines Reiseromans hatte. Letzteres ist jedoch im Falle der *Heiligen Aufzeichnung* reine Spekulation. Dem kurzen Hinweis Diodors auf die ›offizielle‹ Reisetätigkeit des ›Euhemeros‹ kann in der Ich-Erzählung eine ebenso kurze Bemerkung entsprochen haben, die lediglich die Funktion eines

Beglaubigungsapparates hatte, also dem Zweck diente, das Berichtete als real geschehen auszugeben.

Für den Ich-Erzähler Iambulos dagegen bezeugt die *Bibliotheca historica*, dass er ebenso über seine Fahrt zu der Insel wie über seine Rückreise nach Griechenland berichtete, die ihn durch Indien und Persien führte und auf der ihn noch manches Abenteuer erwartete. Zwar nimmt die Inselbeschreibung den größten Raum in Diodors Referat ein, aber dies vermutlich deshalb, weil der Verfasser der Universalgeschichte einzig an den *mirabilia* einer nur in dem Werk des ›Iambulos‹ beschriebenen exotischen Zivilisation interessiert war. So ist wohl auch zu erklären, warum das Referat in verwirrender Weise zwischen den Themen ›Lebensform der Insulaner‹, ›Gesellschaftsordnung‹, ›Flora und Fauna der Insel‹ usw. hin und her springt. Der Ich-Erzähler des vollständigen Textes dürfte die Kuriositäten der Insel in der Reihenfolge geschildert haben, in der er aus verschiedenen Anlässen mit ihnen konfrontiert wurde, Diodor aber diese Anlässe einfach ausgelassen haben. Es besteht daher kein Grund zu der Annahme, die Inselbeschreibung sei schon bei Iambulos das Zentrum des fiktionalen Textes und wie diejenige des Euhemeros die systematische Darstellung einer utopischen Staatsordnung gewesen.

Die Existenz wenigstens einer romanhaften Reiseerzählung aus hellenistischer Zeit darf also als wahrscheinlich gelten. Aber ob die Art, in der darin über die Abenteuer des Protagonisten in fernen Ländern berichtet wurde, irgendwie derjenigen ähnlich war, die uns aus den erhaltenen kaiserzeitlichen Romanen vom Typ der *Ephesiaka* vertraut ist, wissen wir nicht. Vielleicht gibt uns Lukian von Samosata (um 120–nach 180 n. Chr.) in den zwei Büchern seiner Ἀληθῆ διηγήματα (»Wahre Geschichten«), dem Bericht eines (mit dem Autor namensidentischen) Ich-Erzählers über eine phantastische Reise, einen gewissen Eindruck von der Darstellungsweise des ›Iambulos‹, aber wenn ja, dann nur in komischer Verzerrung. Denn eines der Anliegen Lukians ist es offenbar, die Berichte diverser griechischer Autoren – darunter auch ›Iambulos‹ – über wundersame Phänomene fremder Kulturen seinem Spott auszusetzen. Aber obwohl wir viele Texte kennen, auf die der Ich-Erzähler der *Wahren Geschichten* Bezug nimmt – er treibt ein ebenso amüsantes wie subtiles intertextuelles Spiel mit zahlreichen Werken der griechischen Prosa und Poesie und macht somit die Abenteuerfahrt, die er schildert, zur metaliterarischen Reise durch das Meer der Wörter und Texte –, haben wir keine Möglichkeit, seine Verulkung von Werken wie denen des ›Iambulos‹ angemessen zu würdigen. Denn nicht allein dessen Erzählung, sondern auch alle anderen vergleichbaren Darstellungen gingen verloren.

Dennoch sind die Abenteuer ›Lukians‹, wenn man sie einfach als solche liest, höchst unterhaltsam und lustig. Er erlebt sie auf dem Mond mit Kohlvögeln und Rettichschleuderern, Seleniten und Helioten, im Bauch eines Wals, im Eismeer, auf dem Milchsee mit der Käseinsel, bei den Korkfüßlern, auf den Inseln der Seligen, der Verdammten und der Träume, bei Kürbispiraten, Nussschiffern, Ochsenköpflern, Phallonauten und Eselsfüßlerinnen. Aber das ist nun endgültig eine Welt, die an diejenige der auf uns gekommenen idealisierenden und komisch-realistischen Romane der Antike nur noch sehr entfernt erinnert.

1.5.2 Romanhafte Biographie

In meinem Überblick über die Werke, die ich dem eigentlichen ›Roman‹ der Antike zurechne, erscheinen mit dem *Ninos-* und dem *Sesonchosis-Roman* zwei Exemplare eines besonderen Typs der Gattung: Dort sind die männlichen Protagonisten historisch nachweisbare, berühmte Könige orientalischer Großreiche in vorgriechischer Zeit. Wenn nun die Literaturgeschichten griechische Prosatexte wie Xenophons Darstellung der Vita des Perserkönigs Kyros, die anonyme Äsop-Vita, Pseudo-Kallisthenes' Vita Alexanders des Großen und Philostratos' Vita des Apollonios von Tyana in der Regel als ›Romane‹ etikettieren, so mag das insoweit berechtigt sein, als in allen vier Opera romanhaftes Fabulieren den historischen Kern fast ganz zudeckt. Aber diese vier ›Romane‹ mit historischen Figuren als Protagonisten unterscheiden sich von den zwei vorher genannten in einem wesentlichen Punkt: Dort orientiert sich das Romangeschehen – das zeigen die (noch näher zu betrachtenden) Fragmente sehr deutlich – wie in den *Ephesiaka* des Xenophon von Ephesos an bestimmten Abenteuern des Protagonisten, und zwar ebenfalls an solchen, die sich aus seiner unverbrüchlichen Treue zu der von ihm geliebten Frau ergeben, also Schiffbruch, Trennung, Anfeindungen usw. Hier dagegen dient das ganze bzw. fast ganze Leben des Protagonisten bis zu seinem Tod als Handlungsrahmen, und Fiktionalität ist nicht die Grundessenz der Erzählung, sondern Zutat, die dem Zweck einer speziellen Form von Präsentation der Lebensgeschichte eines prominenten Mannes dient: Die Vita soll entweder lehrhaft sein oder eine mit trockener Historie unzufriedene Leser:innenschaft unterhalten oder beides.

Bei der acht Bücher umfassenden Κύρου παιδεία (»Erziehung des Kyros«, zitiert als *Kyrupädie*) des athenischen Schriftstellers Xenophon (zwischen 440 und 426–nach 355 v. Chr.) handelt es sich um das romanhafte Porträt eines in jeder Hinsicht vollkommenen Monarchen, zu dem der Autor den Perserkönig Kyros I. (645/40–um 600 v. Chr.) durch bewusste Veränderung der biographischen Fakten und eigene Erfindungen gemacht hat. Wir verfolgen das Leben des Kyros primär mit Blick auf seine Erziehung zum Feldherrn, der dann Zug um Zug die asiatischen Völker unterwirft, sowie seine Entwicklung zum wohltätigen Herrscher. Die überwiegend fiktiven Ereignisse von seiner Kindheit bis zu seinem Lebensende liefern nicht mehr als den Hintergrund für eine Bewährung seiner zahlreichen Tugenden. Was dabei ›Roman‹ ist, hat somit in erster Linie die Funktion, das Bild eines Staatsmannes, in dem die Leser:innen die Idealfigur eines solchen erkennen sollen, als narrativen Text darzubieten.

Vielleicht hat eine Randepisode der äußeren Handlung eine motivische Anregung zur Entstehung der griechischen Liebesromane gegeben: die ›Pantheia-Novelle‹. In einzelnen Abschnitten über 4,6,11–7,4,16 verteilt, erzählt diese Geschichte von der erfolglos in Versuchung geführten Treue der schönen Pantheia zu ihrem Gatten Abradates und dem Selbstmord der Frau über der Leiche des in einer Schlacht gefallenen Mannes. Außerdem fand das Motiv der Erziehung eines Prinzen zum Feldherrn weitere Verwendung. Es kehrt in den Bruchstücken des *Ninos-Romans* und vermutlich in denen des *Sesonchosis-Romans* wieder, und kriegerische Heldentaten vollbringt auch Chaireas in Charitons *Kallirhoe* sowie Rhodanes in den *Babyloniaka* des Iamblichos. Obwohl *per se* kein Roman wie die Erzählungen vom Typ der *Ephesiaka* des anderen Xenophon (der den Namen des berühmten Atheners möglicherweise als Pseudonym trug; s. u. S. 34), war die *Kyrupädie* für diese stilistisch und motivisch ein wichtiges Muster.

Wenn man so will, tat Xenophon mit der Abfassung seiner romanhaften Kyros-Biographie dasselbe wie diejenigen griechischen Dichter, Rhetoren und Historiker vor und nach ihm, die in ihre Texte zur Exemplifizierung eines Gedankens eine Fabel einlegten: Lehren durch Erzählen. Der unbekannte Autor des sehr wahrscheinlich ins frühe 2. Jahrhundert n. Chr. zu datierenden, wohl in Ägypten geschriebenen Βίος τοῦ Αἰσώπου (»Leben Äsops«), meist *Äsop-Roman* genannt, ging sogar so weit, die gesamte Vita in Anlehnung an ein in Fabeln häufig zu beobachtendes Gliederungsschema zu konzipieren. Denn seine Schilderung der Ereignisse, die mit der Ermordung Äsops durch die Priester in Delphi enden, ist strukturell offenbar durch den Typ von Fabel beeinflusst, die in drei Geschehensabschnitten erzählt, wie eine Person erst richtig, dann falsch handelt und so ihren Tod verursacht.

Über den Mord an Äsop berichten bereits Quellen des 5. Jahrhunderts v. Chr., und unser Anonymus stellt nun die zu der Bluttat führende Entwicklung so dar: Seinem Äsop, einem Sklaven im größten Teil der Vita, fehlt zu Beginn die Sprechfähigkeit, aber er weiß eine gegen ihn gerichtete Intrige durch stummes Agieren zu vereiteln und wird kurz darauf zur Belohnung für eine fromme Tat von der Göttin Isis mit der Stimme und von den Musen mit herausragendem Erzähltalent beschenkt (Kap. 1–19). Diese Begabung und seine sonstige Schlauheit nutzt Äsop im Hauptabschnitt des Βίος dazu, als Sklave des Philosophen Xanthos zunächst die Freilassung und darauf als Berater des Volkes von

Samos und auch noch des Königs Lykoros von Babylon hohe Ehren und Reichtum zu erwerben (Kap. 20–123). Da er jedoch am Ende des mittleren Geschehensabschnitts in einem Heiligtum, das er den Musen zum Dank für ihre Gabe weiht, in der Mitte der Statuen der Göttinnen nicht eine Statue des Musageten Apollon errichtet, sondern eines, das ihn selbst zeigt, zieht er sich Apollons Zorn zu. Der Gott unterstützt während eines Aufenthaltes Äsops in Delphi im dritten Teil der Vita seine Priester bei der durch Trug inszenierten Inhaftierung des Fabelerzählers und trägt so zu dessen Ermordung bei (Kap. 124–142).

Das *fabula docet* ist doch wohl dies: Hybris bringt auch den mit Wortgewandtheit Begabten zu Fall. Ihm, der sich einst nur durch Mimik rettete, hilft es jetzt dagegen nicht einmal, dass er im Angesicht des ihm drohenden Todes auf seine spezielle rhetorische Befähigung rekurriert, indem er durch das Erzählen von Fabeln narrativ argumentiert. Aber in dieser schlichten Lehre liegt gewiss nicht der eigentliche Reiz der romanhaften Vita, sondern im Inhalt der einzelnen Episoden, die dem Bericht über den Tod Äsops vorausgehen. Viele von ihnen erinnern an die Episoden eines pikaresken Romans, da hier einerseits von raffinierten Schelmenstreichen des Protagonisten erzählt, andererseits die Aufdeckung des Unterschieds zwischen Schein und Sein thematisiert wird. Eine Verwandtschaft des *Äsop-Romans* mit Petrons *Satyrica*, (Pseudo-?) Lukians *Lukios oder Der Esel* und den *Metamorphosen* des Apuleius kann man deutlich erkennen. Doch sie ist nicht eng genug für eine Zuordnung des Textes zur Gruppe der komisch-realistischen Romane.

Einem denkbar breiten Publikum geistig zugängliche Erzählungen vom Typ der Äsop-Vita wurden in der Antike und im Mittelalter nicht immer nur im originalen Wortlaut tradiert, sondern sprachlich und inhaltlich überarbeitet, wobei auch erweiterte oder gekürzte Versionen entstanden; man hat daher neben ›fringe novel‹ den Begriff der ›open novel‹ geprägt. Die meisten Veränderungen dieser Art erfuhr die bekannteste unter den romanhaften Biographien der Antike: der in seiner ältesten Form im 3. Jahrhundert n. Chr. geschriebene und fälschlich unter dem Namen des hellenistischen Historikers Kallisthenes (ca. 370–327 v. Chr.) überlieferte *Alexander-Roman* mit dem Titel Βίος Ἀλεξάνδρου τοῦ Μακεδόνος (»Leben Alexanders des Makedonen«). Der Text ist in mindestens fünf verschiedenen Handschriftenrezensionen auf uns gekommen, und sie werden durch die lateinische Adaption des Iulius Valerius (um 300) mit dem (ursprünglich vielleicht entsprechenden griechischen) Titel *Res gestae Alexandri Macedonis* sowie die möglicherweise auf weitere Überlieferungsstränge zurückgehenden Übertragungen in andere Sprachen (z. B. Armenisch) ergänzt.

Die Überlieferungssituation konfrontiert uns mit so großen Schwierigkeiten, dass die philologische Auseinandersetzung mit dem *Alexander-Roman* bis in jüngste Zeit nicht wesentlich über Bemühungen um die Rekonstruktion der Textgeschichte und der ursprünglichen Fassung der Vita sowie ihrer Vorlagen hinauszugelangen vermochte. Auch seit erste Versuche einer Textanalyse nach den Methoden der modernen Literaturwissenschaft unternommen wurden, herrscht das, was die anglo-amerikanische Gräzistik und Latinistik ›German Quellenforschung‹ nennen, immer noch vor.

Von Vorurteilen freie Interpretation der wie der *Äsop-Roman* stilistisch und inhaltlich wenig anspruchsvollen *recensio* A, die dem Originalwortlaut am nächsten stehen dürfte, ergab wie bei der fiktionalen Vita des Fabelerzählers eine klar erkennbare Gliederung in drei Hauptteile: Der erste behandelt die Vorgeschichte der Geburt Alexanders – ihn zeugt der aus Ägypten nach Makedonien geflohene Pharao Nektanebos in vermeintlicher Gestalt des Gottes Ammon mit König Philipps II. Frau Olympias – und die Jugendzeit (1,1–24), der zweite die Eroberungszüge Alexanders durch Griechenland, Italien, Afrika und Vorderasien mit dem erfolgreichen Krieg gegen den Perserkönig Dareios III. (1,25–2,18), der dritte den Sieg über König Poros von Indien und mehrere, z. B. in einem Brief an Alexanders Lehrer Aristoteles berichtete märchenhafte Abenteuer bis zum Tod (2,19–3,35). In der am Fabel-Dreischritt orientierten Äsop-Vita entspricht der triadischen Makrostruktur die Aneinanderreihung meist dreiteilig erzählter Episoden, und das ist analog im *Alexander-Roman* zu beobachten. Wirken hier wie dort diese Episoden nur locker verknüpft, so werden sie doch durch Leitmotive zusammengehalten. Zum Beispiel hebt der Erzähler an der Person des Makedonenkönigs mehrfach dessen Bedeutung als idealer κοσμοκράτωρ (»Weltherrscher«), hohe Intelligenz und die Verbundenheit mit Herkules und Dionysos, denen Alexander gleicht, hervor.

Einheit des lange Zeit zu einem aus Quellenmaterial zusammengestückelten Machwerk abgestempelten *Alexander-Romans* stiftet auch die intertextuelle Verbindung vor allem mit Homers *Ilias* und *Odyssee*: Als Feldherr und früh Sterbender evoziert der König die Gestalt des Achilleus, während seines Vordringens in fremde, zum Teil exotisch-märchenhafte Länder die Irrfahrten des Odysseus. Der römische Bearbeiter Iulius Valerius, dem offensichtlich *recensio* A vorlag, erweiterte das Spektrum der Hypotexte, zu dem bei Ps.-Kallisthenes andere griechische gehören, durch lateinische, u. a. das Geschichtswerk des Titus Livius; er behält die Triadenstruktur bei und erhöht das Stilniveau durch Elemente rhetorischer Sprache.

Bei Iulius wie bei dem Vorgänger äußert sich die leitmotivisch hervorgehobene Klugheit Alexanders einige Male in Taten, die an diejenigen der neuzeitlichen Romanfigur des Picaro und damit an Äsop und an Enkolp in Petrons *Satyrica* erinnern. Um eine solche Tat handelt es sich bei der Überwindung des Inderkönigs Poros, der Alexander an Länge beträchtlich überragt: Im Zweikampf kann dieser ihn nur deshalb besiegen, weil er einen kurzen Moment, in dem der Gegner durch einen plötzlichen Lärm abgelenkt wird, geschickt zum entscheidenden Schwertstreich nutzt (3,4). Dazu passt, dass Alexander sich zur Erreichung eines Ziels wiederholt verkleidet, also eine falsche Identität vortäuscht, wie es schon sein Vater Nektanebos gegenüber Olympias getan hat. Mit dem Bericht über den durch List erschlichenen Beischlaf steht der *Alexander-Roman* motivisch sogar bestimmten erotischen Abschnitten in den komisch-realistischen Romanen nahe.

In der letzten der zu besprechenden fiktionalen Biographien, dem etwa zur Zeit der Genese des *Alexander-Romans* von dem Sophisten Flavius Philostratos (165/170–244/249) verfassten Werk Εἰς τὸν Τυανέα Ἀπολλώνιον (»Über den / Zu Ehren des Apollonios von Tyana«) in acht Büchern, wird das Leben eines neupythagoreischen Zauberers, der im 1. Jahrhundert n. Chr. wirkte, als Serie frommer Taten eines asketischen Weisen dargestellt. Lehrend und zur Tugend mahnend zieht Apollonios, zahlreiche Mirakel wie Wahrsagerei, Dämonenaustreibung, Heilung von Kranken und Auferweckung eines toten Mädchens vollbringend, durch den gesamten Mittelmeerraum bis nach Ägypten und Äthiopien sowie nach Indien. Auf diesen Reisen erlebt er auch allerlei Abenteuer, die in einigen Fällen – Buch 8 enthält z. B. eine Szene vor Gericht (Kap. 3–5) – typische Motive des idealisierenden und des komisch-realistischen Romans in die Erinnerung rufen. Den Erzählungen des Iamblichos, Achilleus Tatios und Heliodor ähnelt die Vita speziell darin, dass sie Exkurse über Flora und Fauna der von dem Wundermann besuchten fernen Länder enthält. Freilich macht die Motivverwandtschaft das Werk, das der religiösen Propaganda und der Erbauung der Zeitgenoss:innen gedient haben mag und das laut Angabe des Erzählers von Iulia Domna, der Frau des Kaisers Septimius Severus (193–211 n. Chr.), in Auftrag gegeben wurde, nicht zum Roman im antiken Sinne.

Doch da ist noch etwas. Ein Gedanke, den die Vita vermitteln kann, ist derjenige, dass ein Leben in Weisheit, Gerechtigkeit und Frömmigkeit, wie es der heilige Mann so exemplarisch durchläuft, überall auf der Welt vor jeder Art von Gefahr schützt. Das findet seine Entsprechung in den unter Abschnitt 5 des laufenden Kapitels zu betrachtenden christlichen ›Romanen‹, wo die auf einem unerschütterlichen Glauben basierenden Tugenden der Protagonisten ihnen immer wieder zur Meisterung aller Herausforderungen verhelfen; ebenso in diesem Punkt vergleichbar sind die Erzählungen vom Typ der *Ephesiaka,* in denen dasselbe wie in den von Christen verfassten Texten die eiserne Treue leistet, welche die Liebenden einander wahren. Es gibt also mehrere gute Gründe dafür, die Apollonios-Vita ebenso wie die apokryphen Apostelakten zumindest am ›fringe‹ der Gattung ›antiker Roman‹ anzusiedeln. Hinzu kommt bei dem Werk Philostrats, dass es auch intertextuelle Bezüge zu mehreren Werken der älteren griechischen Literatur herstellt, vor allem zu den Irrfahrten des Odysseus, die Apollonios mithin auf seinen Reisen ›nachempfindet‹. Das dadurch stark eingebrachte spielerische Element hat jüngste Erklärer dazu veranlasst, das Opus in seiner Gesamtheit nicht mit der bisherigen Forschung als pythagoreisch-platonische Tendenzschrift ernst zu nehmen, sondern als Ironisierung der Mission des paganen Heiligen zu interpretieren.

1.5.3 Historische Erzählung in Briefform

Inhaltlich verwandt mit den romanhaften Biographien sind die wie diese ausschließlich in griechischer Sprache überlieferten Sammlungen pseudepigrapher Briefe, die, chronologisch angeordnet, eine bestimmte Ereignisabfolge im Leben des Briefe schreibenden Ichs widerspiegeln. Die vermutlich älteste Sammlung dieser Art – sie existierte in der heute vorliegenden Form vielleicht schon um 200 v. Chr. – ist diejenige der Briefe Platons. Mag sich unter ihnen auch der eine oder andere wirklich von dem Philosophen verfasste Brief befinden (ich persönlich glaube das freilich nicht), so bildet das Korpus dennoch ein in sich geschlossenes Ganzes, in dem die Briefe 1–8 in einer Retrospektive die Erlebnisse des Philosophen am Hofe des Tyrannen Dionysios II. von Syrakus (367–357 v. Chr.) nachzeichnen und Nr. 9–13 damit inhaltlich vernetzt sind.

Die übrigen Sammlungen von Briefen, die auf ein fortlaufendes Geschehen Bezug nehmen, entstanden bis auf eine im Späthellenismus und in der frühen Kaiserzeit und enthalten mit Sicherheit keinen echten Brief derjenigen historischen Persönlichkeit, deren Namen sie jeweils tragen. Es handelt sich dabei um die Sammlungen der Briefe des Themistokles, Euripides, des Sokrates und der Sokratiker, des Hippokrates, des Chion von Herakleia und des Aischines. Lediglich die Sammlung der außer Nr. 57 dem sizilischen Tyrannen Phalaris (572/71–569/68 v. Chr.) zugeschriebenen Briefe (insgesamt 147) ist – zumindest in der auf uns gekommenen Version – wahrscheinlich erst ins 4. Jahrhundert n. Chr. zu datieren. Sie unterscheidet sich auch darin von den bisher genannten Briefbüchern, dass sie kein Handlungskontinuum, sondern nur Gruppen thematisch miteinander verbundener Briefe zu bieten hat. Einzelne dieser Gruppen lassen sich allerdings dann, wenn man die überlieferte Reihenfolge der jeweils zu ihnen gehörenden Briefe ändert, als chronologisch angeordnete Briefsequenzen lesen. Durch Umgruppieren kann man außerdem aus einer Reihe von Briefen, die Diogenes Laertios (2./3. Jh. n. Chr.) in seine Philosophiegeschichte eingelegt hat, eine Sammlung pseudepigrapher Briefe der ›Sieben Weisen‹ wenigstens partiell rekonstruieren.

Wir haben es hier mit antiken Vorläufern des neuzeitlichen Briefromans zu tun, was aber erst am Ende des 20. Jahrhunderts das Interesse der Altertumswissenschaftler weckte. Denn seit Richard Bentley in seiner bereits erwähnten Abhandlung von 1699 die Phalaris-Briefe, die man bis dahin für authentisch hielt, als ›Fälschung‹ erwiesen hatte, setzte man sich mit dieser Sorte von Epistolographie allenfalls unter dem Aspekt des Echtheitsproblems, am liebsten jedoch gar nicht auseinander. Dabei weisen alle historischen ›Romane‹ in Briefform eine ebenso stringente Erzählstruktur auf wie die übrigen Werke der in griechischer Sprache verfassten fiktionalen Prosa.

Nehmen wir nur das Geschehen, dessen Verlauf wir uns aus den pseudepigraphen Briefen des Hippokrates zusammenreimen können! Statt sich auf Bitten des Königs Artaxerxes nach Persien zu begeben, folgt der Arzt der Aufforderung der Abderiten, in ihre Stadt zu kommen und Demokrit, den sie wegen seines ständigen Lachens für wahnsinnig halten, zu heilen. Während eines längeren Gesprächs mit dem Philosophen, bei dem dieser ausführlich über die Verrücktheit menschlichen Handelns redet – er arbeitet nämlich gerade an einem Buch über den Wahnsinn –, erkennt Hippokrates, dass Demokrit in Wahrheit als der weiseste Mann gelten darf. Romanhaft ist in diesem Briefkorpus besonders die Spannungslinie, die sich durch sieben der Ankunft des Arztes in Abdera vorausgehende Briefe hindurch zieht.

Während acht von den neun genannten Briefsammlungen an bekannte Namen geknüpft sind, wählte der anonyme Verfasser der Briefe Chions als Epistolographen einen Mann, über den man zur Zeit der Entstehung der Briefe – im 1. oder 2. Jahrhundert n. Chr. – außer der Tatsache, dass er im Jahre 353/52 v. Chr. den Tyrannen Klearchos I. von Herakleia ermordete, kaum etwas gewusst haben dürfte. Deshalb hatte der Autor dieses ›Briefromans‹ bei der Charakterisierung seines Protagonisten und bei der Handlungsführung gegenüber den anderen Autoren von Sammlungen pseudepigrapher Briefe größere poetische Freiheit. Er nutzte sie, indem er die Briefe eine geistige Entwicklung widerspiegeln ließ: Chion, der sich während der Abfassung des ersten Briefes auf dem Weg nach Athen befindet, wo er bei Platon studieren will, und den letzten von insgesamt siebzehn Briefen am Tag vor dem Tyrannenmord in Herakleia schreibt, reift während der dazwischenliegenden Zeitspanne schrittweise zu einem ethisch vollkommenen Menschen und zu einem verantwortlich handelnden Staatsbürger heran. Und das alles entnehmen wir den Äußerungen eines ›Ich-Erzählers‹, was diesen ›Briefroman‹ ebenso wie die übrigen verwandten Texte hinsichtlich ihrer narrativen Technik in die Nähe der Romane Petrons, (Pseudo-?)Lukians, des Apuleius und des Achilleus Tatios rückt. Allerdings ist der dort jeweils »ich« sagende Erzähler frei erfunden, während er hier den Namen einer historischen Person trägt.

1.5.4 Romanhafte Troja-Erzählung

Es wurde bereits erwähnt, dass im *Ninos*- und im *Sesonchosis-Roman* jeweils eine berühmte, historisch bezeugte Herrscherfigur zum Protagonisten einer fiktionalen Erzählung gemacht ist, und im nächsten Kapitel möchte ich zu zeigen versuchen, welche Rolle diese Verbindung von Historie und Fiktionalität bei der Entstehung der Gattung ›antiker Roman‹ gespielt haben könnte. Im momentanen Zusammenhang halten wir erst einmal fest, dass die in Prosa geschriebene Erzählliteratur der Antike auch eine Untergattung aufzuweisen hat, in der das bei dem *Ninos*- und dem *Sesonchosis-Roman* angewandte Verfahren gleichsam umgedreht erscheint: den Typus des sogenannten ›Troja-Romans‹, der ein in die Welt des Mythos integriertes fiktionales Geschehen als historisch verbürgt darbietet.

Es ist ein verlockender Gedanke, dass es sich bei den (verlorenen) Τρωικά (»Trojanische Geschichten«) des zu Beginn des 2. Jahrhunderts v. Chr. lebenden Schriftstellers Hegesianax von Alexandria um die älteste Prosaerzählung dieser Art gehandelt haben könnte. Aber die auf uns gekommenen fiktionalen Troja-Berichte stammen aus der Kaiserzeit und sind in lateinischer Sprache geschrieben: die *Ephemeris belli Troiani* (»Tagebuch des Trojanischen Krieges«) eines im griechischen Heer kämpfenden ›Augenzeugen‹, der sich Dictys Cretensis (Diktys von Kreta) nennt (wahrscheinlich 4. Jh. n. Chr.), und die in zwei *recensiones* überlieferte *De excidio Troiae historia* (»Geschichte vom Untergang Trojas«) eines auf trojanischer Seite am Krieg teilnehmenden ›Augenzeugen‹ namens Dares Phrygius (Dares der Phryger; vor Ende 5. Jh. n. Chr.); in beiden Fällen versteckt sich ein anonymer Autor hinter dem Erzähler. Ein griechisches Original der *Ephemeris* (Ende 1./Anfang 2. Jh. n. Chr.) ist noch in vier Papyrusfragmenten kenntlich (P. Tebtunis 268; P. Oxy. 2539; 4943; 4944); es umfasste zehn Bücher, von denen der Übersetzer, der sich Lucius Septimius nennt, die ersten fünf übertrug, während er die Bücher 6–10, die über die Heimfahrten der griechischen Trojakämpfer berichteten, in seiner Latinisierung auf sein Buch 6 zusammenkürzte. Die Möglichkeit, dass auch der Dares-Text, der aus einem Buch in 44 Kapiteln besteht, auf einem (verlorenen) griechischen Original fußt, kann man nicht gänzlich ausschließen, es spricht aber sehr viel dafür, dass das Werk, das ursprünglich wohl mit *Acta diurna belli Troiani* (»Tagesberichte über den Trojanischen Krieg«) betitelt war, nur auf Lateinisch verfasst wurde und der Autor damit auf die lateinische *Ephemeris* reagierte.

In beiden Texten wird der Trojanische Krieg betont anders vergegenwärtigt, als wir es aus der auf Homer zurückzuführenden mythologischen Tradition kennen. So erzählt ›Diktys‹ kaum etwas, ›Dares‹ nichts vom Agieren der Götter. Neuere Untersuchungen interpretieren dieses radikale Abrücken von der vertrauten Darstellung als literarisches Spiel. Das möchte man angesichts des anspruchslosen Stils beider Texte zunächst nicht glauben. Doch der Verzicht auf elegante Diktion erweist sich bei näherer Betrachtung als Resultat des Bemühens der hinter den beiden ›Augenzeugen‹ stehenden Autoren, um jeden Preis den Anschein von Authentizität zu erwecken. Das beginnt schon mit der jeweils im Prolog geäußerten Behauptung, das, was man jetzt lesen werde, sei auf abenteuerliche Weise entdeckt worden: die Schrift des ›Diktys‹ in einem Grab, die des ›Dares‹ bei einem Athen-Besuch des ›Cornelius Nepos‹, des Autors der an ›Sallust‹ adressierten Widmungsepistel zu der *Historia*, der sich auch als Übersetzer ausgibt.

Bedenkt man im Hinblick auf den Beglaubigungsapparat für die Schrift des ›Diktys von Kreta‹, dass die Kreter im Altertum als notorische Lügner galten, wird man die *Ephemeris* umso bereitwilliger als das Produkt eines literarischen Spiels begreifen und dies dann auch für die *Historia* voraussetzen können. Dementsprechend ist es sehr wahrscheinlich, dass die Autoren der beiden Texte ganz bewusst ihre ›Augenzeugen‹ sich nicht in gehobenem Stil, sondern ›protokollarisch‹ artikulieren lassen, und zwar so wie Caesar in seinen Commentarien über den Gallischen Krieg: in schlichter Sprache, streng sachlich und, wenn der Erzähler von sich selbst redet, dann nur in der dritten Person Singular; lediglich in dem offensichtlich von Septimius verfassten Epilog zu Buch 5 der *Ephemeris* sagt Diktys »ich«.

Da sich Beglaubigungsapparate auch in einigen idealisierenden Romanen finden, zeigt sich eine Verbindungslinie von diesen Texten zu den Troja-Berichten. Hinzu kommt etwas, auf das wir schon im *Alexander-Roman* stießen: Wieder wird entheroisiert. So lässt etwa der Autor der *Ephemeris* seinen Achilleus den Trojaner Hektor nicht heldenhaft im offenen Kampf, sondern denkbar feige durch den Überfall aus einem Hinterhalt töten (3,15). Wir sehen also das hehre Ringen gottähnlicher Recken zur alltäglichen kämpferischen Konfrontation normaler Menschen degradiert. Gleichzeitig wird ein Effekt erzielt, der gar nicht weit entfernt ist von einem in den Romanen vom Typ der *Satyrica* Petrons immer wieder verwendeten Mittel der Komik: dem parodistischen Spiel mit heroischen Posen und falschem Pathos. Ansonsten trennt ein so weiter Abstand die Erzählungen des ›Diktys‹ und ›Dares‹ von den komisch-realistischen Romanen, dass die gemeinsame Zuordnung zu einer Gattung besonders abwegig erscheint.

1.5.5 Frühchristliche romanhafte Literatur

Man hat mehrfach beobachtet, dass sich in der *Apostelgeschichte* des Lukas Erzählmotive finden, die man ebenso aus den Romanen vom Typ der *Ephesia-*

ka kennt, z. B. ›gefahrvolle Reise‹, ›Schiffbruch‹, ›Scheintod‹ und ›Gerichtsverhandlung‹. In jüngerer Zeit entdeckte man überdies, dass die vier Evangelien in ihrer Episodenstruktur und ihrem schmucklosen Stil nicht nur mit jüdisch-hellenistischen Prosaerzählungen wie *Judith* und *Tobit*, sondern auch mit fiktionalen Biographien vom Typ der Viten Äsops und Alexanders nahe verwandt sind. Doch in den fünf kanonischen Texten des Neuen Testaments geht es um historische Ereignisse, die in romanhafter Form erzählt werden, und ihre Darbietung ist primär in den Dienst der Vermittlung christlicher Lehre gestellt. Die apokryphen Apostelgeschichten dagegen, die wie die *Acta* des Lukas, ja in noch weit höherem Maße als diese, motivisch an idealisierende Romane erinnern, gehören, auch wenn ihre Protagonisten historische Figuren sind und in einzelnen Abschnitten ein wahrer Kern stecken dürfte, eindeutig zur fiktionalen Literatur. Sie transportieren gleichfalls theologische Unterweisung, und das ist für sie gleichfalls das Hauptanliegen, aber da diese zum Teil nicht mit den Dogmen, die Kirchenväter und frühe Konzilien entwickelten, in Einklang steht – eine dominierende Rolle spielt die Aufforderung zur Enkratie, d. h. der sexuellen Enthaltsamkeit selbst in der Ehe –, wurden sie nicht als kanonisch anerkannt.

Zwischen 150 und 230 n. Chr. entstanden, erfreuten sich die fünf ›klassischen‹ apokryphen Apostelgeschichten (Πράξεις τῶν Ἀποστόλων, »Taten der Apostel«) die *Acta* (›Akten‹) *des Johannes*, *Paulus*, *Petrus*, *Andreas* und *Thomas* (das ist vermutlich die chronologische Reihenfolge), zunächst bis ins 4. Jahrhundert hinein großer Beliebtheit, dann aber distanzierte sich die Kirche von ihnen. Das dürfte auch ein wesentlicher Grund dafür sein, dass keiner der fünf Texte in seiner ursprünglichen Gestalt erhalten blieb. Während wir von den in syrischer Sprache verfassten *Thomasakten* immerhin eine vollständige griechische Übertragung besitzen, sind die übrigen Apostelgeschichten nur fragmentarisch bzw. in späteren Bearbeitungen, u. a. in lateinischer Sprache, auf uns gekommen.

Außer in den *Acta des Petrus*, deren Thema die Wundertaten und das Martyrium des Apostels in Rom bilden, erzählen diese Texte von der Missionsreise des Protagonisten und – hier sind allein die *Acta des Johannes* eine Ausnahme – von seinem gewaltsamen Tod. Da das Lebensende nach einer Serie von Bewährungen in einer dem Apostel immer wieder feindlich gesinnten Welt mit dem Beginn der ewigen Seligkeit verbunden ist, zeigt der strukturelle Rahmen der Erzählungen unverkennbar eine Entsprechung zu demjenigen der idealisierenden Romane mit ihrem *happy ever after* nach den Bewährungen der Treue der beiden Liebenden während ihrer Reiseabenteuer. Zudem korrespondiert das Festhalten an der einmal dem Partner geschworenen Liebe in den Erzählungen vom Typ der *Ephesiaka* dem Festhalten an der Bereitschaft zur Enkratie in den *Acta*: Die Apostel, die zum Verzicht auf Sex mahnen, und die (meist schon verheirateten) Frauen aus vornehmen Familien, welche die Mahnung selbst dann noch beherzigen, wenn sie von der Gesellschaft mit dem Tod bedroht werden, erscheinen geradezu als das Liebespaar der christlichen ›Romane‹. Besonders deutlich wird die Analogie in einem (auch separat überlieferten) Abschnitt der *Paulusakten*: Dort begleitet eine von dem Apostel zu fleischlicher Enthaltsamkeit überredete Frau namens Thekla ihn eine Zeitlang auf seiner missionarischen Wanderschaft.

Freilich treten in den Texten neben Gegnern der Apostel und der von ihnen bekehrten Menschen Personen auf, die das enkratitische Ethos einer Frau dazu stimuliert, sie sexuell zu begehren. Das gibt den Erzählern Gelegenheit zur Darbietung erotischer Geschichten, von denen einige den pikanten Novellen in Petrons *Satyrica* und in den *Metamorphosen* des Apuleius gleichen. So schildert z. B. die Geschichte von Drusiana und Kallimachos in den *Johannesakten* (Kap. 62–86) sehr anschaulich einen Fall von versuchter Schändung einer weiblichen Leiche in einer Grabkammer. Doch in den apokryphen *Acta* ist der Anteil solcher wahrhaft romanhafter Elemente am Text so gering gegenüber dem der Passagen, die auf christliche Belehrung und Erbauung abzielen, dass man große Schwierigkeiten hätte, eine Zuordnung dieser Erzählungen zu der von idealisierendem und komisch-realistischem Roman konstituierten Gattung überzeugend zu rechtfertigen. Wegen der auffälligen Ähnlichkeit in der narrativen Struktur könnte man aber durchaus daran denken, die nichtkanonischen Apostelgeschichten als Gruppe der christlichen neben die der paganen antiken Romane zu stellen.

Neben den fünf *Acta* hat die in frühchristlicher Zeit entstandene griechisch-römische Erzählliteratur zwei weitere Texte aufzuweisen, die den Romanen vom Typ der *Ephesiaka* motivisch nahestehen. Einen von beiden, den griechischen *Klemens-Roman*, verfasste ein unbekannter Verfechter der christlichen Lehre. Der ebenfalls anonyme Autor des anderen Werks, der in sehr schlichtem Latein geschriebenen *Historia Apollonii regis Tyri* (»Geschichte vom König Apollonius von Tyrus«) zeigt sich mit der *Vulgata* inhaltlich und formal vertraut, räumt ihr aber unter den Texten, auf die er anspielt, keine höhere Bedeutung ein als den nicht-christlichen.

Bei dem in seiner Originalversion vermutlich ins zweite Drittel des 3. Jahrhunderts n. Chr. zu datierenden *Klemens-Roman* handelt es sich um die fiktive Autobiographie des Nachfolgers des Apostels Petrus als Bischof von Rom (weshalb man die zwei erhaltenen Teile auch als *Pseudo-Klementinen* zu bezeichnen pflegt). Wir lesen diese Erzählung heute in zwei Adaptionen des 4. Jahrhunderts n. Chr., den griechischen Ὁμιλίαι (»Predigten«) und den nur in der lateinischen Übersetzung des Rufinus von Aquileia auf uns gekommenen

Recognitiones (»Wiedererkennungen«). Wie schon die beiden Titel verraten, haben die offenbar mehr an einer Verteidigung des christlichen Glaubens als an einer Wiedergabe der ursprünglichen Romanhandlung interessierten Bearbeiter den Umfang der von ihnen hinzugefügten, rein der theologischen Belehrung dienenden Teile verschieden bemessen: Wir erfahren von den Erlebnissen des späteren Bischofs in den *Recognitiones* mehr als in den *Predigten.* Es sind die Wechselfälle des Schicksals der während seiner Kindheit im ganzen Mittelmeerraum umhergetriebenen Eltern des Klemens und seiner zwei Brüder, die in enger motivischer Nachbarschaft zu dem Geschehen im idealisierenden Roman stehen; vielleicht haben Heliodors *Aithiopika* sogar direkt auf den *Klemens-Roman* gewirkt. Nach mancherlei Abenteuern wie Schiffbruch, Entführung durch Piraten usw. treffen die einzelnen Familienmitglieder der Reihe nach wieder mit Klemens zusammen, der sich inzwischen dem Apostel Petrus angeschlossen hat.

Die Historia Apollonii regis Tyri ist wie der *Alexander-Roman* in mehreren Fassungen überliefert, deren älteste, *recensio* A, gegen Ende des 5. Jahrhunderts n. Chr. entstand. Man hat vermutet, dass es eine griechische Urfassung gegeben habe, von der Mitte des 5. Jahrhunderts eine Epitome (gekürzte Version) angefertigt worden sei, und diese habe der anonyme Autor des lateinischen Textes bearbeitet. Die an die Tradition von ›German Quellenforschung‹ anknüpfende Theorie lud natürlich dazu ein, den Blick von der erhaltenen *Historia* weg auf die rekonstruierte Vorlage zu lenken. Dabei glaubte man stellenweise eine allzu wörtliche Übertragung des griechischen Originalwortlauts identifizieren zu können. Doch weder solche Gräzismen noch Spuren der Epitomierung und durch diese verursachte Inkonsistenzen lassen sich zwingend nachweisen. Es empfiehlt sich daher, *recensio* A wie die entsprechende *recensio* des *Alexander-Romans* in der uns überlieferten Gestalt als ein literarisches Werk zu lesen, zumal die narrative Struktur des späteren Opus derjenigen des älteren sehr ähnlich ist.

Die romanhafte Erzählung beginnt damit, das Apollonius, aus Tyrus nach Antiochia gekommen, als einer der Freier der Tochter des Königs Antiochus ein von diesem gestelltes Rätsel lösen und dann vor ihm fliehen muss, weil er dazu als einziger in der Lage ist. Es besagt, dass der König ein inzestuöses Verhältnis mit seiner Tochter hat. Über Tarsus, dessen Bürger:innen er von einer Hungersnot errettet, gelangt Apollonius, von einem Sturm dorthin verschlagen, an den Hof des Archestratus, König der Pentapolis an der nordafrikanischen Küste, heiratet dessen (namenlose) Tochter, reist mit ihr zu Schiff Richtung Antiochia, wo er die Nachfolge des verstorbenen Königs antreten soll (er wird später auch König von Tyrus und der Pentapolis), und lässt sie, da sie scheinbar nach der Entbindung von Tarsia stirbt, in einem Sarg im Meer bestatten. Daraufhin übergibt er seine Tochter Pflegeeltern in Tarsus und fährt als Kaufmann nach Ägypten. Nach vierzehn Jahren trifft er Tarsia, die inzwischen von Piraten nach Mytilene entführt wurde, als Sklavin eines Zuhälters wieder, vermählt sie mit dem Mytilenäer Athenagoras, dem Tarsia die Bewahrung ihrer Virginität verdankt, und sieht, nachdem ein Engel ihn im Traum nach Ephesus gewiesen hat, dort seine tot geglaubte Frau als Priesterin der Diana wieder.

Wie beim *Alexander-Roman* macht die Handlung der *Historia* bei erstem Lesen den Eindruck, als habe der Autor sie durch beliebiges Aneinanderreihen von Einzelepisoden komponiert. Aber auch hier stiften mehrere Leitmotive und ihre Abwandlungen, darunter Inzest und Rätselraten, Einheit; z. B. entspricht das Wiedersehen des Apollonius mit Tarsia insofern den Szenen mit dem inzestuösen und zum Rätseln zwingenden Antiochus, als Apollonius im Bordell in Mytilene auf Sex mit der von ihm nicht als seine Tochter erkannten ›Prostituierten‹ verzichtet und vor der Wiedererkennung zehn von ihr gestellte Rätselaufgaben löst (40,17–45,1). Ist schon die Motivstruktur der *Historia* bemerkenswert, so erst recht ihr Reichtum an Intertextualität. Diese fasziniert besonders, wenn der Anonymus offenbar rein spielerisch heidnische mit biblischen ›Zitaten‹ geradezu kreuzt, etwa in der Episode nach der Landung des Apollonius an der nordafrikanischen Küste (12,3–11): Er begegnet dort einem gastfreundlichen Fischer, der Züge Nausikaas und des barmherzigen Samariters trägt. Warum soll ihn Diana also nicht durch einen Engel zu ihrem berühmten Tempel in Ephesus holen lassen?

1.6 Definition der Gattung

Wir sind damit an das Ende der Übersicht über die ›fringe novels‹ gelangt. Es hat sich gezeigt, dass die dieser großen Gruppe von Texten zuzuweisenden fiktionalen Erzählungen mit den idealisierenden und komisch-realistischen Romanen motivisch und zum Teil sogar strukturell verwandt sind. Wie gesagt: Würde man von dem neuzeitlichen Gattungsbegriff ›Roman‹ ausgehen, der ein denkbar breites Spektrum narrativer Prosa abdeckt, hätte man wohl keine Schwierigkeiten, alle diese Texte als Romane zu definieren. In der Antike dagegen dürfte es weder Leser:innen noch Literaturtheoretiker gegeben haben, die auch nur auf den Gedanken gekommen wären, die Reiseerzählung des ›Iambulos‹, die Äsop-Vita, die Sammlung pseudepigrapher Briefe des Hippokrates, die *Ephemeris* des ›Diktys von Kreta‹, die *Acta des Paulus* und die *Historia Apollonii regis Tyri* zusammen mit Heliodors *Aithiopika* und Apuleius' *Goldenem Esel* als Spielart ein und desselben literarischen Genos zu betrachten. Man sollte daher, wenn man vom ›antiken Roman‹ spricht, darunter allein die idealisierenden und die komisch-realistischen Romane verstehen. Denn sie allein bilden eine gattungstypologisch einigermaßen homogene Gruppe, welche die antike Literaturkritik, wenn sie sich zu einer Auseinandersetzung mit den hier einzuordnenden Texten herbeigelassen hätte, vermutlich als einheitliches Genre anzuerkennen bereit gewesen wäre.

Diese Texte wird also meine Einführung in den antiken Roman nun ausgiebiger als die ›fringe novels‹ behandeln. Zuvor möchte ich ihre wichtigsten Merkmale in einer Definition der Gattung zusammenfassen. Als ›antiken Roman‹ begreife ich eine frei erfundene längere Prosaerzählung, in der erotische Thematik und eine Serie meist auf Reisen erlebter, erzähltechnisch durch vorgegebene Motive geprägter Abenteuer das Geschehen beherrschen. Die Protagonisten bzw. der Protagonist agieren in einem als real existierend dargestellten Ambiente, das, auch wenn die Romanhandlung in einer für Autor und Lesepublikum vergangenen Epoche spielt (was in mehreren Texten, aber nicht immer der Fall ist), im Wesentlichen die Erfahrungswelt der frühkaiserzeitlichen Gesellschaft des Mittelmeerraums widerspiegelt. Das Menschenbild entspricht entweder einer idealisierenden oder einer komisch-realistischen Sichtweise.

Die einzelnen Vertreter der Gattung sollen im Rahmen einer Darstellung der chronologischen Entwicklung der Gattung vom 1. bis zum 3. Jahrhundert betrachtet werden. Ich bin mir dessen bewusst, dass sowohl mein Versuch, die Romane in eine zeitliche Abfolge einzugliedern, als auch die Zuordnung der Texte zu den beiden Untergruppen, dem idealisierenden und dem komisch-realistischen Roman, keineswegs unproblematisch sind. Bei Forschungen zur Chronologie ist man fast ganz auf Wahrscheinlichkeitsüberlegungen, ja teilweise sogar auf Spekulationen angewiesen, und jüngere wissenschaftliche Arbeiten, insbesondere diejenigen zu den Papyrusfragmenten, haben gezeigt, dass die Grenze zwischen den beiden Romantypen nicht so klar zu ziehen ist, wie Ben Edwin Perry, der die Begriffe erstmals in seiner Monographie *The Ancient Romances: A Literary-Historical Account of Their Origins* von 1967 verwendete, noch annahm. Aber eine Einführung bedarf der übersichtlichen Strukturierung eines Stoffgebiets, das vielen der Einzuführenden eher fremd sein dürfte. Und vor dem Papyrusfund, der alles Datieren und Klassifizieren endgültig Lügen straft, müssen schließlich alle, die antike Texte zu erklären bemüht sind, gewaltige Angst haben.

Zu 1.1–5: *Einführungen in die gesamte fiktionale Prosa der Griechen und Römer:* Helm [2]1956a; Hägg 1983; Graverini et al. 2006; *Forschungsberichte zum antiken Roman im engeren Sinne:* Bowie/Harrison 1993; Morgan 1996a; Harrison 1999b; Swain 1999b; Zimmerman 2002 (speziell zu Ausgaben und Übersetzungen: Riquier 2019); *themenübergreifende Monographien, Aufsätze und Buchkapitel zum idealisierenden griechischen Roman:* Reardon 1969; 1971, 309–405; 1976; C. W. Müller 1981; Billault 1991; Reardon 1991; Swain 1996, 101–131. 423–425; Cueva 2004; Brethes 2007; Holzberg 2007; Whitmarsh 2011, *zum griechischen und römischen Roman:* G. Anderson 1982 und Alvares 2022 (›Big Five‹ und Apuleius).

Zu 1.2: *Ausgaben der Romanpapyri:* Stephens/Winkler 1995; López Martínez 1998; *Übersetzungen:* H. Maehler in Kytzler 1983, 2, 715–750; G. N. Sandy und B. P. Reardon in Reardon 1989, 799–827; *Untersuchungen:* Stephens 1996; Morgan 1998; Bastianini/Casanova 2010; Henrichs 2010; López Martínez 2010; Messeri 2010; Henrichs 2011; Stephens 2014.

Zu 1.3 und 4: *Antike Gattungsbezeichnungen und Problem der Zuordnung zur Gattung:* Kuch 1985; Morgan 1993; Holzberg 1995; 1996a; Ruiz Montero 1996; Kozić 2005; Whitmarsh 2005; Tilg 2010b; Henrichs 2011; Futre Pinheiro 2014a; Kozić 2018; *typische Motive des Romans:* Létoublon 1993 (alle); Egger 1988; Fusillo 1989; Egger 1994b; Konstan 1994b; Goldhill 1995; Haynes 2003; M. Jones 2012; Richardson 2014; Bird 2021; López Martínez et al. 2023 (alle zum Geschlechterdiskurs); Montiglio 2013a (Wiedererkennung); Mundt 2016 (Herkunftsräume); Schwartz 2016 (Gerichtsszenen); *Erzähltechnik und Charakterisierung:* Hägg 1971; Effe 1975; Fusillo 1997; Mal-Maeder 2003; De Temmerman 2014; *Sprache und Stil:* Reeve 1971 (Hiat), Bowie 2017 (poetische Sprache); *Intertextualität:* Fusillo 1989, Doulamis 2011; Lefteratou 2018; Jolowicz 2021; *Poetik und Rhetorik:* Futre Pinheiro et al. 2022.

Zu 1.5.1: *Euhemeros: Ausgabe:* Winiarczyk 1991; *Bilinguen:* Oldfather 1939, 212–227. 330–336; Montanari/Puderon 2022; *Übersetzung:* B. Kytzler in Kytzler 1983, 2, 669–674; *Untersuchungen:* R. J. Müller 1993; Winiarczyk 2013; Whitmarsh 2013b; *Iambulos: Bilingue:* Oldfather 1935, 64–83; *Übersetzung:* B. Kytzler in Kytzler 1983, 2, 678–684; *Untersuchungen:* Ehlers 1985; Winiarczyk 1997; Möllendorff 2015; *Untersuchungen zu beiden Texten:* Holzberg 1993c; 1996b; Kuch 2014; Konstantakos 2023a; *Lukian, Wahre Geschichten: Ausgabe:* Macleod 1972, 103–125; *Bilinguen:* Harmon 1913, 247–357; Mras 1954, 328–419; *Übersetzung:* B. P. Reardon in Reardon 1989, 619–649; *Kommentar:* Georgiadou/Larmour 1998; *Untersuchungen:* G. Anderson 1976, 1–11; Morgan 1985; Fusillo 1988; Mal-Maeder 1992; Nesselrath 1993; Georgiadou/Larmour 1994; Rütten 1997; Möllendorff 2000a; Laird 2003; Baumbach 2004; Gainsford 2011; Gassino 2011; Möllendorff 2014; Ní Mheallaigh 2014, 206–260; Futre Pinheiro 2016; Maciver 2016.

Zu 1.5.2: *Xenophon, Kyrupädie: Ausgabe:* Gemoll/Peters 1968; *Bilinguen:* Miller 1914; Nickel 1992; *Untersuchungen:* Due 1989; Tatum 1989; Zimmermann 1989; Stadter 1991; Gera 1993; Tatum 1994a; Reichel 1995; Due 1996; 1999; 2002; Zimmermann 2009; Hägg 2012, 51–66; Tamiolaki 2017; *Äsop-Roman: Bibliographie:* Beschorner/Holzberg 1992; *Ausgaben:* Perry 1952, 35–107 [Viten G und W]; Karla 2001 [W]; *Bilinguen:* Ferrari et al. 1997 [G]; Papathomopoulos ^{3}2010 [G]; Holzberg 2021; Karla/Jouanno 2025 [G]; Karla/

Konstan 2024 [W] (mit Kommentar); *Übersetzungen:* Wills 1997, 180–215 [G]; L. W. Daly in W. Hansen 1998, 106–162 [G]; Laes 2025 [G]; *Datierung:* Andreassi 2018; *Untersuchungen:* J. J. Winkler 1985, 276–291; Jedrkiewicz 1989; Holzberg 1992; 1993b; Merkle 1996a; Hägg 1997; Pervo 1998; Shiner 1998; Dillery 1999; Finkelpearl 2003; Karla 2003; Konstantakos 2006; 2009; 2010a; 2010b; Hunter 2010; Watson 2010; Karla 2011; Konstantakos 2011; Orofino 2011; Hägg 2012, 101–117; Karla 2014; Ruiz Montero 2014; Andreassi 2015; Konstantakos 2020; Pertsinidis 2020; Konstantakos 2021, 174–176; 2025; *Ps.-Kallisthenes, Alexander-Roman* (vgl. Döpp 2003 zum *Kambyses-Roman*): *Ausgabe:* Kroll 1926 [A]; *Bilingue:* Stoneman/Gargiulo 2007–2012 [A; nur Buch I/II]; *Übersetzungen:* Pfister 1978; K. Dowden in Reardon 1989, 650–735 = W. Hansen 1998, 168–246; *Kommentar:* Nawotka 2017; *Untersuchungen:* Pfister 1976; Merkelbach ²1977; Cizek 1978; Reiser 1984; Konstan 1998; Stoneman 1994; 1996; Jouanno 2002; Koulakiotis 2006; Konstantakos 2009; Giuliano 2010; Frye 2011; Hägg 2012, 117–134; Karla 2012; Stoneman et al. 2012; Whitmarsh 2013a; Konstantakos 2015; Stoneman et al. 2018; Jouanno 2020; Konstantakos 2021, 166–171; Konstantakos 2023b; *Iulius Valerius: Ausgabe:* Rosellini 1993; *Übersetzungen:* Foubert 2014; Callu 2020; *Untersuchungen:* Romano 1974; Döpp 1999; Stoneman 1999; Wulfram 2018; 2023; *Philostratos, Leben des Apollonios von Tyana: Ausgabe:* Boter 2022; *Bilinguen:* Coneybeare 1912; Mumprecht 1983; *Untersuchungen:* Bowie 1994a; G. Anderson 1996; Francis 1998; Swain 1999a; Schirren 2005; Bowie/Elsner 2009; Demoen/Praet 2009; Dijk 2009; Guez 2009; Hägg 2012, 318–341; Boter 2015; Grossardt 2015; Hägg 2018; Kanavou 2018a.

Zu 1.5.3: ›*Briefromane*‹: *Bibliographie:* Beschorner 1994; *Kommentar:* Costa 2001 (Auswahl); *themenübergreifende Sammelbände, Monographien, Aufsätze:* Holzberg 1994; Rosenmeyer 2001; Glaser 2009; 2014; Morrison 2014a; 2014b; Marquis 2023; Marquis/Möllendorff 2025; *Aischines: Ausgabe:* Hernández Muñoz 2012; *Bilingue:* Martin/Budé 1952; *Übersetzung:* Bremi 1829; *Untersuchungen* (alle zu der erotischen Geschichte in Brief 10): Mignogna 1996a; Hodkinson 2013; Guo 2019; *Chion: Bilinguen:* Düring 1951; Brodersen 2026; *Übersetzung:* Malosse 2004; *Untersuchungen:* Konstan/Mitsis 1990; Rosenmeyer 1994; Penwill 2010; Christy 2016; Hodkinson 2019; *Euripides: Bilingue:* Gösswein 1975; *Untersuchungen:* Hanink 2010; Poltera 2013; Nesselrath 2023; *Hippokrates: Bilinguen:* Sakalis 1989; W. D. Smith 1990; Brodersen 2025a; *Übersetzung:* Fingerle 1938; *Untersuchungen:* Brodersen 1994; Flashar 2016, 196–207; Knöbl 2016; Althoff 2022; *Phalaris: Bilinguen:* Hercher 1873, 409–459; Brodersen 2025b; *Untersuchungen:* Merkle/Beschorner 1994; Hinz 2023; *Platon: Ausgabe:* Burnet 1907, 472–529; *Bilingue:* Bury 1929, 394–625; Neumann/Kerschensteiner 1967; *Untersuchungen:* Längin 1998; Morrison 2013; *Sieben Weise: Übersetzung:* Dührsen 1994 (nach Long 1964); *Sokrates und Sokratiker: Bilinguen:* Köhler 1928; Malherbe 1977, 217–307; Borkowski 1997 (nur Sokrates); *Themistokles: Bilinguen:* Doenges 1981; Cortassa/Culasso Gastaldi 1990, I; Brodersen 2025c; *Untersuchungen:* Penwill 1978; Cortassa/Culasso Gastaldi 1990, II; Hodkinson 2007; Janßen 2020; Möllendorff 2025.

Zu 1.5.4: *Diktys: Ausgabe:* Eisenhut ²1973; *Bilingue des P. Oxy 4943f.:* Hatzilambrou/Obbink 2009a; *Untersuchungen:* Merkle 1989; 1990a; 1990b; Lapini 1992; Merkle 1994; 1996b; Grossardt 1998, 364–393; Merkle 1999; Horsfall 2008/09; Dowden 2009; Gainsford 2012; Ní Mheallaigh 2013; Dowden 2019a; *Dares: Ausgabe:* Meister 1873; *Bilingue:* Beschorner 1992, 12–192 (mit Kommentar); Garbugino 2011; *Untersuchungen:* Schetter 1987; 1988; Beschorner 1992, 193–265; Pavano 1993; 1996; Stenger 2005; Bretzigheimer 2008; 2009; 2010; *zu beiden Texten: Bilingue:* Brodersen 2019; *Übersetzung:* Frazer 1966; *Untersuchungen:* T. Gärtner 1999; Frye 2011; Brescia et al. 2018; Pervo 2018.

Zu 1.5.5: *Apokryphe Apostelakten: Ausgabe:* Lipsius/Bonnet 1891–1903; *Übersetzungen:* Hennecke/Schneemelcher ⁶1999; *Untersuchungen und Aufsatzsammlungen:* Söder 1932; Plümacher 1978; Pervo 1987; 1994; Perkins 1995; Szepessy 1995; Cooper 1996; Pervo 1996; Bremmer 1998; Lalleman 1998; Brant 2005; Futre Pinheiro et al. 2013; Konstan/Ramelli 2014; Ramelli/Perkins 2015; Spittler 2019; *Andreas: Ausgabe:* Prieur 1989; *Untersuchungen:* MacDonald 1994; Bremmer 2000; Schwartz 2007; König 2009; Roig Lanzillotta 2010; Spittler 2013; Cobb 2018; Bremmer 2021; *Johannes: Bilingue:* Junod/Kastli 1983; *Übersetzung:* McCollum/Niedergall 2022; *Untersuchungen:* Snyder 2014; Bremmer 2021; Dell'Isola 2022; Crabbe 2023; *Paulus: Übersetzung:* Pervo 2014 (mit Kommentar); *Kommentar:* Barrier 2009; *Untersuchungen:* Aubin 1998; Ng 2004; S. F. Jones 2006; Narro 2016; McLarty 2018; *Petrus: Bilingue:* Stoops/Hills 2014; *Untersuchung:* Thomas 2003; *Thomas: Bilingue* (Kurzfassung): Narro/Muños Gallarte 2023 (mit Kommentar); *Übersetzung:* Attridge/Hills 2010; König 2009; *Untersuchung:* Dell'Isola 2022; *Pseudo-Klementinen: Bibliographie:* S. F. Jones 1982; *Ausgabe:* Rehm/Strecker ³1992–²1994; S. F. Jones 2014 (syrische Fassung); *Übersetzungen:* Hennecke/Schneemelcher ⁶1999; Wehnert 2010 (nur *Homilien*); Erhorn 2021 (nur *Recognitiones*); *Untersuchungen:* M. J. Edwards 1992; S. F. Jones 1992; D. U. Hansen 1997; Bremmer 1999; Vielberg 2000; S. F. Jones 2001; Kelley 2005; Côté 2006; Amsler et al. 2008; Bremmer 2010; *Historia Apollonii regis Tyri: Ausgabe:* Kortekaas 1984 (*recensiones* A und B); Schmeling 1988 (*recensiones* A, B und C); Kortekaas 2004 (*recensiones* A und B); S. Panayotakis 2012, 16–42 (*recensio* A); *Bilingue:* Waiblinger ²1994; Vannini 2018 (beide *recensio* A); *Übersetzung:* B. Kytzler in Kytzler 1983, 1, 164–223; G. N. Sandy in Reardon 1989, 736–772; *Kommentare:* Kortekaas 2007; S. Panayotakis 2012; *Untersuchungen:* Klebs 1899; Chiarini 1983; Holzberg 1990; C. W. Müller 1991; Konstan 1994a; Robins 1996; Kortekaas 1998; Kuhlmann 2002; S. Panayotakis 2002; 2003; Kortekaas 2004; Schmeling 1996a; 1998; 1999a; Wolff 1999; S. Panayotakis 2003; Laird 2005; S. Panayotakis 2006; 2007; 2009; 2011; Konstan 2013a; 2013b; Montiglio 2013b; Garbugino 2014; Nelson 2016; Wheaton 2018; May 2020; Konstantakos 2021, 171–173.

KAPITEL 2

Die Entstehung der Gattung

Die Texte, die in Kapitel 1 unter den Begriff des antiken Romans subsumiert wurden, ragen innerhalb des Gattungsspektrums der griechischen und römischen Literatur formal wie inhaltlich als etwas so Außergewöhnliches hervor, dass sich die Frage nach der Entstehung dieser Gattung besonders eindringlich stellt. Daher darf man es durchaus als legitim ansehen, dass Erwin Rohde, als er 1876 mit seiner umfangreichen Monographie *Der griechische Roman und seine Vorläufer* die moderne Erforschung der Gattung anregte, den Schwerpunkt seiner Untersuchung auf das Ursprungsproblem legte. Die philologische Auseinandersetzung mit dem antiken Roman kam dann allerdings fast hundert Jahre lang über das Fahnden nach den Vorläufern kaum hinaus, und daran ist Rohde nicht ganz unschuldig. Gewiss, es war zu der Zeit der Publikation seines Buches und weit bis in die jüngere Vergangenheit nahezu die Regel, dass Gräzist:innen und Latinist:innen, vor allem deutschsprachige, bei der Textinterpretation den Blick statt auf die zu untersuchenden Werke auf die dahinter verborgenen Quellen richteten. Aber im Falle des Romans hatte das Ignorieren der Texte, von denen das Ergründen ihrer Archäologie ausging, noch eine andere Ursache: Rohde und die anderen Klassischen Philologen des ausgehenden 19. Jahrhunderts betrachteten die Prosaerzählungen vom Typ der *Ephesiaka* Xenophons von Ephesos als literarästhetisch wertlos, und diese Sichtweise prägte zusammen mit dem quellenpositivistischen Forschungsansatz bis vor etwa fünfzig Jahren die wissenschaftlichen Bemühungen um die Gattung.

2.1 Herleitung aus anderen Gattungen

Da man die idealisierenden Romane für trivial hielt – wegen ihrer motivischen Verwandtschaft mit Abenteuerfilmen und TV-Familienserien werden die nicht fachkundigen modernen Leser:innen diese Meinung zumindest beim *first reading* teilen –, hätte es sich eigentlich angeboten, vorrangig nach den soziokulturellen Voraussetzungen für die Genese des Genres zu fragen. Aber damit fing man deshalb verhältnismäßig spät an, weil sich das Aufspüren von Vorformen, aus denen sich der idealisierende Roman entwickelt haben könnte, als extrem schwierig erwies. Es fehlte ein Text, in dem man mit Sicherheit den ersten Roman hätte sehen können, Angaben der Autoren zu ihrer Person, der literarischen Tradition und der Intention ihrer Werke gibt es so gut wie keine, und eine antike Gattungstheorie existiert, wie gesagt, überhaupt nicht.

 | HTTPS://DOI.ORG/10.1515/9783119783112228999-002

So fanden Rohde und seine unmittelbaren Nachfolger:innen denn auch keine jedermann überzeugenden Lösungen. Aber das führte nicht zur Resignation, sondern zu umso emsigerem Forschen, so dass immer wieder neue Entstehungshypothesen vorgelegt wurden. Kein Wunder also, dass man die Prosaerzählung vom Typ der *Ephesiaka* nahezu aus allen Gattungen der griechischen Dichtung und Prosa, die irgendwie einen narrativen Charakter haben, herleitete: aus dem Epos, aus hellenistischer Geschichtsschreibung, Novellistik, Reisefabulistik und Liebespoesie, aus dem Märchen und anderen als ›volkstümlich‹ geltenden Erzählformen, aus dem Drama – vor allem der Komödie und dem Mimus – sowie den Deklamationsübungen der Rhetorenschule. Aber die Quellensuche beschränkte sich nicht auf die griechische Literatur; sie weitete sich aus auf hellenistisch-orientalische Göttermythen und ägyptische Prosaerzählungen, ja ein Gräzist, Graham Anderson (1984), glaubt sogar, die Spuren der Gattungsentwicklung bis zu sumerischen Keilschrifttexten zurückverfolgen zu können. All diese Bemühungen zeitigten durchaus nützliche Erkenntnisse, da schon der antike wie der moderne Roman als ›offene‹ Gattung zur Herstellung verschiedenartigster intertextueller Bezüge bereit ist, aber aus dem Blickwinkel von ›German Quellenforschung‹ sah man nicht wie heute Selbstreflexivität und literarisches Spiel damit verbunden, sondern fragte nur unter ›darwinistischem‹ Aspekt nach potentieller Genremutation.

Von all den als möglichen Vorläufern in die Diskussion eingebrachten Textgattungen weisen die meisten verwandten Elemente das frühgriechische Epos, die attische Neue Komödie des 4./3. Jahrhunderts v. Chr. und die hellenistische Geschichtsschreibung auf. Was die beiden poetischen Genres betrifft, verkörpert im Bereich des Epos die *Odyssee* geradezu den ›Archetyp‹ sowohl des idealisierenden als auch des komisch-realistischen Romans. Denn der Text erzählt einerseits von den größtenteils leidvollen Reiseabenteuern des Helden Odysseus und der Wiedervereinigung mit seiner Gattin Penelope zum *happy ever after*, andererseits von seinem listigen Vorgehen in Notlagen und seinen erotischen ›Affären‹ mit Kirke und Kalypso. Dieses Epos dürfen wir auf jeden Fall als Strukturmuster und Motivarsenal für den antiken Roman ansehen, und dasselbe gilt *mutatis mutandis* für die Komödie etwa eines Menander. Dort haben wir als Parallele die Gliederung des Bühnengeschehens in eine Serie von Schwierigkeiten, die für einen jungen Mann aus gutem Hause zu überwinden sind, bis er die von ihm begehrte junge Frau endlich heiraten darf, und motivische Kongruenz zeigt sich z. B. darin, dass Familien, die aufgrund von Kriegen, Überfällen durch Piraten oder durch Schiffbruch auseinandergerissen wurden, wieder zusammenfinden.

Man hat nun gesagt, es handle sich bei dem idealisierenden Roman um ein Prosaepos, in dem die fabulösen Abenteuer mythischer Helden, wie man sie der Adelsgesellschaft der archaischen Epoche erzählt hatte, durch realitätsnahe Reiseerlebnisse vornehmer Bürger:innen der hellenistisch-kaiserzeitlichen Gesellschaft ersetzt seien. Oder man bezeichnete den Roman als Lesedrama, in dem der große Schauplatz des östlichen Mittelmeerraums die enge Bühne der Polis erweitert habe und dabei die narrative Vergegenwärtigung an die Stelle der szenischen getreten sei. Der Roman sei als Transformation dieser zwei älteren Gattungen entstanden, und zwar deshalb, weil das Publikum, welches das neue Genre rezipierte, sich gegenüber den Epochen, in denen Epos und Komödie geblüht hatten, verändert und folglich zeitgemäße Literatur verlangt habe. Dem steht jedoch entgegen, dass im 1.–3. Jahrhundert n. Chr. nicht nur die homerischen Epen und die menandrischen Komödien sich nach wie vor starker Beliebtheit bei Leser:innen bzw. Theaterbesucher:innen erfreuten, sondern auch das Verfassen und Rezipieren von Dichtungen beider Gattungen weitergeführt wurde.

Die Möglichkeit einer genetischen Entwicklung des Romans aus Epos und Komödie ist mithin nicht sehr wahrscheinlich; allein an strukturellen und motivischen Einfluss der beiden poetischen Gattungen auf die neue Prosagattung kann man denken. Aber wie sieht es mit der Historiographie aus? Bei einem Geschichtswerk handelt es sich wie bei fast allen Texten und Textbruchstücken, die dem idealisierenden Roman zugeordnet werden, um eine längere, meist in mehrere Bücher untergliederte Prosaerzählung, deren Autor im Präteritum und in der 3. Person, also aus auktorialer Perspektive, berichtet. Speziell mit der hellenistischen Historiographie, soweit sie Darstellungsmittel der Tragödie und der Rhetorik einsetzt, ist der idealisierende Roman so auffallend eng verwandt, dass es sich lohnt, die Ähnlichkeiten im Einzelnen zu betrachten.

2.2 Roman und Historiographie

Wie bereits erwähnt, erwecken einige der vollständig bzw. bruchstückhaft erhaltenen idealisierenden Romane durch Titel wie *Ephesiaka*, *Phoinikika*, *Babyloniaka* und *Aithiopika* den Eindruck, es seien Texte der ethnographisch-geographischen Geschichtsschreibung. Wenn der Kodex der *Ephesiaka* als Verfasser einen Xenophon von Ephesos angibt, handelt es sich dabei vielleicht um das Pseudonym eines Mannes, der sich durch den von ihm angenommenen Namen, den des Autors sowohl des Geschichtswerks *Hellenika* als auch der (vermutlich) ersten romanhaften Prosaerzählung, der *Kyrupädie*, als ›echter‹ Historiograph ausgeben möchte. Dafür spricht, dass die *Suda*, ein auf antike Quellen zurückgehendes byzantinisches Lexikon, bei einer Aufzählung erotischer Romane neben den *Ephesiaka* des Xenophon von Ephesos die *Babylonia-*

ka eines Xenophon von Antiochia und die *Kyprika* eines Xenophon von Kypros nennt.

In diesem Zusammenhang ist ferner bemerkenswert, dass mehrere idealisierende Romane mit einem Beglaubigungsapparat beginnen. Während Achilleus Tatios das von ihm erzählte Geschehen nur dadurch ›authentisiert‹, dass er behauptet, der Protagonist habe es ihm erzählt, und Longos sich lediglich auf die Darstellung seiner Geschichte auf einem Gemälde beruft, enthalten *Die unglaublichen Dinge jenseits von Thule* des Antonios Diogenes, Xenophons *Ephesiaka*, die *Babyloniaka* des Iamblichos und die *recensio* B der motivisch mit den idealisierenden Romanen verwandten *Historia Apollonii regis Tyri* Verweise auf ›real‹ existierende mündliche bzw. schriftliche Quellen für den Bericht. In einer in Abschnitt 2.3 und 4 zu betrachtenden Gruppe griechischer Romane, die man sich vor der Mitte des 2. Jahrhunderts n. Chr. entstanden denkt und die für uns die ältere von zwei Entwicklungsstufen der Gattung repräsentieren, finden sich mehrfach Personen der Handlung, die historisch bezeugt sind: der Assyrerkönig im *Ninos-Roman*, der Ägypterkönig im *Sesonchosis-Roman*, eine (hier Kallirhoe genannte) Tochter des syrakusanischen Strategen Hermokrates (gest. 407 v. Chr.) und der Perserkönig Artaxerxes II. (405/04–359/58 v. Chr.) in Charitons *Kallirhoe*, eine (hier Parthenope genannte) Tochter des athenischen Strategen Miltiades (ca. 550–ca. 489 v. Chr.), der Chorlyriker Ibykos (6. Jh. v. Chr.) und der Philosoph Anaximenes (gest. um 526 v. Chr.)) im *Parthenope-Roman* sowie der Philosoph Pythagoras (570/60–ca. 480 v. Chr.) und der Tyrann Ainesidemos von Leontinoi (um 490 v. Chr.) bei Antonios Diogenes.

Auch wenn solche Personen in den späteren Romanen nicht mehr auftreten, behält noch Heliodor in seinen *Aithiopika*, dem vermutlich jüngsten der überlieferten Texte – das Romangeschehen spielt vermutlich im 6. Jahrhundert v. Chr. in dem von den Persern beherrschten Ägypten –, die Pose des Historikers bei. So schreibt er etwa von einzelnen Begebenheiten, er »glaube« oder es »scheine ihm«, dass sie sich »vielleicht« so zugetragen hätten, oder er macht manchmal nur ungefähre Entfernungs- und Zeitangaben, ja spricht sogar von alternativen Möglichkeiten für den Verlauf einer Romanepisode, obwohl er so etwas als allwissender Autor nicht nötig hätte. Überhaupt begegnen uns in allen erhaltenen Texten auf Schritt und Tritt Darstellungsmittel der Historiographie wie Sprachgebrauch, der intertextuelle Bezüge zu berühmten griechischen Historikern wie Herodot, Thukydides und Xenophon erkennen lässt, aus Geschichtswerken bekannte Motive und länder- und völkerkundliche Exkurse.

Schließlich werden selbst die Romane des Achilleus Tatios und des Longos, deren Handlung nicht explizit in eine vor der Zeit der Abfassung liegende Epoche verlegt ist, dadurch der Gegenwart des Lesepublikums entrückt, dass die

Römer, die Herren des gesamten Mittelmeerraums im 2. Jahrhundert n. Chr., auf keinerlei Weise in den Blick kommen, ja nicht einmal erwähnt sind. Es verwundert daher nicht, dass die *Suda* in dem gerade genannten Zusammenhang die drei Romanautoren mit Namen Xenophon als ἱστορικοί (»Geschichtsschreiber«) bezeichnet. Und es verdient Hervorhebung, dass Kaiser Julian (Iulianos) in Brief 48 von 362/63 n. Chr., in dem er sich dazu äußert, was seine Priester lesen sollen und was nicht (301 B), »fiktionale Erzählungen, die bei unseren Vorfahren in Gestalt eines Geschichtswerks verbreitet waren, erotische Geschichten und alles Derartige« (ὅσα δέ ἐστιν ἐν ἱστορίας εἴδει παρὰ τοῖς ἔμπροσθεν ἀπηγγελμένα πλάσματα ..., ἐρωτικὰς ὑποθέσεις καὶ πάντα ἁπλῶς τὰ τοιαῦτα), nennt (und als Lektüre ablehnt).

Die zahlreichen Berührungen des idealisierenden Romans mit der Historiographie gaben schon Anfang des 20. Jahrhunderts Anlass zu einer bis in jüngere Zeit von einzelnen Gelehrten vertretenen Entstehungshypothese: Der Roman habe sich direkt aus der hellenistischen Geschichtsschreibung entwickelt, deren besonderes Merkmal es ist, dass die Autoren die Berichterstattung beliebig durch romanhafte Züge ausgeschmückt oder sogar durch erfundene Ereignisse erweitert haben, um wie die Tragödiendichter bei den Rezipient:innen Furcht und Mitleid zu wecken. Zwar seien – so hat man immer wieder argumentiert – Zwischenstufen zwischen den Werken, die man noch als Historiographie kategorisieren kann, und den ›historischen Romanen‹ wie der Erzählung von König Ninos (dazu gleich mehr) nicht erhalten, aber das Nebeneinander von Historie und Fiktion in narrativen Texten wie dem *Alexander-Roman* zeige deutlich, dass die Grenzen zwischen Faktum und Erfundenem in der Zeit, als die Gattung Roman entstand, fließend waren.

Es gibt jedoch Belege für die Fähigkeit zur Unterscheidung von Realität und Fiktion, die den Prosaerzählern und den hellenistischen Historikern hier bestritten wird. Auf der einen Seite haben wir den (vermutlich schon in der hellenistischen Epoche kreierten) Erzähltyp des Augenzeugenberichtes über den Trojanischen Krieg: Wie gezeigt (S. 22f.), wird hier ein fiktionales Geschehen zur beglaubigten Historie umfunktioniert, und der Autor bringt durch dieses literarische Spiel mit Dichtung und Wahrheit sein Vermögen, zwischen beiden Bereichen zu differenzieren, implizit zum Ausdruck. Auf der anderen Seite darf man davon ausgehen, dass die hellenistischen Alexander-Biographen, wenn sie die Vita des Königs mit Anekdoten ›anreicherten‹, oder die römischen Annalisten bis hin zu Livius, wenn sie Sagen aus der Frühzeit Roms in ihren Jahr-für-Jahr-Report aufnahmen, ihre Schilderung der Vergangenheit gleichwohl als ernst zu nehmende Geschichtsschreibung begriffen. Denn solche Historiker benutzten ihre fiktionalen Zutaten als ein Mittel, dunkel oder lückenhaft überlieferte Ereignisse dadurch, dass sie diese erzählten, wie sie verlaufen sein könnten, wenigstens für eine Sinndeutung der von ihnen behandelten Geschichtsepoche fruchtbar zu machen.

Die idealisierenden Romane dagegen präsentieren sich, auch wenn sie den Anschein von Historizität erwecken, offensichtlich als eine ausschließlich im Bereich der Fiktionalität angesiedelte Darstellung. Das gilt ebenso für zwei Texte, die Werken der hellenistischen Historiographie stofflich besonders ähnlich sind: den *Ninos-Roman*, in dem manche Forscher:innen den ältesten unter den uns bekannten idealisierenden Romanen sehen, und den ihm inhaltlich verwandten, fragmentarisch u. a. auf einem Papyrus schon des 2. Jahrhunderts n. Chr. zu lesenden *Sesonchosis-Roman*.

2.3 Der *Ninos-Roman*

Die Bruchstücke des *Ninos-Romans* – der Titel könnte *Babyloniaka* oder *Assyriaka* gelautet haben – stammen aus zwei Papyrusrollen, von denen eine (P. Berol. 6926 + P. Gen. 85) nicht lange vor 100/101 n. Chr. mit dem Romantext beschrieben wurde. Der Befund überlieferungsgeschichtlicher und linguistischer Analyse aus jüngerer Zeit spricht dafür, dass das Werk etwa in der Mitte des 1. Jahrhunderts n. Chr., also nicht, wie man früher annahm und z. T. nach wie vor für möglich hält, hellenistischen Ursprungs ist. Die Reste der einen Papyrusrolle, die heute in Berlin und Genf aufbewahrt werden, bestehen aus drei Teilstücken, einem Fetzen mit nur zehn verstümmelten Zeilen (in Genf) und zwei überwiegend gut lesbaren längeren Textstücken (in Berlin), die eine größere Lücke trennt und die die Ausgaben als Fragment A und B bezeichnen. Fragment C aus der anderen Rolle (heute in Florenz, PSI 1305) hat uns eine im Romangeschehen wohl später als A und B zu denkende Szene in einem kürzeren Textabschnitt bewahrt. Die Papyri geben keine eindeutigen Hinweise auf die Reihenfolge der Passagen A und B. Aber da B die in A erwähnte Hochzeit, die dort noch nicht sicher scheint, offenbar als bereits vollzogen voraussetzt, sehe ich keinen Anlass, denjenigen Erklärern zuzustimmen, die für die Platzierung von A hinter B eintreten.

Hauptpersonen der Handlung sind der siebzehnjährige assyrische Königssohn Ninos und seine jüngere Kusine, die er liebt und die vermutlich wie in der historisch-legendären Überlieferung Semiramis hieß. Text A verrät uns, dass Ninos, der gerade zum ersten Mal allein einen Kriegszug unternommen hat, gleich nach seiner Heimkehr Semiramis zu heiraten begehrt, obwohl das Mädchen unter fünfzehn Jahren alt und deshalb nach dem im Land geltenden Recht nicht heiratsfähig ist. Das entnehmen wir einer an Derkeia, die Mutter des Mädchens gerichteten Bittrede des Siebzehnjährigen, deren wichtigste Argumente seine bisherigen Ruhmestaten und seine während der ganzen Zeit gewahrte Keuschheit sind, sowie einer Szene mit Semiramis und Thambe, der Mutter des Ninos, in der das Mädchen vor lauter Verlegenheit und unter Tränen kein Wort herausbringt. Der erhaltene Text bricht mit dem Anfang eines Gesprächs der beiden Mütter ab. Text B beginnt mit einem aufgrund von Textlücken schwer verständlichen Dialog, einer Auseinandersetzung zwischen Ninos und Semiramis, deren Auslöser wohl unbegründete Eifersucht des Mädchens war; sie endet jedenfalls damit, dass Ninos dazu auffordert, beide sollten auf die gegenseitig geschworene Treue vertrauen. Kurz darauf zieht Ninos mit einem Heer seines Vaters, das der Autor des Romans u. a. mit griechischen Söldnern und Kriegselefanten ausgestattet hat, gegen die Armenier. Am Schluss des Fragments erfahren wir in einer ausführlichen Beschreibung von der Formation der Soldaten zur Schlachtordnung und lesen den Beginn einer Rede des Prinzen.

In Text C finden wir Ninos nach einem Schiffbruch an der Küste von Kolchis in großer Verzweiflung; die Textreste machen es denkbar, dass man seine Frau als Kriegsgefangene weggeschleppt hat. Dass der Prinz irgendwann im Laufe des Romans von Semiramis getrennt wurde, ergibt sich mit einiger Wahrscheinlichkeit aus der Darstellung auf einem Mosaik von ca. 200 n. Chr., das man in einer in Daphne bei Antiochia am Orontes in Syrien ausgegrabenen Villa entdeckt hat. Es zeigt Ninos auf einem Bett liegend beim Betrachten des Porträts einer Frau (Abbildung in: Hägg 1987, S. 34). Die wichtigsten Elemente der möglicherweise zweiteiligen Handlung waren also – so darf man kombinieren – Schilderungen der ersten militärischen Taten des späteren Assyrerkönigs, eine Art ›Ninupädie‹ (s. S. 16), und (vermutlich nach seiner Rückkehr zu Semiramis) der ›eigentliche‹ Roman, die Trennung des Paars und eine Serie von Abenteuern bis hin zur glücklichen Wiedervereinigung.

Bei einem Vergleich des Romantextes mit dem mehr legendenhaften als historischen Bericht des Geschichtsschreibers Ktesias von Knidos (405–398/97 v. Chr.) über Ninos und Semiramis, der sich aus Diodors *Bibliotheca Historica* (2,1–20) rekonstruieren lässt, ergeben sich außer dem lokalen Hintergrund und der Nennung von Kriegszügen keine Übereinstimmungen. Ktesias präsentiert Ninos als den typischen orientalischen Despoten, und Semiramis, die schon einmal verheiratet war und nach Ninos' Tod ein ausschweifendes Leben als blutrünstige Alleinherrscherin führt, erinnert nicht im Geringsten an das schüchterne Mädchen im Roman. Dort sind die Liebenden wie Griechen gezeichnet, ihre orientalische Umwelt weist griechisches Kolorit auf, und das Romangeschehen, in das der Autor einige für die Gattung charakteristische Motive eingebracht hat, ist frei erfunden. Nichts rät zu der Annahme, diese fiktionale Erzählung, mit der uns durchaus der älteste idealisierende Roman vorliegen könnte, sei das Produkt genetischer Transformation einer romanhaft ausgeschmückten historischen Darstellung.

2.4 Der *Sesonchosis-Roman*

Inhaltlich verwandt mit der Erzählung von dem Assyrerprinzen dürfte der *Sesonchosis-Roman* gewesen sein, dessen männlicher Protagonist ebenfalls der Sohn des Königs einer orientalischen Großmacht vergangener Zeiten war; sein historisches Vorbild Senwosret I. regierte im Ägypten der 12. Dynastie. Die fünf überlieferten Papyrusfragmente des Romans (P. Oxy. 1826, 2466 + 5262, 3319 und 5263) sind ins 2., 3. und 4. Jahrhundert n. Chr. zu datieren, aber der Text, der in einer nicht sehr anspruchsvollen Diktion verfasst ist – lediglich in Fragment 3319 und 5263 erhebt sie sich auf ein etwas höheres Niveau –, könnte aus einer frühen Phase der Entwicklung des idealisierenden Romans, also aus dem 1. Jahrhundert n. Chr. stammen. In dem Text des Bruchstücks 1826, von dem sich kein einziger Satz vollständig rekonstruieren lässt, ist vermutlich von dem Vater des Sesonchosis und von der Ausbildung des heranwachsenden Prinzen speziell auf militärischem Gebiet die Rede. Das besser erhaltene Fragment 2466 (+ 13 verstümmelte Verse über einen Ort am Roten Meer), in dem wir von einem Sieg der Ägypter über die von einem Webelis angeführten Araber und ihren Vorkehrungen gegen weitere Angriffe der einstweilen Unterlegenen erfahren, bricht mitten in einem Satz ab, aus dem hervorgeht, dass Sesonchosis von einem Thaïmos über diese Ereignisse unterrichtet wurde. Daraus sollte man eigentlich folgern, dass der Prinz an dem Kriegszug nicht teilnahm, obwohl man im Vergleich mit dem *Ninos-Roman* eher annehmen möchte, Sesonchosis habe im Kampf gegen die Araber seine ersten militärischen Erfahrungen gesammelt.

Der Text des dritten Bruchstücks (3319) setzt bereits die Rückkehr des Sesonchosis aus mehreren Kriegen, aber auch den Verlust seiner früheren Machtposition in Ägypten voraus. Wir erfahren aus einem Dialog des Prinzen mit einem Pamounis, dass ihm vor den Kriegen die Hand einer Königstochter versprochen worden war, deren Vater er als Vasallen unterworfen hatte, und dass er sich im Moment wohl inkognito in dessen Land aufhält. In einer weiteren Szene wird Sesonchosis von einem Mädchen namens Meameris gesehen, das, durch seine Schönheit betroffen – hier haben wir die für die Gattung typische Liebe auf den ersten Blick –, bei einem anschließenden Mahl nichts essen kann. Der Text endet, als sie sich jemandem, der neben ihr sitzt, offenbaren will. Die in der Forschung geäußerte Vermutung, diese Meameris sei die in dem Gespräch mit Pamounis erwähnte Verlobte des Prinzen, die vor dessen

Kriegszügen noch zu jung war, um ihn jetzt wiedererkennen zu können, hat viel für sich. Trifft das zu, dann verursachte vielleicht ein Versteckspiel des Sesonchosis, das gut zu einem Roman passen würde, eine Reihe von Verwicklungen, die letztlich doch zur Vermählung mit dem Mädchen und zur Rückeroberung der einstigen Macht führten.

Aber brachte die Hochzeit wie sonst im idealisierenden Roman das Ende der Handlung? 5263 berichtet, dass »Sesongosis«, wie er hier (und in 5262) heißt, »Italien ... und Dakien und Germanien ... und sehr viele Völker« durchzogen habe, nun »dem König aufgetragen hat, das Mädchen sicher zu bewachen, und begonnen hat, in die westlichen <Gebiete der Erde>, in die unbetreten (ἄβατα) genannten, fortzusegeln ...«; dabei seien feurige Steine ins Meer gefallen, und ein Phönix sei auf der Erde erschienen. Man kann mit der Ersteditorin Yvona Trnka-Amrhein vermuten, dass Sesonchosis nun bereits die Königsherrschaft errungen hat und die Wunderzeichen ihm den baldigen Tod während oder nach der Reise verkünden, die er ohne das Mädchen – ist es Meameris? – unternimmt. Aber muss man daraus unbedingt folgern, Sesonchosis habe am Ende des Romans wie der Protagonist des *Alexander-Romans*, als dessen großer Vorgänger der ägyptische König in der Antike galt, märchenhafte Länder erkundet und sei danach gestorben? Daraus würde sich ergeben, dass die Fragmente nicht aus einem Liebesroman, sondern aus einer romanhaften Biographie stammen (so Trnka-Amrhein 2020). Aber ins Ungewisse reisen auch die Geschwister Derkyllis und Mantinias in den *Unglaublichen Dingen jenseits von Thule* des Antonios Diogenes, die man dem idealisierenden Roman zurechnen darf. Ein Wiedersehen und die Hochzeit mit Meameris am Schluss wären also denkbar. Außerdem könnte 5263 zu einer anderen Bearbeitung des Sesonchosis-Stoffs als 1826, 2466 + 5362 und 3319 gehört haben. Auf jeden Fall handelt es sich bei dem aus den Bruchstücken zu rekonstruierenden Geschehen um ein frei erfundenes.

2.5 Der idealisierende Roman – ein profaner Erlösungsmythos?

Die Betrachtung der beiden Texte dürfte deutlich gemacht haben, dass der idealisierende Roman, auch wenn er der hellenistischen Historiographie stofflich und darstellungstechnisch zweifellos besonders eng verwandt ist, sich als Gattung sehr wahrscheinlich ebenso wenig direkt aus der älteren Form der Prosaerzählung entwickelte wie aus dem Epos, der Komödie oder anderen literarischen Genera.

Es war Ben Edwin Perry, der in seiner Monographie zu den antiken Romanen (1967) erstmals die Frage aufwarf, ob denn für die Genese eines literarischen

Genres so etwas wie eine Neugeburt aus bereits vorhandenen Gattungen, die an evolutionäre Vorgänge in der Natur erinnert, unbedingt notwendig sei. Angesichts der unbestrittenen Tatsache, dass sich in einem Text immer irgendwie der Zeitgeist einer Epoche widerspiegelt, war es für den Gelehrten besser vorstellbar, dass der idealisierende Roman seine Entstehung einer Idee verdankte, mit der ein origineller Kopf auf offenbar existierende, aber bisher nicht angemessen befriedigte Leser:innenbedürfnisse seiner Gegenwart reagierte. Perry formulierte diese These in zwei mittlerweile berühmt gewordenen Sätzen so: »The first romance was deliberately planned and written by an individual author, its inventor. He conceived it on a Tuesday afternoon in July, or some other day or month of the year« (1967, 175). Die Leser:innenbedürfnisse, denen der geniale Anonymus Rechnung trug, ergaben sich für den Gelehrten aus der Sehnsucht des hellenistischen und kaiserzeitlichen Griechen nach Kompensation privater Probleme durch eskapistische Träume von einer Wunschwelt. Falls Perry mit dem zweiten Gedanken recht hatte, wäre der Roman vom Typ der *Ephesiaka* auch in diesem Punkt der ›Traumfabrik‹ des Fernsehfilms vergleichbar.

Traf Perry mit seiner Eskapismustheorie das Richtige? Um es kurz zu sagen: Jüngere Arbeiten zur soziokulturellen Situation des Griechentums zurzeit der Genese der ersten idealisierenden Romane ergaben, dass man ihm schwerlich zustimmen kann. Aber da seine Theorie in der Forschung rund zwanzig Jahre lang geradezu dogmatische Gültigkeit besaß – auch ich fand sie in der 1. Auflage des vorliegenden Buches plausibel –, sei etwas näher ausgeführt, wie er argumentierte. Zuvor jedoch möchte ich darauf hinweisen, dass wenige Jahre vor der Publikation von Perrys Buch Reinhold Merkelbach eine These zum Ursprung des antiken Romans vortrug, die in eine ganz andere Richtung zu gehen scheint, in Wirklichkeit aber auf ähnlichen Überlegungen beruhte wie diejenige seines amerikanischen Kollegen. Angeregt durch Karl Kerényi (1927), der den griechischen Roman aus religionsgeschichtlicher Sicht betrachtet hatte, versuchte Merkelbach in seinem Buch *Roman und Mysterium in der Antike* von 1962 fast alle überlieferten antiken Romane als liturgische Texte zu Mysterienritualen für Isis, Dionysos usw. zu deuten. Dieser These wurde mehrfach so überzeugend widersprochen, dass eine Auseinandersetzung damit sich hier erübrigt.

Aber eines sei im Hinblick auf Perrys These festgehalten: Ebenso wie den in einen Mysterienkult Eingeweihten nach Absolvieren der vorgeschriebenen Prüfungen noch auf Erden Geborgenheit unter dem Schutz seiner Gottheit, seelische Befreiung von seinen Nöten und Ängsten und nach dem Tod ewige Glückseligkeit erwarten, winken, wie das Beispiel der *Ephesiaka* Xenophons zeigte, den Romanhelden nach einer Kette gefährlicher Abenteuer das Happy

End und künftig unangefochtene Geborgenheit unter dem Schutz der Ehegemeinschaft. Diese literarische Fiktion kann, weil von ihr ein Identifikationsangebot ausgeht, wie die Mysterienreligionen Hoffnungen auf die Befreiung von Leiden und das Überwechseln in ein besseres Dasein wecken. So gesehen interpretierte Perry, gefolgt von dem ebenso sehr einflussreichen Romanforscher Bryan Reardon (1969), das Handlungsschema des idealisierenden Romans als einen profanen Erlösungsmythos. Und die Probleme, von denen die Romanleser:innen, indem sie sich mit Romanprotagonist:innen identifizierten, befreit zu werden hofften, sahen die beiden Gelehrten in den politischen, sozialen und ökonomischen Voraussetzungen für das Leben im griechischen Sprachraum in den ersten Jahrhunderten nach dem Tod Alexanders des Großen gegeben.

Perry und Reardon gingen davon aus, dass die Errichtung der Diadochenmonarchien, durch welche die Stadtstaaten der klassischen Epoche Griechenlands ihrer politischen Bedeutung beraubt worden seien, einen Rückzug der bisher in den Stadtstaaten an der Regierungsverantwortung beteiligten Polis-Bürger ins Private und zugleich eine Vereinsamung des Individuums bewirkt habe. Dadurch, dass die neue Führungsmacht in der Regel von den einzelnen Menschen weit entfernt war, sei es bei ihnen zu einer gewissen Unsicherheit darüber gekommen, ob ihre politischen und ökonomischen Interessen nach wie vor die von ihnen gewünschte staatliche Unterstützung fanden; jedenfalls hätten sie sich von der im 3./2. Jahrhundert v. Chr. nicht abreißen wollenden Serie von Kriegen und der stetig steigenden Zahl von Räuber- und Piratenbanden in ihrem privaten Glück ständig bedroht gesehen. Nach der Übernahme der Herrschaftsgewalt in den von Hellenen bewohnten Ländern durch die Römer sei der Vereinsamung des Individuums trotz des damit geschaffenen allgemeinen Friedens und der deutlichen Verbesserung der wirtschaftlichen Lage kein Ende bereitet worden. Denn nun seien den einzelnen Bürger:innen die Herren, die Politik machten, erst recht fremd gewesen, so dass für sie noch mehr Anlass bestanden habe, sich ins Private zurückzuziehen, dort Beschäftigungen nachzugehen, die Ersatz für die einst ganz selbstverständliche Ausübung von Ämtern im politischen Bereich boten, und so auch eskapistische Literatur zu lesen, die eine Traumwelt präsentierte und mit Hoffnung auf ein besseres Leben erfüllte.

Eine wichtige Bedingung für die Richtigkeit der Überlegungen Perrys zur Gattungsgenese wäre, dass wir die vermutlich ältesten der auf uns gekommenen Romantexte in hellenistische Zeit zu datieren hätten, Charitons *Kallirhoe* ins 1. Jahrhundert v. Chr. und den *Ninos-Roman* sogar schon ins späte 2. Jahrhundert v. Chr. Neuere Untersuchungen, die vor allem auf die Sprachanalyse rekurrierten, gelangten jedoch, wie bereits zum *Ninos-Roman* gesagt, zu dem überzeugenden Ergebnis, dass beide Romane frühestens in der ersten Hälfte des 1. Jahrhunderts n. Chr. verfasst wurden. Der antike Roman ist, wie gleich näher auszuführen sein wird, sehr wahrscheinlich ein Produkt der in etwa von 50 bis 250 n. Chr. anzusetzenden geistigen Epoche der Zweiten Sophistik (s. u. S. 46–48), so dass auch nicht davon ausgegangen werden kann, dass *Kallirhoe* und der *Ninos-Roman* hellenistische Vorläufer hatten, von denen sich nur zufällig keine Spuren erhalten haben. Doch wenn die ersten idealisierenden Romane nicht in der Epoche des Hellenismus entstanden, wie ist es dann mit den Leser:innen, die sich von dem ›profanen Erlösungsmythos‹ aus der eigenen Gegenwart in eine Wunschwelt entrücken lassen wollten? Falls es sie während der Jahre der politischen Umwälzungen bis zum Beginn der Regierungszeit des römischen Kaisers Augustus (27 v. Chr.) nicht gab, können wir mit ihnen unter seiner Herrschaft rechnen?

Perry und diejenigen Gelehrten, die seiner Entstehungshypothese zustimmten, dachten sich als Leser:innen von Texten, die auf konservative Altphilologen im Vergleich mit der als klassisch geltenden griechischen Poesie und Prosa trivial wirken, ein breites Publikum des unteren Mittelstandes mit geringem geistigen Anspruch und desto größerem Verlangen nach einem profanen Erlösungsmythos. Es ist nun zu zeigen, dass diese Art von Rezipient:innen des idealisierenden Romans – Perry nannte sie »uncultivated or frivolous people« (1967, 5) und »unacademic readers« (ebd. 100) – weder im Hellenismus noch in der Kaiserzeit existiert haben dürfte.

2.6 Die antiken Romanleser:innen

Unser Wissen auf dem Gebiet der Leser:innensoziologie in der klassischen Antike ist denkbar mager. Aber man darf aufgrund jüngster Arbeiten zu dem Thema davon ausgehen, dass höchstens 15% der Gesamtbevölkerung lesen und schreiben konnten und als Konsumenten von Literatur lediglich die Angehörigen der reichen und gebildeten Oberschicht in Frage kommen. Nur sie hatten auch die Möglichkeit, sich die Anschaffung von Büchern, deren Herstellung sehr aufwendig und entsprechend teuer war, zu leisten. Was speziell die erhaltenen Fragmente von Papyrusrollen betrifft, auf denen Romantexte geschrieben sind, unterscheiden sie sich in der Qualität und der Schrift in keiner Weise von den Resten der Rollen, die Klassikertexte überliefern. Allein schon aus diesem Befund ergibt sich: Es müssen dieselben Leute gewesen sein, die sich einen Chariton und einen Thukydides kauften. Und es war sicherlich gerade nicht ein breites Publikum, welches Romane las. Das können wir daraus schließen, dass der Anteil von Texten dieses Genres gegenüber den Texten der übrigen Dichtungs- und Prosagattungen innerhalb der bisher entdeckten Papyrusfragmente auffallend gering ist.

Nun weiß man, dass in der Antike die mündliche Vermittlung von Literatur eine weit größere Rolle spielte als die Lektüre der Texte. Aber selbst wenn die relativ wenigen Besitzer von Romanhandschriften andere Interessierte und darunter auch solche, die nicht zu den Mitgliedern der Oberschicht zählten, durch das Veranstalten von Rezitationen mit Texten wie Charitons *Kallirhoe* oder Heliodors *Aithiopika* bekannt machten, dürften die Illiteraten unter den Zuhörern nicht viel Gewinn davon gehabt haben. Denn die Texte sind bis auf einzelne Ausnahmen in einer gehobenen Sprache verfasst und setzen, wie erwähnt, inhaltlich, wenn man sich nicht mit dem Rezipieren des äußeren Verlaufs eines Romangeschehens begnügen will, die Kenntnis von Literatur anderer Gattungen voraus, auf welche die Romanautoren intertextuell Bezug nehmen.

Da es nicht die Aufgabe einer auch für Nicht-Fachleute geschriebenen Einführung in die Welt des antiken Romans sein kann, den Stil der griechischen und lateinischen Originale sowie ihre teilweise ausgeklügelte Intertextualität ausgiebig zu beschreiben und dazu Beispiele zu präsentieren, beschränke ich mich im Wesentlichen (einige Hinweise werden noch gegeben) auf eine kurze allgemeine Bemerkung zu den beiden Themen. Für die Epoche der Zweiten Sophistik, die mit der Blütezeit des griechischen Romans in etwa zusammenfällt (s. u. S. 46f.), ist es zum einen charakteristisch, dass die Produzenten von Prosaschriften die attische Literatursprache des 5./4. Jahrhunderts v. Chr., also die kunstvolle Diktion eines Platon und Demosthenes und der anderen ›Klassiker‹, in Wortwahl, Syntax und Stil nachahmten. ›Attizismus‹, wie man diese Art von sprachlich-stilistischer Norm nennt, kennzeichnet vor allem die jüngeren idealisierenden Romane des späten 2. und frühen 3. Jahrhunderts n. Chr., aber in Ansätzen auch schon die älteren Texte des 1. und frühen 2. Jahrhunderts n. Chr.

Zum anderen demonstrieren die Prosaautoren der Zweiten Sophistik und unter ihnen die Verfasser von Romanen – das gilt ebenfalls für die beiden römischen Schriftsteller Petron und Apuleius – ihre hohe literarische Bildung, die Paideia (griech. παιδεία »Erziehung; Bildung«, zu παιδεύειν »erziehen«), durch explizites und implizites Evozieren von Werken der archaischen und klassischen griechischen Poesie und Prosa von Homer an. Dabei kann die Vertrautheit der Leser:innen mit solchen Texten in ihrer Gesamtheit, also sowohl mit ihrer Struktur als auch ihrer geistigen Aussage, oder mit einzelnen Textabschnitten oder nur kurzen Textpassagen erwartet werden, und der dabei mithilfe von Intertextualität geschlossene ›Kontrakt‹ zwischen Autor und Leser:in spielt wiederum für die späteren Romane eine größere Rolle als für die frühen. Aber auch schon ältere Romanciers wie Chariton und Xenophon von Ephesos rechneten bei ihrem Publikum offensichtlich mit so viel Verständnis einer gehobenen Sprache und so viel Literaturkenntnis, dass man sich schwer vorstellen kann, sie hätten für andere Leser:innen als gebildete geschrieben. Allerdings lassen Textvarianten in den Handschriften der Romane in Form von schlichten neben weniger schlichten Formulierungen vermuten, dass in späteren Jahrhunderten einzelne Abschreiber, die nicht bzw. nicht mehr über dieselbe Paideia wie die Zeitgenoss:innen der Autoren verfügten, den Inhalt als anspruchslose Unterhaltung begriffen und ihn deshalb einem breiteren Publikum leichter verständlich zu machen versuchten.

Die wenigen aus der Antike überlieferten Informationen über Personen, die mit Sicherheit oder vermutlich griechische Romane lasen, bestätigen die aus Beschaffenheit und Anzahl der Papyrusfragmente und der impliziten Angaben der Texte gewonnenen Erkenntnisse. Es ist möglich (wenn auch nicht sehr wahrscheinlich), dass Ovid (43 v.–ca. 17 n.Chr.) mit der bekannten romanhaften Erzählung von Pyramus und Thisbe in seinen auf etwa 8 n. Chr. zu datierenden *Metamorphosen*, in denen Semiramis und Ninos genannt sind (4,55–166), parodistisch den *Ninos-Roman* evoziert. Sehr viel spricht hingegen dafür, dass Persius, der 34–62 n. Chr. lebte, Charitons *Kallirhoe* meint, wenn er Leser:innen, die Literatur mit Niveau nicht zu schätzen wüssten, »am Morgen ein Edikt <des Prätors> und nach dem Essen Kallirhoe« (*mane edictum, post prandia Callirhoen*) gibt (1,134). Ferner nimmt Statius (40/50–nach Mitte 95 n. Chr.) mit der Rede des heiratswilligen Achilles in *Achilleis* 1,882–910 auf die Rede des heiratswilligen Ninos (Col. A I 37–A IV 13) intertextuell Bezug (T. Gärtner 2010a). Und wir dürfen für Petron, dessen *Satyrica* vielleicht schon in die Mitte des 1. Jahrhunderts n. Chr., aber wohl eher ins 2. Jahrhundert zu datieren sind, die Bekanntschaft mit dem idealisierenden Roman voraussetzen; denn es ist, wie wir sehen werden, mit guten Gründen anzunehmen, dass er diesen Gattungstyp in seinem komisch-realistischen Roman spielerisch abwandelt.

Die vier römischen Autoren gehörten zur Bildungsschicht ihres Staates, und das gilt ebenso für den Prosaschriftsteller Philostrat, der in seinem um 200 n. Chr. geschriebenen Brief 66 Chariton von Aphrodisias attackieren dürfte, und insbesondere für Kaiser Julian, dessen Bemerkung über »Liebesgeschichten« ich bereits zitiert habe (s. S. 36). Schließlich sind natürlich die übrigen griechischen und römischen Romanciers zu nennen, die, wie aus ihrem anspruchsvollen Stil und ihrer Belesenheit erhellt, aus Familien gestammt haben müssen, welche es sich leisten konnten, ihren Söhnen eine höhere Schulbildung zuteil werden zu lassen.

Ist einmal festgestellt, dass idealisierende Romane frühestens in der ersten Hälfte des 1. Jahrhunderts n. Chr. und von Anfang an für die Elite der Gesellschaft im griechischen Sprachraum verfasst wurden, dann wird man fragen müssen, ob es auch unter dieser Prämisse denkbar wäre, dass die Leser:innen der Prosaerzählungen vom Typ der *Ephesiaka* dem öffentlichen Leben entfremdete und sich vereinsamt fühlende Individuen waren. Darauf kann man spätestens seit dem Erscheinen von Simon Swains *Hellenism and Empire: Language, Classicism, and Power in the Greek World, AD 50–250* (1996) wohl nur noch eine negative Antwort geben. Die folgenden Ausführungen zum Verhältnis des idealisierenden Romans zu dem politischen Selbstverständnis, das die griechische Oberschicht in den ersten Jahrhunderten der römischen Kaiserzeit unter dem Einfluss der Zweiten Sophistik entwickelte, fußen im Wesentlichen auf Swains Buch.

2.7 Idealisierender Roman und Zweite Sophistik

Zunächst einmal ist davon auszugehen, dass die Angehörigen der griechischen Oberschicht nicht, wie die lange gültigen Theorien über die Ursachen für die Genese der Gattung Roman voraussetzten, mit der Errichtung der Flächenstaaten nach Alexanders des Großen Tod ihre bis dahin im Rahmen der Polisverwaltung ausgeübte politische Autorität verloren. Auch unter der Römerherrschaft, und zwar gerade zu der Zeit, in der die aus der Antike überlieferten Romane entstanden, bekleidete die Elite Staatsämter und trug die Verantwortung für das Funktionieren kommunaler Institutionen. Freilich war man sich in der Oberschicht darüber im Klaren, dass die höchste Regierungsgewalt an die Herren aus dem Westen hatte abgegeben werden müssen. Aber man konnte der durch militärische Überlegenheit ermöglichten Machtposition der Römer die eigene ›Position der Stärke‹ entgegenhalten: das Verfügen über ein großes Reservoir geistiger ›Macht‹, welches sich auf die ebenso umfangreiche wie hoch angesehene literarische Produktion des Griechentums in der klassischen Vergangenheit (5./4. Jahrhundert v. Chr.) gründete. Dieses kulturelle Erbe in einer Art ›resistance‹ gegen die Eroberer betont zu pflegen, musste ein wichtiges Anliegen für die in einer Polis führenden Männer sein, da sie sich allein auf solche Weise so etwas wie eine übergreifende politische Identität schaffen konnten.

Grundlage dafür waren nicht nur vornehme Abstammung und gute finanzielle Verhältnisse, sondern auch Paideia, also die solide Vertrautheit mit den Errungenschaften der hellenischen Kultur. Um diese Vertrautheit zu erlangen, ließ man sich in höheren Kreisen von den Vertretern der sogenannten Zweiten Sophistik unterrichten, die ganz im Sinne des Zeitgeistes bewusst an die Tradition einer Bewegung gelehrter Griechen der klassischen Zeit, der ›ersten‹

Sophistik, anknüpften. Bei ihnen handelte es sich um Rhetoren, die denkbar umfangreiche geistes- und naturwissenschaftliche Kenntnisse besaßen und sie als Schulleiter, Fest- und Wanderredner vermittelten. Soweit sie literarisch tätig waren – hier sind als bekannteste Schriftsteller Plutarch, Dion von Prusa, Ailios Aristeides, Lukian und Philostrat zu nennen –, schöpften sie bewusst aus dem Motivarsenal der archaischen und klassischen griechischen Dichtung und Prosa und sorgten so dafür, dass die ›Power‹ eines Homer, Euripides oder Thukydides stets gegenwärtig blieb.

Die gezielte Reproduktion von Griechenlands großer klassischer Epoche findet im idealisierenden Roman ihre Entsprechung in der attizistischen Diktion, der Intertextualität und vor allem in der (bereits S. 35 näher betrachteten) historischen Einkleidung des fiktionalen Geschehens mehrerer Texte, deren Protagonisten Griechen sind, bzw. in dem Ausklammern der römischen Staatsmacht aus den Erzählungen, die nicht ausdrücklich fingieren, sie enthielten Ereignisse früherer Zeiten. Griechentum wird aber nicht nur als bedeutendes historisches Phänomen evoziert und glorifiziert, sondern auch im Kontrast zu jeder Art von Barbarentum. So dürfte es sich u. a. erklären, dass die Bedrohung des im Zentrum der idealisierenden Romane stehenden Liebespaars durch Angehörige fremder Völker, namentlich Räuber und Piraten, ein das Geschehen wesentlich beeinflussendes Element darstellt. Da der Grieche und seine Partnerin sich stets aus jeglicher Notlage zu befreien wissen, bekommen die Leser:innen spannend und anschaulich zugleich demonstriert, wie Griechentum sich überall in der Fremde behauptet.

Dieses Konzept ist durchaus auch im *Ninos-Roman* erkennbar, obwohl dort die Liebenden selbst ›Barbaren‹ sind. Denn der unbekannte Verfasser des Romans hat, wie wir sahen, sein Bild von der assyrischen Kultur so stark griechisch eingefärbt, dass die zeitgenössischen Leser:innen sich mit Ninos und Semiramis, die gegenüber der historischen Tradition auffallend ›zivilisiert‹ erscheinen, ohne Weiteres identifizieren konnten, und für den *Sesonchosis-Roman* könnte Analoges gelten. Vielleicht war das Muster in beiden Fällen Xenophons *Kyrupädie* (s. S. 15f.) mit ihrer Porträtierung eines ›edlen Barbaren‹ als eines Staatsmannes, dessen Handeln auch und gerade für die Oberschicht der griechischen Polis – sie sprach der Autor ja an – ein Muster sein sollte.

Bezeichnenderweise fungiert als Ambiente aller Manifestationen von Barbarei und Gefahr in den idealisierenden Romanen stets das Land, das so wiederum in Kontrast zur Polis als dem wichtigsten Ort der Repräsentation hellenischer Kultur gesetzt wird. Die Stadt kann aber nur dann ein unerschütterliches Symbol des Griechentums sein, wenn die vornehmen und wohlhabenden Familien dafür sorgen, dass ihre Kinder diejenigen anderer vornehmer und wohlhabender Familien heiraten, sich ihrerseits fortpflanzen und so die

Kontinuität ihrer Machtposition sichern. Zur Unterstützung und Bewahrung dieses Prinzips tragen in den Romanen die aus besten Verhältnissen stammenden Liebenden im Zentrum des Geschehens nahezu spektakulär bei, indem sie sich zu Beginn der Handlung ewige Treue schwören, diese einander auf ihrer abenteuerlichen Reise auch in Not und Gefahr eisern bewahren und so schließlich ermöglichen, dass sie am Ende der Reise ein von nun an nicht mehr gefährdetes Dasein als Verheiratete führen.

Die Ehe und damit zugleich die Familie als ein wichtiges Fundament der Polisgemeinschaft stellt offensichtlich ein durch die idealisierenden Romane mindestens implizit vertretenes Ideal dar, und es ist nicht zufällig das einer literarischen Gattung, deren erster Nährboden, wie jüngere Untersuchungen glaubhaft zeigen konnten, vermutlich Westkleinasien mit seiner in der Kaiserzeit besonders ausgeprägten Stadtkultur war. Das ergibt sich daraus, dass Chariton und Xenophon, die Verfasser der beiden ältesten erhaltenen idealisierenden Romane, wie fragwürdig auch immer die Authentizität ihrer Namen und der mit ihnen verbundenen Herkunftsorte sein mag, durch die Textüberlieferung in Zusammenhang mit Aphrodisias und Ephesos gebracht werden; weitere Vertreter des Genres lassen sich, wie zu zeigen sein wird, diesen Städten zuordnen.

Die Romane vom Typ der *Ephesiaka* erzählen also keinen Erlösungsmythos, sondern den Mythos von der Selbstbehauptung des auf eine große kulturelle Vergangenheit gestützten Griechentums in einer feindlichen Welt. Mag sein, dass auch dieser Mythos eskapistische Züge trägt. Aber der ›griechische Traum‹, wie er sich jetzt als Thema des idealisierenden Romans präsentierte, war ein Produkt dessen, was man heute Nationalstolz nennen würde, nicht ein Produkt der Angst. Perry, der sich mit seiner Theorie der Gattungsgenese offenbar auf der falschen Spur befand, hatte dennoch sicherlich recht mit seiner Zurückweisung der ›biologischen‹ zugunsten einer soziokulturellen Erklärungsmethode. Vielleicht gab es sogar seinen *inventor* der Gattung, jenen genialen Anonymus, der an einem Dienstagnachmittag im Juli oder an einem anderen Tag in einem anderen Monat zur Feder griff. Stefan Tilg (2010a) tritt mit überzeugenden Argumenten dafür ein, dass Chariton von Aphrodisias, dessen *Kallirhoe* er zwischen 19 v. Chr. und 62 n. Chr. datiert, mit diesem Mann identisch ist. War es so, dann wurde der erste europäische Roman nicht in der hellenistischen Epoche geschrieben, sondern zu einer Zeit, als der siebte Monat wirklich schon seinen an Julius Caesar erinnernden Namen trug. Es passt eigentlich ganz gut, dass das Wort Rom in der modernen Gattungsbezeichnung steckt.

Zu 2.1 und 2: *Herleitung aus anderen Gattungen:* Rohde 1876; Giangrande 1962; Wehrli 1965. Ruiz Montero 1996; *orientalischer Einfluss:* G. Anderson 1984; Rutherford 2013; *Roman und Komödie:* Höschele 2014; *Roman und Historiographie:* Morgan 1982; Holzberg 1993a; Whitmarsh 2005 (zu den Romantiteln); Wiesehöfer 2013; *Roman und Erzählkunst bzw. Erzähltheorie der augusteischen Epoche und früher:* Stramaglia 2025a

Zu 2.3: *Ninos-Roman: Ausgabe:* López Martínez 1998, 37–80; *Bilinguen mit Kommentar:* Kussl 1991, 13–101; Stephens/Winkler 1994, 23–71; Kussl 1997; Bastianini 2010 (nur P. Berol. 6926); *Übersetzungen:* H. Maehler in Kytzler 1983, 2, 719–721; G. N. Sandys in Reardon 1989, 803–808; *Untersuchungen:* Gronewald 1993; Morgan 1998, 3330–3337; M. G. Anderson 2009; T. Gärtner 2010a; Tilg 2010a, 109–126; Dalley 2013; Kanavou 2016; Fernández Garrido 2022; López Martínez 2019; 2021b, 75 (weist dort P. Oxy. 2564 einem ›Semiramis-Roman‹ zu); 2025, 138–144; Ruiz Montero 2025, 27–30.

Zu 2.4: *Sesonchosis-Roman: Ausgabe:* López Martínez 1998, 357–375; *Bilingue mit Kommentar:* Stephens/Winkler 1994, 246–266; (beide nur P. Oxy 1826, 2466 und 3319); Trnka-Amrhein 2016 (P. Oxy. 5262f.); *Übersetzung:* G. N. Sandys in Reardon 1989, 819–821; *Untersuchungen:* O'Sullivan/Beck 1982; O'Sullivan 1984; Ruiz Montero 1989; Morgan 1998, 3337–3341; Billault 2010; Trnka-Amrhein 2020; López Martínez 2021b, 76f.; 2022b; Billault 2024.

Zu 2.5–7: *Ältere Entstehungstheorien:* Kerényi 1927; Merkelbach 1962; Perry 1967; Reardon 1969; *Leser:innen und römische Rezipienten:* Holzberg 1988; Wesseling 1988; Treu 1989; Bowie 1994b; 1996; Stephens 1994; Morgan 1995; Del Corso 2010; T. Gärtner 2010a; Sanz Morales 2018; Cortez 2022; *Roman und Zweite Sophistik:* Swain 1996, 101–131. 423–425; *Gattungsbegründer:* Tilg 2010a, bes. 109.

KAPITEL 3

Der idealisierende Roman: Ältere Texte

Eine literarhistorische Betrachtung der erhaltenen antiken Romane und Romanfragmente sieht sich mit dem Problem konfrontiert, dass die Datierung der Texte sehr unsicher ist. Aus folgenden Überlegungen heraus habe ich dennoch versucht, die Entwicklungsgeschichte der Gattung wenigstens in groben Zügen nachzuzeichnen: Für die kleine Gruppe der vollständig überlieferten Texte darf angenommen werden, dass die Romane Charitons und Xenophons in der ersten Hälfte der Epoche der Zweiten Sophistik, also zwischen der Mitte des 1. und der Mitte des 2. Jahrhunderts n. Chr., und die Romane des Achilleus Tatios, Longos und Heliodor in der zweiten Hälfte dieser Epoche – vermutlich zwischen der Mitte des 2. und der Mitte des 3. Jahrhunderts n. Chr. – verfasst wurden. Verhältnismäßig früh dürfte der Gattungstyp des komisch-realistischen Romans entstanden sein; den ältesten uns kenntlichen griechischen Text dieser Kategorie, die *Metamorphosen* des Lukios von Patrai, setzt man wohl mit Recht noch ins späte 1. Jahrhundert n. Chr., und dieser Roman spielte ebenso wie die in die Mitte des 2. Jahrhunderts zu datierenden lateinischen *Metamorphosen* des Apuleius und die meiner Meinung nach erst rund 100 Jahre nach der neronischen Ära, der die *communis opinio* sie zuweist, geschriebenen *Satyrica* Petrons mit den Motiven der frühen idealisierenden Romane.

Es bietet sich also an, drei Gruppen zu bilden und sie in je einem Kapitel zu behandeln: zunächst *Kallirhoe* und *Ephesiaka* zusammen mit den fragmentarisch überlieferten Texten, die man zeitlich und/oder thematisch in ihre Nähe gerückt hat, dann die komisch-realistischen Romane und schließlich die drei jüngeren idealisierenden Romane, beide Gruppen zusammen mit den ihnen zeitlich und/oder thematisch nahestehenden Romanbruchstücken. Die von Achilleus, Longos und Heliodor dominierte Gruppe habe ich deswegen hinter die der komisch-realistischen Romane gestellt, weil auch die drei jüngeren idealisierenden Romane, namentlich der des Achilleus Tatios, mit den Gattungskonventionen ihr Spiel treiben und somit Elemente beider Erzähltypen miteinander vereinen.

3.1 Chariton, *Kallirhoe*

Der mit größter Wahrscheinlichkeit älteste unter den vollständig erhaltenen antiken Romanen, Charitons Περὶ Καλλιρόης (*Kallirhoe*), ist zwar nur in einer

 | HTTPS://DOI.ORG/10.1515/9783119783112228999-003

einzigen mittelalterlichen Handschrift überliefert (Cod. Laur. Conv. Soppr. 627 in Florenz), aber Reste von drei zwischen 150 und 250 n. Chr. beschriebenen Papyrusrollen (P. Fayûm. 1; P. Oxy. 1019 und 2948; P. Michael. 1) und einem Pergamentpalimpsest aus dem 6. oder 7. Jahrhundert (Cod. Theb.) belegen, dass der Text bis ins Mittelalter gelesen wurde. Über den Autor wissen wir nur das wenige, was er uns selbst im ersten Satz des Romans sagt: Er bezeichnet sich als Sekretär eines Anwalts namens Athenagoras und nennt als seinen Herkunftsort Aphrodisias im südwestlichen Kleinasien. Als Terminus ante quem für seine *Kallirhoe* können wir den oben zitierten, spätestens 62 n. Chr. geschriebenen Persius-Vers (S. 45) ansetzen.

Der Kult der Aphrodite in dieser Stadt war offenbar mit dem Venus-Kult des julisch-claudischen Kaiserhauses verbunden und garantierte dadurch gute Beziehungen zwischen der Oberschicht der Polis und Rom. Zum ›sprechenden‹ Namen der Stadt passt auch, dass vermutlich zwei weitere Romane, in denen Erotik eine wichtige Rolle spielt, in Aphrodisias entstanden: derjenige über Ninos, nach dessen historischem Vorbild die Stadt ursprünglich Ninoe hieß, und *Die unglaublichen Dinge jenseits von Thule* des Antonios Diogenes, da allein für Aphrodisias die Kombination des römischen *nomen* (Familienname) mit dem griechischen *cognomen* (Beiname) bezeugt ist. Nicht weit weg von dem Herkunftsort Charitons liegen Ephesos, woher der Autor der *Ephesiaka* stammen dürfte, und die Insel Samos, auf der die Handlung der *Parthenope* beginnt. Somit darf das ionische Südwestkleinasien als die Wiege des griechischen und damit des europäischen Romans gelten. Chariton wiederum bietet sich, wie schon am Ende von Kapitel 1 gesagt, als Begründer der Gattung an.

Wie bei Xenophon von Ephesos heiraten in der *Kallirhoe* die beiden Liebenden bereits zu Anfang des Romans und verlieren einander nicht lange nach der Hochzeit. Aber die Abenteuer, die Chaireas und Kallirhoe bis zu ihrer Wiedervereinigung jeweils erleben, bekommen wir nicht wie in den *Ephesiaka* in sich rasch abwechselnden Kurzepisoden erzählt, sondern in größeren Handlungsblöcken, die identisch mit Buchpaaren des insgesamt acht Bücher umfassenden Romans sind. In Buch 1 und 2 steht das Geschehen um Kallirhoe im Vordergrund, im zweiten Buchpaar dominieren die Leiden des Chaireas, in Buch 5 und 6 befinden sich beide, wenn man sie auch immer noch voneinander getrennt hält, am selben Ort, und im letzten Buchpaar liegt der Schwerpunkt erneut auf den Abenteuern des Chaireas. Dass diese symmetrische und entsprechend leser:innenfreundliche Handlungsgliederung intendiert ist, erkennt man gleichfalls daran, dass der Erzähler zu Beginn von Buch 5 und damit auch der zweiten Werkhälfte knapp das bisher geschilderte Geschehen zusammenfasst. Das letzte Buch eröffnet er sogar mit einer Liste der wichtigsten Motive des Romans (8,1,4):

νομίζω δὲ καὶ τὸ τελευταῖον τοῦτο σύγγραμμα τοῖς ἀναγινώσκουσιν ἥδιστον γενήσεσθαι· καθάρσιον γάρ ἐστι τῶν ἐν τοῖς πρώτοις σκυθρωπῶν. οὐκέτι λῃστεία καὶ δουλεία καὶ δίκη καὶ μάχη καὶ ἀποκαρτέρησις καὶ πόλεμος καὶ ἅλωσις, ἀλλὰ ἔρωτες δίκαιοι ἐν τούτῳ ⟨καὶ⟩ νόμιμοι γάμοι.

Ich glaube aber, dass gerade dieses letzte Buch für die Leser sehr erfreulich sein wird; denn es befreit von den düsteren Dingen der früheren Bücher. Darin gibt es keinen Raub mehr, keinen Sklavendienst, keinen Prozess, keinen Kampf, keinen Gedanken an Selbstmord, keinen Krieg und keine Gefangenschaft, sondern erlaubte Liebe und gesetzmäßige Ehe.

Es ist ganz deutlich, dass der Erzähler implizit das Ethos der griechischen Oberschicht propagiert, das ich in Kapitel 2 behandelt habe. Die »gesetzliche Ehe«, ein wichtiges Fundament der Polisgemeinschaft, fungiert als Emblem einer selbstbewussten hellenischen Kultur, die sich betont von einer außerhalb ihres Herrschaftsbereichs drohenden Welt der Barbarei, des Unrechts und der Gewalt abhebt.

Chaireas verliert seine Frau, die Tochter des Strategen Hermokrates, dadurch, dass er sie, von den zurückgewiesenen Freiern aufgehetzt, derb mit dem Fuß tritt. Sie fällt in Ohnmacht, wird als Scheintote in einem Gewölbe bestattet, durch Grabräuber von Syrakus nach Milet verschleppt und als Sklavin an Dionysios verkauft, den vornehmsten Bürger der Stadt, der sie sofort begehrt und heiraten möchte. Da Kallirhoe von Chaireas schwanger ist, willigt sie aus Rücksicht auf den künftigen sozialen Status ihres Kindes in die Ehe ein. Aber diese Verzweiflungstat – im Motivarsenal der erhaltenen Romane findet sich dazu keine Parallele – rettet sie, die jeder beim ersten Anblick für Aphrodite hält, nicht vor weiteren Nachstellungen.

Bald darauf erfährt Chaireas beim Fahnden nach seiner Frau von Theron, dem Anführer der Grabräuber, ihr Schicksal. Er folgt ihr nach Milet, gerät im benachbarten Karien als Sklave in die Gewalt des persischen Satrapen Mithridates, und da dieser Kallirhoe gleichfalls begehrt, versucht er in der Hoffnung, sie am Ende für sich selbst zu gewinnen, Chaireas zu helfen. Dionysios, der Mithridates daraufhin als Rivalen verdächtigt, beschwert sich bei Pharnakes, dem Satrapen von Lydien und Ionien. Aber da auch dieser Perser Lust auf Sex mit Kallirhoe verspürt und die Sache dem Großkönig meldet, werden Dionysios und Mithridates am Schluss der ersten Hälfte des Romans an den Hof nach Babylon zitiert, damit sie sich dort vor Gericht verantworten. Natürlich ahnt man aufgrund der eher beiläufigen Bemerkung des Erzählers, König Artaxerxes wolle außerdem die wegen ihrer Schönheit berühmte Kallirhoe kennenlernen, wer als nächster sexuelles Verlangen nach ihr haben wird.

Den jetzt folgenden Prozess, der den zweiten Teil des Romans eröffnet, schildert der Erzähler als Höhepunkt des Geschehens mit allen Mitteln dramatischer Kunst der Vergegenwärtigung. Das Gerichtsszenario gipfelt in dem von Mithridates inszenierten überraschenden Auftritt des von Kallirhoe und Dionysios mittlerweile für tot gehaltenen Chaireas, es kommt aber zu keiner Entscheidung darüber, zu wem die junge Frau künftig gehören soll. Denn Artaxerxes behält sich seinen Schiedsspruch für einen späteren Termin vor und benutzt die dadurch gewonnene Zeit dafür, Kallirhoe durch einen Vertrauten sein Verlangen nach ihr erklären zu lassen. Seine Werbungen unterbricht jedoch ein Aufstand der von Persien abhängigen Ägypter, der eine gänzlich neue Situation schafft: Chaireas, der bisher wenig Aktivität gezeigt hat, bekommt eine Gelegenheit, sich an Artaxerxes für dessen Verhalten zu rächen, indem er auf der Seite der Ägypter als Feldherr kämpft. Obwohl auch sein Rivale Dionysios im Dienst des Perserkönigs großartige Kampftaten vollbringt und dadurch zur Niederschlagung der Revolte erheblich beiträgt, gelingt es Chaireas, zunächst die Stadt Tyros und dann die Insel Arados zu erobern, wohin Artaxerxes Kallirhoe zusammen mit den Frauen seines Harems geschickt hat.

Wir greifen mit dieser immerhin das ganze siebte Buch umfassenden, ein wenig unvorbereitet in das Geschehen eingebauten Beschreibung des Liebhabers als eines Kriegshelden ein innerhalb der jüngeren idealisierenden Romane nur noch in den *Babyloniaka* des Iamblichos sicher nachzuweisendes Motiv. Es geht letztlich auf Xenophons *Kyrupädie* zurück, erinnert hier durch die Wahl des Schauplatzes an den *Alexander-Roman* und dürfte, wie seine Verwendung im *Ninos-* und im *Sesonchosis-Roman* und in der *Kallirhoe* nahelegt, in den älteren Texten insgesamt relativ viel Raum eingenommen haben. Das achte Buch enthält dann, gewissermaßen als Kontrast, ein wie in einer Komödie inszeniertes Verwechslungsspiel mit anschließender gegenseitiger Wiedererkennung der Liebenden, die nun endlich nach Syrakus zurückkehren und sich dort für den Rest ihres Lebens eines ungetrübten Eheglücks erfreuen können.

An Charitons narrativer Technik fällt neben der Klarheit des Handlungsaufbaus die Dramatisierung weiter Teile des Romangeschehens auf. Man hat errechnet, dass etwa 90% der Handlung in Form von bühnenartigen Szenen präsentiert werden, wovon rund die Hälfte aus direkter Rede besteht, und lediglich 10% als reiner Faktenbericht. Dadurch, dass der Erzähler die agierenden Personen so häufig selbst zu Wort kommen lässt – nicht selten in langen Monologen –, setzt er das äußere Geschehen teilweise in seelische Vorgänge um und gewinnt zugleich die Möglichkeit, die Grenzen, welche die Gattung der Entfaltung seiner Psychologisierungskunst steckt, immer wieder zu überschreiten. Besonders bei den Nebenfiguren – z. B. dem Räuberanführer Theron

– glücken ihm einige Charakterbilder mit individuellem Profil. Rohdes abfällige Äußerungen über die schriftstellerische Leistung Charitons, die bis in die siebziger Jahre des letzten Jahrhunderts nachwirkten, darf man daher – das konnte eine Reihe von Interpretationen aus jüngerer Zeit eindeutig zeigen – als verfehlt betrachten. Dies gilt ebenso für die Beurteilung des offenbar am Muster Xenophons von Athen geschulten Stils der *Kallirhoe*, dessen schlichter Sachlichkeit man mit Attributen wie »farblos« (Rohde 1876, 498) nicht gerecht wird.

Xenophon und andere Klassiker der griechischen Historiographie sind in dem Roman Charitons überdies durch intertextuelle Bezüge präsent. Das beginnt gleich mit dem ersten Satz, der deutlich an den ersten Satz des Thukydides (ca. 455–ca. 400 v. Chr.) in seinem Geschichtswerk über den Peloponnesischen Krieg erinnert:

> Χαρίτων Ἀφροδισιεύς, Ἀθηναγόρου τοῦ ῥήτορος ὑπογραφεύς, πάθος ἐρωτικὸν ἐν Συρακούσαις γενόμενον διηγήσομαι.
>
> Ich, Chariton von Aphrodisias, Sekretär des Rhetors Athenagoras, will eine Liebesgeschichte erzählen, die sich in Syrakus zugetragen hat.
>
> Θουκυδίδης Ἀθηναῖος ξυνέγραψε τὸν πόλεμον τῶν Πελοποννησίων καὶ Ἀθηναίων …
>
> Thukydides von Athen hat den Krieg der Peloponnesier und Athener aufgezeichnet …

Man hat die Handlungszusammenfassungen bei Chariton mit den kurzen Rückblicken zu Beginn der Bücher 2–5 von Xenophons *Anabasis* verglichen, die uns die Kodizes überliefern. Ferner wurde darauf hingewiesen, dass in ähnlicher Weise, wie der Romanautor eine in Syrakus spielende Liebesgeschichte ankündigt (1,1,1), ihren Schauplatz aber schon am Ende des ersten Buches von Sizilien nach Kleinasien verlegt, die Titel von *Anabasis* und *Kyrupädie* sich jeweils nur auf das erste Buch des Werkes beziehen. Einer der intertextuellen Bezüge zur *Anabasis* scheint mir besonders feinsinnig: Der bei Xenophon am Anfang geschilderte Marsch der Zehntausend gegen Artaxerxes II. hat in der Reise der rivalisierenden Liebhaber der Kallirhoe an den Hof desselben Perserkönigs seine pikante Entsprechung.

Insgesamt ist das Netz der ›mitzulesenden‹ Texte bei Chariton noch nicht so dicht wie in den jüngeren idealisierenden Romanen. Offenbar verfügte dieser Autor, der nicht konsequent ›klassisch‹ attizistisch schreibt, nicht in so hohem Maße über die von Vertretern der Zweiten Sophistik erwartete Paideia, wie wir es in späteren Texten etwa bei Apuleius oder bei Heliodor finden. So ist denn auch das sich über sein ganzes Werk erstreckende Zitieren und Evozieren der beiden Epen Homers nicht von der ausgeklügelten Subtilität wie bei den genannten Romanschriftstellern. Geradezu betulich wirkt es – zumindest beim *first reading* –, wenn der Erzähler der *Kallirhoe* gelegentlich einen oder mehrere Verse aus der *Ilias* oder der *Odyssee*, die zur gerade vorliegenden Situation passen, in seinen Prosatext einlegt. Entweder lässt er eine der handelnden Personen eine direkte Rede mit Hexametern Homers fortsetzen bzw. bekräftigen; z. B. beendet Chaireas, als er dem Ägypterkönig erklärt, er wolle für ihn kämpfen, das, was er sagt, mit diesen Worten (7,2,4):

> ‘ἤδη γὰρ ἐτεθνήκειν ὅσον ἐπὶ ταῖς συμφοραῖς, λοιπὸν δὲ ζῶ εἰς μόνον τὸ λυπῆσαι τὸν ἐχθρόν.
>
> μὴ μὰν ἀσπουδί γε καὶ ἀκλειῶς ἀπολοίμην,
> ἀλλὰ μέγα ῥέξας τι καὶ ἐσσομένοισι πυθέσθαι.’

> »Ich wäre schon längst tot, gemessen an dem vielen Unglück, das ich durchgemacht habe, in Zukunft will ich aber nur noch leben, um meinem Feind zu schaden.
>
> Wahrlich, nicht ohne Mühe und ruhmlos will ich zugrund gehn,
> sondern Großes vollbringend, wovon auch die Spätren erfahren.«

Oder der Erzähler lässt seinen eigenen Bericht in ein Verszitat übergehen, etwa am Ende der Szene, in der die Liebenden nach ihrer Wiedervereinigung einander schildern, was sie seit der Trennung erlebt haben (8,1,17):

> ἐπεὶ δὲ ἅλις ἦν δακρύων καὶ διηγημάτων, περιπλακέντες ἀλλήλοις
>
> ἀσπάσιοι λέκτροιο παλαιοῦ θεσμὸν ἵκοντο.

> Als es aber genug war der Tränen und des Erzählens, da umfingen sie einander, und
>
> freudig kamen sie dann zu der Stätte des Lagers wie einstmals.

Man hat einst gemutmaßt, Chariton habe die Homerzitate deswegen in seinen Romantext eingefügt, weil er die junge und vom zeitgenössischen Lesepublikum noch nicht als vollwertig anerkannte Literaturgattung durch den Rekurs auf den großen epischen Erzähler ›salonfähig‹ machen wollte. Aber woher wissen wir, dass der Roman einer Legitimation gegenüber seinem Publikum überhaupt bedurfte? Wenn die verwandte neuzeitliche Gattung im 17./18. Jahrhundert einige Schwierigkeiten zu überwinden hatte, um sich zu etablieren, muss das nicht für den idealisierenden Roman des 1. Jahrhunderts n. Chr. gelten. Es liegt näher, daran zu denken, dass Chariton seine alles in allem eher pathetische Liebesgeschichte ein wenig durch Situationskomik auflockern wollte. Denn es ist schon amüsant, wenn der bis zu der von mir zuerst zitierten Stelle ziemlich passive Chaireas sich plötzlich der Worte bedient, die Hektor vor seinem letzten Zweikampf, dem mit Achilleus, spricht (*Ilias* 2,304f.). Und an der zweiten Stelle, wo der Erzähler die Liebesvereinigung von Chaireas und Kallirhoe unmittelbar vor dem *fade-out* mit derjenigen von Odysseus und Penelope gleichsetzt (*Odyssee* 23,296), mögen die Leser:innen sich schmunzelnd vor Augen führen, dass die Frau des heroischen Dulders (der Chaireas gewiss nicht ist) während der Abwesenheit ihres Mannes einer ganzen Truppe von Freiern widersteht, während Kallirhoe – aus welch edlen Gründen auch immer – nach der Trennung von Chaireas gleich ihren ersten Verehrer heiratet. Wie man sieht, wird schon im ältesten antiken Roman mit Texten gespielt.

3.2 Romane um Parthenope, Chione, Kalligone und Antheia

Hatte Chariton, soweit er für seinen Stoff historisches Material verwendete, auf Thukydides und Xenophon zurückgegriffen, so bezog der Verfasser des *Parthenope-Romans* wichtige Anregungen von Herodot. Er holte sich aus dessen Geschichtswerk Metiochos, den Sohn des athenischen Strategen Miltiades, als jugendlichen Liebhaber und den Tyrannen Polykrates von Samos (gest. ca. 522 v. Chr.) als Vater für seine weibliche Hauptfigur Parthenope. Zwei nicht allzu sehr beschädigte Textkolumnen auf Papyrusbruchstücken des 2. Jahrhunderts n. Chr., die heute in Berlin aufbewahrt werden (P. Berol. 7927 + 9588 + 21179), überliefern die Schilderung eines Gelages am Hof des Polykrates zu Beginn des Romans. Diese Szene setzt voraus, dass Metiochos, der sich als Gast bei dem Herrscher aufhält, Parthenope begegnet ist und dass die beiden sich auf den ersten Blick ineinander verliebt haben. Offenkundig ohne Kenntnis davon erklärt Polykrates am Anfang des auf uns gekommenen Textes, er könne sich Metiochos als seinen Schwiegersohn vorstellen, und eröffnet dann den Umtrunk sowie eine Diskussion über das Wesen des Eros unter dem Vorsitz des Philosophen Anaximenes (der vielleicht in dem Textfragment P. Erl. 7 spricht).

In dem nach dem Vorbild des platonischen *Symposion* konzipierten Redewettstreit ergreift das Wort als erster Metiochos, der aus rationalistischer Sicht Zweifel an der Existenz des göttlichen Knaben und seiner Waffen äußert; das belegt er damit, dass er die Leiden der Liebe noch nicht kenne und auch nicht kennenlernen wolle. Mit dem Anfang einer zornigen Erwiderung der Parthenope, die an dem herkömmlichen Mythos festhalten möchte, bricht der Text ab. Wir wissen aber, wie es unmittelbar weiterging. Denn die Gastmahlszene fehlt nicht in einer persischen Bearbeitung des *Parthenope-Romans*, dem fragmentarisch überlieferten Versroman *Vāmiq u 'Adhrā* (»Wamik und Asra«) des im 11. Jahrhundert lebenden Dichters Abu'l-Qāsim 'Unṣurī. Laut diesem Text, der das Griechisch des Originals stellenweise wörtlich wiedergibt, besang anschließend der Chorlyriker Ibykos zur Lyra die Schönheit der Parthenope und des Metiochos, und als danach jemand sich nach der Herkunft der Lyra erkundigte, erzählte Metiochos den Mythos von der Erfindung des Instruments durch den Gott Hermes.

Verstreute antike Notizen über die Handlung des verlorenen Romans sowie Reste einer Apostrophe des Metiochos an Parthenope auf einem Ostrakon (O. Bodl. 2.2175) – es könnte ein Ausschnitt aus einem Brief, einem Monolog oder einer Anrede der geliebten Frau im Traum sein – machen es wahrscheinlich, dass die beiden irgendwann im Laufe des Romangeschehens auseinandergerissen wurden und dass es Parthenope auf der Suche nach Metiochos in ferne Länder wie Unteritalien und Persien verschlug, wobei ihre Keuschheit ständig bedroht war; aus der Darstellung dieser Irrfahrt dürfte das kurze Bruchstück P. Oxy. 435 stammen.

Tomas Hägg und Bo Utas (2003), die den eben genannten persischen Versroman für eine Rekonstruktion des *Parthenope-Romans* auswerteten, gewannen weiteres Material für ihr Puzzle aus der in einem Fragment sowie in arabischer Übersetzung überlieferten koptischen Märtyrerlegende von der heiligen Parthenope (Bārtānūbā), die vermutlich auf ein spätantikes griechisches Original zurückgeht. Häggs und Utas' Kombinationen können überzeugen. Denn zwei von ihnen erschlossene Episoden – eine gewaltsame Entführung Parthenopes im Auftrag des Perserkönigs und ein listig inszenierter Scheintod, durch den sie dem von ihm begehrten Sex entflieht –, sind, wenn wir Charitons *Kallirhoe* und andere griechische Romane zum Vergleich heranziehen, gut vorstellbar. Schließlich ist auf zwei Mosaike, die Metiochos und Parthenope zeigen, zu verweisen (Hägg/Utas 2003, Fig. 2). Das eine von beiden – es wurde wie das bereits erwähnte Ninos-Mosaik in einer Villa in Daphne bei Antiochia in Syrien gefunden – könnte, da der junge Mann darauf militärische Kleidung trägt, eine Episode vom Ende des Romans mit der Wiedervereinigung der zwei Liebenden nach der Rückkehr des Metiochos von einem Feldzug festhalten.

Eine bemerkenswerte Ähnlichkeit zwischen dem *Parthenope-Roman* und Charitons *Kallirhoe* sowohl in einzelnen Motiven als auch im Sprachgebrauch lässt es denkbar erscheinen, dass Chariton beide Romane verfasste. Außerdem macht ihn die Tatsache, dass sich stilistisch und thematisch Verwandtes ebenso in dem Fragment des *Chione-Romans* (Cod. Theban. deperditus) sowie in zwei diesem vielleicht zuzurechnenden, wenig ergiebigen Ruinen einer

Papyrusrolle des 2. oder 3. Jahrhunderts (P. Berol. 10535 + 21234) findet, zum potentiellen Verfasser mehr als eines Romans. Für seine Autorschaft könnte im Falle des *Chione-Romans* auch sprechen, dass das Fragment aus demselben Pergamentpalimpsest des 6. oder 7. Jahrhunderts n. Chr. stammt, in dem man Bruchstücke der *Kallirhoe* entdeckt hat. Leider ist der sechs Blätter umfassende Text – vier Blätter mit Resten aus Buch 8 der *Kallirhoe* und zwei Blätter vom Anfang des *Chione-Romans* – nicht einmal vollständig erhalten. Das Manuskript verbrannte nach dem Transport von Ägypten nach Deutschland im Hafen von Hamburg, und wir besitzen nur die Textteile, die der erste Leser des Palimpsests, der Papyrologe Ulrich Wilcken, u. a. während einer nächtlichen Bootsfahrt auf dem Nil beim Schein einer flackernden Lampe entziffern konnte. Von dem Text des *Chione-Romans*, der zudem entstellt war, weil man ihn für die Abschrift einer koptischen Predigt weggeschabt hatte, haben wir noch drei Kolumnen.

Entsprechend lückenhaft ist das Bild, welches das Fragment von der Handlung zu Beginn des *Chione-Romans* vermittelt. Immerhin darf man es für wahrscheinlich halten, dass auch dieser Roman einen pseudohistorischen Hintergrund hatte. Chione (»Schneewittchen«), eine Prinzessin, gerät offenbar dadurch in Schwierigkeiten, dass sie einen anderen Mann liebt als den für sie bestimmten Bräutigam namens Megamedes. In der ersten Kolumne der Handschrift sagt jemand, sie und jener seien für die Königsherrschaft vorgesehen und sie habe dreißig Tage Bedenkzeit. Dazu passt, dass sie in der dritten Kolumne im Gespräch mit einem Mann, doch wohl demjenigen ihrer Wahl, für den Fall, dass es keine Rettung aus ihrer Lage gibt, die Bereitschaft zum Freitod andeutet. Es wäre möglich, dass bald darauf die das Genre konstituierende Serie von Abenteuern des Paars bis zur glücklichen Wiedervereinigung begann.

Aus einem *Kalligone-Roman* sind zwei bruchstückhafte Kolumnen eines Papyrus des 2./3. Jahrhunderts n. Chr. (P. Oxy. 5355) und zwei Fragmente einer kalligraphisch beschriebenen Papyrusrolle des späten 2. Jahrhunderts n. Chr. (PSI 981) erhalten. Es dürfte sich wie bei Charitons *Kallirhoe* und den Romanen um Ninos, Sesonchosis, Parthenope und Chione um einen idealisierenden Roman mit fingiertem historischem Umfeld handeln; im Zentrum steht die Prinzessin Kalligone, Tochter des Königs in der von Milesiern gegründeten Polis Borysthenes am Nordufer des Schwarzen Meers. Auf dem ersten der beiden Papyri lesen wir, dass Kalligone zu Schiff an die Küste der Amazonen kommt, als Gefangene zu Königin Themisto gebracht und von dieser wegen ihrer Schönheit und ihrer übermenschlichen Größe bewundert wird. Die Amazonen befinden sich in einem Krieg, und darauf bezieht sich, dass Kalligone nach einer Textlücke fragt, wie die Maiotier militärisch ausgerüstet seien und wie viele Amazonen sich in welcher Formation aufgestellt hätten; weil sie deren

Disziplin bemängelt, instruiert sie die von ihr eingesetzten Führerinnen der Heeresabteilungen.

In der Szene, welche der zweite Papyrus vergegenwärtigt, will Kalligone sich in einem Zelt mit einem Dolch töten, wird aber von einem Eubiotos, wohl ihrem Vater oder einem väterlichen Freund, daran gehindert. Die Ursache für ihre Verzweiflung könnte, da sie unter Tränen den Tag verflucht, »an dem sie Erasinos auf der Jagd sah« (ἐν ᾗ τὸν Ἐρασῖνον εἶδεν ἐν τῇ θηρᾷ), die Trennung von dem Mann, den sie liebt, oder die Annahme sein, dass dieser nicht mehr lebt. Der Text, der wie der *Parthenope-Roman* intertextuell u. a. auf Herodot Bezug nimmt, und zwar auf dessen Erzählung von Kroisos und Adrastos (1,34–45), bricht ab, als Kalligone gerade erklärt hat, sie sei keine Amazone und keine Themisto, sondern Griechin, und dann dem Eubiotos droht, ihn zu erwürgen, wenn er ihr den Dolch nicht bringe. Hellenentum wurde offenbar wieder einmal mit einer besonders exotischen fremden Welt konfrontiert. Der Roman ist in einem Griechisch verfasst, das Berührungen mit dem der *Kallirhoe* zeigt.

Zu Chariton als dem mutmaßlich ersten Autor eines griechischen Romans würde es passen, wenn er tatsächlich mehrere solche Texte verfasste, also zusätzlich zur *Kallirhoe* diejenigen mit Parthenope, Chione und Kalligone als Protagonistinnen oder mindestens einen davon. Denn umso stärker hätte er andere Schriftsteller zur Wahl der Gattung anregen können. In seine Nähe rückt Demokritos Kaltsas (2020) zudem ein Papyrusfragment des zweiten oder dritten Jahrhunderts n. Chr. (PSI 726), indem er einen Lysander, der im Text als Entführer einer Antheia genannt wird – diesen Namen oder Anthia trägt auch die weibliche Hauptfigur in Xenophons *Ephesiaka* (Letzteren im einzigen Kodex) –, mit dem spartanischen Strategen gleichsetzt, der entscheidend zum Sieg seiner Kriegspartei über die Athener im Peloponnesischen Krieg (431–404 v. Chr.) beitrug. Für Kaltsas, der somit einen weiteren ›historischen‹ unter den idealisierenden Romanen aufzuspüren glaubt – als einen der Schauplätze hält er Samos (wo der *Parthenope-Roman* beginnt) für gut denkbar –, ist Antheia die Protagonistin, die zusammen mit dem von ihr geliebten jungen Mann Abenteuer nach dem Strukturmuster der *Kallirhoe* bis zum Happy End erlebt; Kaltsas hält es für möglich, dass der Jüngling Thraseas ist, über dem man in dem Fragment nur eines eindeutig erfährt: dass er »herrscht« (Kol 2,4 ἄρχει).

Man würde diese (hier nur skizzierte) Rekonstruktion begrüßen, wenn das Bruchstück, das man, wenn man will, einem *Antheia-Roman* zuordnen mag, nicht so viele nur durch Spekulation zu beantwortende Fragen aufwerfen würde. So gelangt denn auch John Morgan (2018) in einem Aufsatz, der etwa gleichzeitig mit demjenigen von Kaltsas entstand, zu einem gänzlich unterschiedlichen Ergebnis. Für Morgan spielte das Geschehen in Skythien, drei Amazonen agierten darin, und eine von ihnen, Antheia, war nicht die weibliche Hauptperson. Diese sei vielmehr eine uns namentlich nicht kenntliche Amazone, die in V. 14 der zweiten Kolumne in einem Dialog ihren Gesprächspartner mit »Liebster« (φίλτατε) anredet, einen Griechen, dem sie ihr Herz geschenkt habe und mit dem sie erwartungsgemäß nach Irrungen und Wirrungen am Ende des Romans vereint worden sei. Aus dem Dialog erfahre man, dass Lysander ein Untergebener des Thraseas war, eines skythischen Tyrannen, der Antheia für ihn entführte, weil Thraseas die junge Frau sexuell begehrte; vermutlich habe sie deswegen Selbstmord angedroht oder versucht. Thalassia, Amazone Nr. 3, sei die enge Freundin Antheias – für Kaltsas ist sie ihre Feindin –, die sich bemühe, Antheia vor der Geilheit des Thraseas zu retten.

Der Vergleich der beiden Rekonstruktionen warnt davor, über weitere schlecht erhaltene Papyrusfragmente, die man der frühen idealisierenden Romanprosa zuordnen könnte, zu spekulieren. Deshalb wende ich mich jetzt dem anderen Roman zu, der, als ganzer überliefert, wie die *Kallirhoe* in die erste Hälfte der von der Zweiten Sophistik geprägten geistigen Epoche gehören dürfte.

3.3 Xenophon von Ephesos, *Ephesiaka*

Die *Ephesiaka* (»Ephesische Geschichten«) des Xenophon von Ephesos in fünf Büchern, deren Inhalt ich bereits zu Beginn des ersten Kapitels ausführlich referiert habe, gehören vermutlich einer etwas späteren Entwicklungsphase des idealisierenden Romans an als Charitons *Kallirhoe*. Denn Xenophon häuft Abenteuer auf Abenteuer, übertrifft somit die Episoden bei Chariton durch seine entsprechenden Episoden zahlenmäßig bei weitem, und daraus könnte man auf eine routinierte Selbstverständlichkeit schließen, mit der ein Romanautor sich mittlerweile der traditionellen Gattungselemente bediente. Die Forschung nimmt mehrheitlich an, dass die *Ephesiaka* frühestens am Ende des 1. Jahrhunderts n. Chr. entstanden, da das Amt eines εἰρηνάρχος (»Friedensrichter«), auf das in 2,13,3 und 3,9,5 wohl angespielt wird, erst für die Regierungszeit des Kaisers Trajan (98–117 n. Chr.) zu belegen ist. Man sollte mit der Datierung auch nicht über 150 n. Chr. hinausgehen, weil ein Vergleich mit dem ungefähr in der Mitte des 2. Jahrhunderts geschriebenen Roman des Achilleus Tatios, *Leukippe und Kleitophon*, es wahrscheinlich macht, dass Xenophon eher tätig war.

Schon im letzten Kapitel wies ich darauf hin, dass es denkbar wäre, in dem Namen des Verfassers der *Ephesiaka* ein Pseudonym zu sehen, das seine Verehrung für Xenophon von Athen als eine Art ›Archegeten‹ der Gattung zum Ausdruck bringen soll (S. 34). Seine allein durch die *Suda* bezeugte Herkunft aus Ephesos könnte ebenfalls fingiert sein. Xenophons Bemerkungen über die

Stadt sind nicht die eines Ortskenners, und deshalb ist gegenüber der Behauptung des byzantinischen Lexikons, der Romancier habe auch ein Buch *Über die Stadt der Epheser* und weitere Werke produziert, Skepsis angezeigt.

Der Roman umfasste laut *Suda* nicht fünf, sondern zehn Bücher, und diese Angabe zählt zu einer ganzen Reihe von Argumenten, die man immer wieder dafür vorgebracht hat, dass es sich bei dem uns vorliegenden Text der *Ephesiaka* – wir besitzen ihn nur in einem einzigen mittelalterlichen Manuskript (Cod. Laur. Conv. Soppr. 627 in Florenz) – um eine Epitome (Kurzfassung) handelt. Die wichtigsten Indizien könnten die manchmal fehlende Motivierung für einen bestimmten Geschehensverlauf – z. B. wird in 4,4 mit keinem Wort erklärt, warum Habrokomes seine Suche nach Anthia plötzlich von Ägypten nach Italien verlagert – und die rasche Abfolge der Ereignisse liefern. Der Erzähler nennt sie meist lediglich als reine Fakten, ja berichtet über sie geradezu protokollarisch, oder wie Erwin Rohde es formuliert hat: »Er hat überall Eile, er reisst uns, wie ein mürrischer Galleriediener, mit geschäftsmässiger Hast von einem Bilde zu dem andern, so dass uns kaum irgendwo die so flüchtig vorüberhuschenden Gestalten recht deutlich werden« (1876, 402). Doch Analysen des Textes, die zu dem Ergebnis kamen, es sei eine Kürzung, überzeugen mich heute weniger als solche, die den auf uns gekommenen Romantext für die Originalversion halten.

Gewiss, die Ereignisse bis zur Trennung des Ehepaars in der Mitte des zweiten Buchs und dann die Szenen im fünften Buch, in dem es zur Wiedervereinigung mehrerer Personen der Handlung kommt, sind ausführlicher dargestellt als die dazwischen liegenden Abenteuer, aber es erscheint für das Gesamtbild des Romans sinnvoll, dass das häufige Wechseln zwischen dem Bericht über die Abenteuer des Habrokomes und diejenigen seiner Anthia einen Kontrast der vielen Stationen während der Trennungszeit zu den beiden Phasen des Zusammenseins bewirken soll; ein dritter Handlungsstrang, in dessen Zentrum der ›gute Räuberhauptmann‹ Hippothos steht, schafft eine Verbindung zwischen der Habrokomes- und der Anthia-Linie. Alle drei Handlungsstränge haben gemeinsam, dass die Reisestationen in einem wie der Uhrzeiger verlaufenden Kreisbogen angeordnet sind: Ionien – Vorderasien – Ägypten – Italien – Ionien. Deutet allein schon das auf ein bewusstes Gliedern in immer wieder kurze Episoden, die überdies stets sorgsam, z. T. durch Wortbezüge, miteinander verknüpft sind, so gibt die unverkennbare Orientierung am Aufbau der *Odyssee* eine Bestätigung. Hervorzuheben ist außerdem eine Innovation gegenüber Chariton: Xenophon legt in die Handlung zwei novellistische Erzählungen ein, die jeweils als *Mise en abyme* das Romangeschehen als ganzes widerspiegeln: die Liebesgeschichten des Hippothous (3,2,1–15) und des Aigialeus (5,1,4–11).

Es hat seinen eigenen Reiz, dass dieser Romancier Ereignisse nicht wirklich schildert oder gar ausmalt, sondern wie ein Chronist aneinanderreiht und im Gegensatz zu Chariton nicht bestrebt ist, die Charaktere seiner Figuren individuell zu zeichnen, sondern sie lediglich als Funktionsträger agieren lässt. Für seine Methode des permanenten Erweckens neuer Spannung auf das, was als nächstes passieren werde, muss es ein zeitgenössisches Lesepublikum gegeben haben, und dieses rekrutierte sich sicherlich – das machen intertextuelle Bezüge nicht nur zu Homer wahrscheinlich – wie bei Chariton aus der Gesellschaftschicht, die über ein kulturelles Gedächtnis verfügte. Daher ist es verfehlt, die *Ephesiaka* vom Standpunkt der modernen Literaturästhetik aus als minderwertig zu beurteilen. Und ebenso unangebracht sind Bemühungen aus jüngerer Zeit, die einst hervorgehobenen Mängel zu Vorzügen umzudeuten; man ging dabei sogar so weit, den Text zum ›Bildungsroman‹ à la *Wilhelm Meister* hochzustilisieren.

Xenophons Sprache, ist, auch wenn sie bereits mehr Attizismen aufweist als Charitons *Kallirhoe*, arm an Ausdrucksmitteln und schmucklos, ja syntaktisch nahezu primitiv. Besonders charakteristisch für die Diktion dieses Romanautors sind stereotype Formulierungen und monotone Überleitungsfloskeln. Ihre Häufigkeit veranlasste James O'Sullivan (1995) dazu, den Nachweis zu versuchen, der Romantext stehe mit seiner Formelsprache in einer volkstümlichen, mündlichen Erzähltradition und habe wegen seiner schlichten Erzählweise als der älteste der uns kenntlichen griechischen Romane zu gelten. Diese These wurde in der Forschung mit großem Interesse aufgenommen sowie rege und kontrovers diskutiert. Mir scheinen diejenigen, die sich ablehnend äußerten, die besseren Argumente zu haben, wobei aber wiederum diejenigen meines Erachtens den Text überinterpretieren, die in der Verwendung von Elementen simpler narrativer Technik, wie sie für Folklore typisch ist, eine selbstreflexive Pose des Erzählers sehen.

Dass nicht Xenophons *Ephesiaka* die Reihe der vollständig überlieferten idealisierenden Romane anführt, sondern Charitons *Kallirhoe*, hat man mehrfach aus einem Vergleich der beiden Schriftsteller gefolgert. Xenophon sucht Chariton offensichtlich sowohl in der Zahl der Abenteuer zu überbieten, als auch darin, dass er Szenen seines Werks, die mit Szenen in der *Kallirhoe* motivisch verwandt sind, melodramatische und sensationelle, ja groteske Züge verleiht. Bei beiden Autoren findet sich z. B. die Situation, dass die totgeglaubte Protagonistin in einer Grabkammer eingeschlossen ist. Während nun Kallirhoe ganz einfach um Hilfe ruft und ihr Schicksal beweint, möchte Anthia, die sich ja vergiften wollte, aber, ohne es zu wissen, nur ein Schlafmittel einnahm, jetzt den Hungertod sterben. Das allein schon wird man als stark überzeichnetes Pathos empfinden, und das verstärkt sich, wenn man ihre Worte an die

Räuber, die das Grab aufbrechen, neben Kallirhoes Worte in der analogen Lage stellt. Diese spricht beim Anblick Therons, der mit vorgehaltenem Schwert in die Gruft eindringt, folgende Bitte aus (1,9,5):

> 'ἐλέησον, ὅστις ποτ' εἶ, τὴν οὐκ ἐλεηθεῖσαν ὑπὸ ἀνδρὸς οὐδὲ γονέων· μὴ ἀποκτείνῃς ἣν σέσωκας.'
>
> »Habe Mitleid, wer immer du bist, mit einer Frau, die kein Mitleid fand bei Mann und Eltern. Töte nicht die, die du gerettet hast!«

Anthia dagegen sagt, als die Grabräuber sie mitnehmen wollen (3,8,4f.):

> 'ἄνδρες, οἵτινές ποτέ ἐστε, [...] τὸν μέν κόσμον τοῦτον ἅπαντα ὅστις ἐστὶ καὶ ἅπαντα τὰ συνταφέντα λαβόντες κομίζετε, φείσασθε δὲ τοῦ σώματος. δυοῖν ἀνάκειμαι θεοῖς, Ἔρωτι καὶ Θανάτῳ. τούτοις ἐάσατε σχολάσαι με. ναὶ πρὸς τῶν θεῶν αὐτῶν τῶν πατρῴων ὑμῶν, μή με ἡμέρᾳ δείξητε, τὴν ἄξια νυκτός καὶ σκότους δυστυχοῦσαν.'
>
> »Männer, wer immer ihr seid, [...] nehmt und tragt fort diesen ganzen Schmuck, wie kostbar er auch ist, und alles, was mit mir ins Grab gelegt wurde, aber verschont mich. Zwei Göttern bin ich geweiht, Eros und Thanatos [Tod]. Ihnen lasst mich dienen. Bei euren heimischen Göttern, zeigt mich nicht dem Tageslicht, mich, die ich erlitten habe, was in Nacht und Finsternis gehört.«

Es grenzt an Parodie, wenn Xenophon die Frau darum flehen lässt, sie nicht aus der Grabkammer zu holen. Wie Chariton spielt auch er zumindest ansatzweise mit der Gattungstradition.

Das Bemühen Xenophons um quantitative und qualitative Erweiterung des konventionellen Motivarsenals äußert sich ebenso darin, dass er den Göttern einen ungewöhnlich hohen Anteil an der Romanhandlung zuweist. Chariton hatte im Wesentlichen die Schicksalsgöttin Tyche walten lassen und darüber hinaus Aphrodite die aus dem Epos überkommene Rolle der zürnenden Gottheit zugewiesen. Dieses Motiv verwendete vermutlich auch der Autor des *Parthenope-Romans*. Denn daraus, dass Metiochos eine Rede gegen die Macht des Eros hält, und daraus, dass in der koptischen Legende von der heiligen Parthenope der Teufel Einfluss auf das Geschehen ausübt, darf man schließen, dass der Zorn des Liebesgottes als Mittel zum Vorantreiben der Handlung eingesetzt war. Xenophon lässt Eros gleichfalls zürnen und die Liebenden mit seiner Rache verfolgen, doch davon erfährt man im Text schon am Anfang des zweiten Buches zum letzten Mal. Später wirken aber, je nachdem, wo Habrokomes und Anthia sich jeweils gerade befinden, mehrere andere Götter auf das ein, was ihnen widerfährt.

Unter den Unsterblichen zeichnen sich besonders Helios und Isis durch ihre Hilfeleistungen aus. Mag sein, dass dies für Religiosität des Autors spricht, aber der aufwendige Einsatz eines Götterapparats dürfte auch einem erzählstrategischen Zweck dienen. Der Mythos vom griechischen Menschen, der, aus der Geborgenheit der Polis gerissen, in eine Serie von lebensbedrohenden Abenteuern gerät und dennoch wohlbehalten an den Sitz der altehrwürdigen Kultur, die ihn geprägt hat, zurückkehrt, erhält dadurch, dass die Götter an der Inszenierung des irdischen ›Dramas‹ beteiligt sind, höhere Weihe.

3.4 Lollianos, *Phoinikika*

Aufgrund eines Aufsehen erregenden Papyrusfundes, der vor 55 Jahren gelang, wissen wir jetzt, dass in der frühen Kaiserzeit nicht nur der Typ des ›historischen Romans‹, den für uns allein Charitons *Kallirhoe* als vollständiger Text repräsentiert, mehr als einmal von einem Autor gewählt wurde. Die *Phoinikika* (»Phönizische Geschichten«) des Lollianos zeigen, dass es neben Xenophons *Ephesiaka* mindestens einen weiteren Roman gab, in dem möglichst sensationelle und spannende Abenteuer aneinandergereiht waren, kein allzu großer Wert auf eine individuelle Personencharakterisierung gelegt und in einem stilistisch anspruchslosen Griechisch mit nicht sehr umfangreichem Wortschatz und einfachem Satzbau erzählt wurde. Von den *Phoinikika* sind uns Reste eines Papyruskodex der zweiten Hälfte des 2. Jahrhunderts n. Chr. (P. Colon. 3328) und zwei im 3. Jahrhundert n. Chr. geschriebene Oxyrhynchos-Papyri (1368 und 4945) überliefert. Der Roman dürfte also wie die *Ephesiaka* in der ersten Hälfte des 2. Jahrhunderts n. Chr. entstanden sein.

Zur Frage nach der Identität des Autors ist grundsätzlich zu bemerken, dass wir den römischen Namen Lollianus für diese Zeit häufig bezeugt finden. Der in der Mitte des 2. Jahrhunderts in Athen als Professor der Rhetorik wirkende Sophist P. Hordeonius Lollianos muss es somit nicht gewesen sein; die schlichte Sprache des Textes macht die Zuweisung an ihn eher unwahrscheinlich. Freilich ist unsere Kenntnis der *Phoinikika* viel zu lückenhaft, als dass wir beim Versuch der Verfasseridentifizierung eine endgültige Entscheidung für oder gegen den Rhetor treffen könnten.

Von den insgesamt 46 Fragmenten des Kölner Papyrus verraten das meiste über den Inhalt des Romans zwei kurze Textpassagen vom Ende des ersten Buchs und zwei längere Abschnitte, mit denen ein späteres Buch (das zweite oder dritte) schließt und das darauffolgende beginnt. Im letzten Bruchstück des ersten Buchs lesen wir den Bericht eines jungen Mannes über seinen ersten Geschlechtsverkehr mit einer Frau; sie heißt Persis, und ist vermutlich Prostituierte in einem Bordell. Das Thema und die unverhüllte Form der Vergegenwärtigung rücken diese und die übrigen Szenen der *Phoinikika*, die wir haben, in die Nähe des komisch-realistischen Romans. Man hat in der Tat bei Lollianos an mehreren Stellen Motivverwandtschaft mit Petrons *Satyrica*, (Pseudo?-)Lukians *Lukios oder Der Esel* und den *Metamorphosen* des Apuleius konstatiert. Da jedoch nirgendwo in unseren Fragmenten etwas von offener Komik oder gar Satire zu verspüren ist, besteht meines Erachtens kein Anlass, die *Phoinikika* gleichfalls unter die komisch-realistischen Romane zu rechnen.

Ebenso eindrucksvoll wie das erste Buchende sehen wir auch das andere gestaltet. Bis in alle Einzelheiten wird hier geschildert, wie in Gegenwart eines gewissen Androtimos – wohl des Protagonisten – Räuber einen Knaben schlachten, von dessen gebratenem und in zwei Hälften zerschnittenem Herzen kosten und beim Blut des Herzens einen Eid schwören, dass sie irgendjemanden niemals verlassen und ihn weder in Gefängnishaft noch unter Folterqualen verraten wollen. Zu Beginn des nächsten Buches wird ein auf den Knabenmord folgendes orgiastisches Gelage beschrieben, bei dem Erbrochenes und das ungenierte Rülpsen und Furzen der Räuber den Ekel des Androtimos erregen. Schließlich schlafen sie sogar vor aller Augen mit ihren Frauen. Um Mitternacht werden irgendwelche Leichen entkleidet, durchs Fenster nach draußen gebracht und irgendwohin hinabgeworfen. Die Räuber gehen dann nach draußen, nachdem die einen weiße Gewänder angezogen und ihre Gesichter mit Bleiweiß gefärbt haben, damit man sie nicht erkennen kann, die anderen schwarze Gewänder angelegt und sich die Gesichter mit Asche eingerieben haben. Am Ende des Textbruchstücks erfahren wir noch, dass Androtimos und andere Gefangene ohne Fluchtmöglichkeit zurückbleiben, und lesen die zusammenhangslosen Worte χρυσοχόου ἐργαστήριον (P. Colon. 3328 B. 1 recto, 34: »Werkstatt eines Goldschmieds«).

Albert Henrichs, der Erstherausgeber der Kölner Fragmente, hielt den Teil der Erzählung, der von der Ermordung des Knaben bis zur Vermummung der Räuber reicht, für einen originalgetreuen Bericht über den Verlauf der Einweihungszeremonien des Dionysos-Zagreus-Mysterienkultes und sah somit die Deutung der meisten antiken Romane als Mysterientexte durch Reinhold Merkelbach (s. S. 41) bestätigt. Andere Forscher:innen haben jedoch den Text mit Szenen bei Xenophon von Ephesos und Achilleus Tatios verglichen, in denen Räuber Ritualmorde planen oder vollziehen, und sie konnten glaubhaft machen, dass wir es hier wie dort mit einer Variante des für die Gattung typischen Scheintod-Motivs zu tun haben. Mit guten Gründen wurde vermutet, dass es sich bei dem Knaben, der in Wirklichkeit also gar nicht geopfert wird, um den Geliebten des Androtimos oder eher noch um seine als Knabe verkleidete Geliebte handelte. Ebenso fand man für die seltsame Vermummung der Räuber eine plausible ›profane‹ Erklärung. Eine auffallend ähnliche Szene in den *Metamorphosen* des Apuleius (4,22,5) legt den Gedanken nahe, dass die Räuber sich ganz einfach als schwarze und weiße Gespenster ausstaffierten, um bei ihrem nächsten Raubzug (zu der rätselhaften Goldschmiedewerkstatt?) unerkannt zu sein und gleichzeitig ihren Opfern oder deren potentiellen Helfern Furcht einzujagen.

Daher darf man annehmen, dass auch die Gruselszene, die wir in dem einen der beiden Fragmente aus Oxyrhynchos finden (es wurde schon 1915 als Nr. 1368 publiziert), sich irgendwann als Hokuspokus herausstellte oder den Leser:innen von vornherein als solcher durchschaubar war. In diesem Text erscheint einem Glauketes, dem Persis im Bruchstück des ersten Buches einen Auftrag erteilt, während eines nächtlichen Ritts der Geist eines ermordeten jungen Mannes und bittet ihn, seinen Leichnam und den eines ebenso ermordeten schönen Mädchens, die unter einer Platane lägen, etwas abseits vom Wege zu bestatten. Als Glauketes jedoch nur erschrocken nickt, verschwindet die Erscheinung. Er kommt dann zu einem Pferdestall in einem Dorf, bindet sein Pferd an die Futterkrippe und legt sich zum Schlafen ins Heu, worauf eine Frau auf einer Leiter vom oberen Stockwerk herabsteigt; damit bricht der Text des Fragments ab.

Der andere Oxyrhynchos-Papyrus, im Jahr 2009 veröffentlicht (P. Oxy. 4945), enthält innerhalb von 30 am Anfang und am Ende verstümmelten Versen gleichfalls den Namen Glauketes und dürfte sowohl deshalb als auch wegen des gerade noch erkennbaren Inhalts den *Phoinikika* zuzuweisen sein. Wie bei dem *Antheia-Roman* sind die Papyrologen über die Ergänzung der Lücken verschiedener Meinung. So ist keineswegs sicher, dass die zu Beginn genannte alte Frau, wie man von den anderen Textresten her erwarten darf, als Hexe agiert. Auf jeden Fall wird von einem jungen Mann erzählt, der sexuelles Verlangen nach einer offenbar erkrankten Frau namens Arginna hat, dies einem Freund anvertraut und ihn mit einer Botschaft zu Glauketes schickt. Die von Demokritos Kaltsas (2021) geäußerte Vermutung, der junge Mann glaube, er könne Arginna heilen, indem er mit ihr schläft, klingt verlockend, da sowohl dieses Motiv als auch das des Scheintods, von dem, wie gesagt, in Buch 1 die Rede sein könnte, an entsprechende Motive in Achilleus Tatios, *Leukippe und Kleitophon* erinnert. Das zweite Fragment aus Oxyrhynchos dürfte also meine Annahme bestätigen, dass die *Phoinikika* trotz ihrer gruseligen und blutigen Episoden dem Romantyp der *Ephesiaka* zuzuordnen ist.

3.5 Antonios Diogenes, *Die unglaublichen Dinge jenseits von Thule*

Es hätte sich angeboten, von den *Phoinikika* des Lollianos zu den komisch-realistischen Romanen überzugehen. Aber aus zwei Gründen bespreche ich zuvor noch Τὰ ὑπὲρ Θούλην ἄπιστα (»Die unglaublichen Dinge jenseits von Thule«) des Antonios Diogenes. Zunächst einmal ist der Text vermutlich vor der Mitte des 2. Jahrhunderts entstanden, gehört also zeitlich in die Nähe der bisher in diesem Kapitel erörterten Romane. Außerdem handelte es sich bei dem bis auf wenige Textreste verlorenen Roman vielleicht um eine singuläre Mischform aus idealisierendem und komisch-realistischem Roman. Denn den Erzählungen vom Typ der *Ephesiaka* glich der Text darin, dass ein junges Paar – in diesem Falle waren es allerdings Geschwister – Reiseabenteuer erlebte. Und die Tatsache, dass der Autor des Thule-Romans sich selbst (wahrscheinlich im Proöm) als »Dichter der Alten Komödie« bezeichnete und damit doch wohl in die Tradition des Aristophanes und der anderen Vertreter der Gattung stellte, lässt an thematische Verwandtschaft mit Romanen von der Art des in gewisser Hinsicht ›aristophanischen‹ *Lukios oder Der Esel* (Pseudo-?)Lukians denken. Komisch könnten z. B. die Passagen des Thule-Romans gewesen sein, in denen von utopischen Reisestationen die Rede war; möglicherweise ähnelte der Text hier Lukians *Wahren Geschichten*.

Der Verlust dieses einzigartigen literarischen Werks ist sicherlich der bedauerlichste auf dem Gebiet der uns nicht direkt überlieferten Texte fiktionaler Prosa der Griechen. Deshalb darf man es als einen besonderen Glücksfall ansehen, dass wir außer fünf Papyrusfragmenten des 2./3. Jahrhunderts n. Chr. (PSI 1177, P. Oxy. 3012, 4760, 4761 und 5354) – aus ihnen ist zu erkennen, dass Antonios Diogenes eine relativ einfache Sprache mit Tendenz zum Attizismus schrieb – und Zitaten in der Pythagoras-Vita des Porphyrios (ca. 234–301/305) eine Inhaltsangabe des im 9. Jahrhundert lebenden byzantinischen Patriarchen Photios besitzen (cod. 166). Auf dieses Referat kann man sich freilich nicht allzu sehr verlassen. Denn der Vergleich der erhaltenen *Aithiopika* Heliodors mit der Zusammenfassung, die der Patriarch von der Handlung dieses Romans gegeben hat (cod. 73), zeigt, dass, wenn wir darauf angewiesen wären, die *Aithiopika* mithilfe der Informationen des Photios zu rekonstruieren, unser Bild vom tatsächlichen Inhalt erheblich abweichen würde.

Über den Autor des Thule-Romans können wir nicht mehr sagen, als der römische Bestandteil seines Namens verrät: Er oder ein Vorfahre nahm das *nomen gentile* der Antonii an. Da dieser Name in Verbindung mit Diogenes nur in Aphrodisias inschriftlich bezeugt ist, ergibt sich, wie erwähnt, die Möglichkeit, dass unser Antonios aus demselben geistigen Umfeld wie Chariton und der

Verfasser des *Ninos-Romans* kam. Sollte der Faustinus, an den er das Proöm richtete, mit dem reichen Freund Martials (z. B. in Epigramm 1,25) identisch sein, den der Dichter in Buch 1–5 mehrfach nennt und dem er das dritte Buch (3,2,6) und wohl auch das vierte (4,10,7) widmete, dann wäre der Thule-Roman bereits Ende des 1. Jahrhunderts n. Chr. entstanden.

Die allein schon im Referat des Photios kaum zu überblickende Fülle der Einzelepisoden des Romangeschehens, das sich wie die beiden Homerischen Epen über 24 Bücher erstreckte, erlaubt mir in einer Einführung zu den antiken Romanen keine allzu genaue Wiedergabe der Inhaltsparaphrase, geschweige denn eine Betrachtung der erhaltenen Textstücke. Durch die komplizierte Verschachtelungstechnik des Aufbaus wird es zusätzlich erschwert, innerhalb der mir gesteckten Grenzen einen einigermaßen befriedigenden Gesamteindruck zu vermitteln.

Derjenige Teil des Werks, der in etwa dem Handlungsschema des idealisierenden Romans entsprach, war in eine vierfache Umrahmung eingebettet und umfasste die Bücher 2–23. Darin erzählte die junge Tyrierin Derkyllis dem sie liebenden Deinias, wie sie zusammen mit ihrem Bruder Mantinias aus ihrer Heimatstadt fliehen musste, weil die beiden, angestiftet von dem böswilligen ägyptischen Priester und Zauberer Paapis, ihren Eltern einen vermeintlich heilenden Trank verabreicht hatten, der diese in einen todesähnlichen Schlaf fallen ließ. Ihre anschließenden Reiseerlebnisse im westlichen und östlichen Mittelmeerraum waren teils ganz ähnliche Abenteuer, wie wir sie aus den Romanen mit einem Liebespaar im Zentrum des Geschehens kennen – es findet z. B. auch eine vorübergehende Trennung des Geschwisterpaars statt –, teils phantastische Begebenheiten, ja sogar solche, die sich im außerirdischen Bereich abspielten.

Die Reise endete vorläufig hoch im Norden auf der Insel Thule, wo Paapis, der Derkyllis und Mantinias die ganze Zeit über verfolgt hatte, sie in einen vampirartigen Zustand versetzte. Das zwang sie, tagsüber im Todesschlaf zu liegen, so dass Derkyllis ihren Abenteuerbericht über mehrere Nächte hinziehen musste; wahrscheinlich waren es 22, entsprechend der Buchzahl des Romanabschnitts, der ihre Erzählungen enthielt. Deinias, den Zuhörer der Derkyllis, hatte im ersten Buch eine längere Erkundungsfahrt nach Thule geführt. Er reiste dann in Buch 24 nach der Erlösung der Geschwister von dem Todeszauber – darüber berichtete im Roman sein Freund Azulis – noch bis zum Mond und traf schließlich in Tyros, wohin ihm Derkyllis zusammen mit ihrem Bruder vorausgefahren war, mit der von ihm geliebten Frau zum Happy-End zusammen.

Auch bei dem von den Büchern 1 und 24 gebildeten Deinias-Rahmen handelte es sich nur um das Mittelstück einer mehrfachen Verschachtelung, welcher der Autor ein Proöm in Form eines Briefes an Faustinus vorausschickte. In das darauf folgende Widmungsschreiben an seine Schwester Isidora war wiederum ein Brief eingefügt, in dem Balagros, Soldat im Heer Alexanders des Großen, seiner Frau Phila erzählte, der König habe während der Eroberung von Tyros (332 v. Chr.) im Grab des Deinias ein Kästchen entdeckt, worin sich Schreibtafeln aus Zypressenholz mit der Lebensgeschichte des Verstorbenen befanden. Der Athener Erasinides hatte sie aufgrund der Darstellung aufgezeichnet, die Deinias seinem Landsmann Kymbas in Tyros gegeben hatte, als dieser ihn in seine ursprüngliche Heimat Arkadien zurückholen wollte. Die verschiedenen Erzählebenen des Romans beschränkten sich jedoch nicht auf die vierfache Umrahmung der Abenteuergeschichten der Derkyllis und den Bericht des Azulis in Buch 24. Denn Derkyllis begegnete nach der Trennung von ihrem Bruder dem Pythagoreer Astraios, der ihr von seiner Kindheit, derjenigen des später persönlich auftretenden Pythagoras-Schülers Zalmoxis und von der Vita des Meisters selbst erzählte. Und natürlich hatte auch Mantinias nach der Wiedervereinigung mit seiner Schwester viel von seinen inzwischen erlebten, überwiegend höchst seltsamen Abenteuern zu erzählen.

Es ist nicht erkennbar, welchen Umfang die Astraios-Zalmoxis-Kapitel, aus denen die Pythagoras-Vita des Porphyrios unter Berufung auf Antonios Diogenes offenbar sehr viel wörtlich zitiert (Kap. 10–17; 32–45), innerhalb des Romanganzen hatten. Aber das Referat des Photios lässt vermuten, dass sie auf zwei um die Mitte des Derkyllis-Berichtes gruppierte Erzählabschnitte verteilt waren und somit den innersten Ring des gesamten Romangeschehens bildeten. Da sie neben zahlreichen Wundergeschichten, die z. T. an Philostrats *Leben des Apollonios von Tyana* erinnern, auch viel philosophische und religiöse Belehrung enthielten und da die Geschwister vor ihrer Trennung sogar eine Reise in die Unterwelt machten, hat man angenommen, die romanhaften Partien des Textes hätten lediglich das Handlungsgerüst für eine erbauliche Tendenzschrift im Dienste des Neupythagoreismus geliefert. Mit Recht wurde jedoch zur Widerlegung dieser These darauf verwiesen, dass in der Inhaltsangabe des Patriarchen, der sich für philosophische und religiöse Problematik ganz besonders interessierte, die bunten Erzählungen von den Abenteuern des Geschwisterpaars sowie von den phantastischen Reiseerfahrungen des Deinias und des Mantinias am ausgiebigsten referiert sind und jeden Bezug zur pythagoreischen Lebens- und Denkweise vermissen lassen.

In dem schichtenreichen Erzählwerk führten also drei heterogene Hauptthemen, die durch Anverwandlung von Elementen des idealisierenden Romans, der Berichterstattung über phantastische Reisen und der fiktionalen Philosophenbiographie an einen narrativen Prosatext gewonnen waren, ein gleichberechtigtes Dasein. Doch der Versuch des Antonios Diogenes, die motivisch vorgegebenen Abenteuer der Helden in Romanen vom Typ der *Ephesiaka* durch die Erweiterung des Raumes ins Utopische sowie durch die Konfrontation mit der philosophisch-religiösen Sphäre zu variieren und auf diese Weise der Gattung Roman neue geistige Dimensionen zu erschließen, fand, soweit wir wissen, keine Fortsetzung in einem griechischen Vertreter der Gattung. Allein die von Apuleius von Madauros verfasste lateinische Bearbeitung der *Metamorphosen* des Lukios von Patrai hat, wie wir sehen werden, Vergleichbares aufzuweisen. Umso bedauerlicher ist der Verlust des Thule-Romans. Man versteht deshalb vielleicht, dass ich, wenn eine gute Fee mir die Möglichkeit gäbe, erhaltene antike Texte gegen verlorene einzutauschen, eine ganze Reihe von ›Klassikern‹ aufzuzählen wüsste (ich nenne lieber keine Namen), die ich, ohne mit der Wimper zu zucken, für ein vollständiges Exemplar von Τὰ ὑπὲρ Θούλην ἄπιστα herschenken würde.

Zu 3.1: *Chariton, Kallirhoe: Ausgaben:* Reardon 2004; Sanz Morales 2020; *Bilinguen:* Goold 1995; Roncali 1996; Meckelnborg/Schäfer 2006; *Übersetzung:* B. P. Reardon in Reardon 1989, 17–124; *Kommentar:* Baumbach/Sanz Morales 2021 (nur Bücher 1–4); *themenübergreifende Monographien und Aufsätze:* Reardon 1982; Egger 1994a; Ruiz Montero 1994a; Reardon 1996; Tilg 2010a; G. Anderson 2014; *Datierung:* Bowie 2002; *Überlieferung:* Reardon 1998; Sanz Morales 2009; Martelli 2018; Sanz Morales 2018; Vendruscolo 2023; *Sprache und Stil:* Schenkeveld 1993; Hernández Lara 1994; Sanz Morales 2015; Martelli 2018; *Erzähltechnik:* Weissenberger 1997; Manuwald 2000; Morgan 2004b; Robiano 2008; Doulamis 2012; Danek 2013; *Intertextualität:* Hirschberger 2001; Fakas 2005a; S. D. Smith 2007; Krewet 2018; Trzaskoma 2018; Papadimitropoulos 2023; *›historischer Roman‹:* Hägg 1987; Hunter 1994; *Realitätsbezug:* D. R. Edwards 1994 (Aphrodisias); S. D. Smith 2007 (Athen); Morgan 2017 (Zweite Sophistik); Schwartz 2003; Jolowicz 2018a; 2018b (Rom).

Zu 3.2: *Parthenope-Roman: Ausgabe:* López Martínez 1998, 121–144; *Bilinguen mit Kommentar:* Stephens/Winkler 1995, 72–100; Hägg/Utas 2003; López Martínez/Ruiz Montero 2016 (P. Oxy 435); López Martínez 2021a (P. Berol. 7927 + 9588 + 21179, Kolumne II) 2025, 144–149; *Übersetzungen:* H. Maehler in Kytzler 1983, 2, 727–731; G. N. Sandys in Reardon 1989, 813–815; *Untersuchungen:* Maehler 1976; Hägg 1987; Kussl 1991, 165–167 (P. Oxy. 435); Morgan 1998, 3341–3347; 2007b, 32–35; Tilg 2010a, 92–105; López Martínez 2025, 144–149; Ruiz Montero 2025, 24–27. *Chione-Roman: Ausgabe:* López Martínez 1998, 287–295; *Bilingue mit Kommentar:* Stephens/Winkler 1995, 289–313; *Übersetzungen:* H. Maehler in Kytzler 1983, 2, 732–734; G. N. Sandys in Reardon 1989, 824f.; *Untersuchungen:* Gronewald 1979; Marini 1993; Morgan 1998, 3347–3349; Tilg 2010a, 105–109; Morgan 2018, 94f. *Kalligone-Roman: Ausgabe:* López Martínez 1998, 145–155; *Bilinguen mit Kommentar:* Stephens/Winkler 1995, 267–276 (beide nur PSI 981); López Martínez

2022a; *Übersetzungen:* H. Maehler in Kytzler 1983, 2, 740f.; B. P. Reardon in Reardon 1989, 826f.; *Untersuchungen:* Morgan 1998, 3350f.; Morgan 2018, 90–92; Koroli/Papathomas 2019; Kaltsas 2021, 249–256. *Antheia-Roman: Ausgabe:* López Martínez 1998, 296–306; *Bilinguen mit Kommentar:* Stephens/Winkler 1995, 277–288; *Untersuchungen:* Morgan 1998, 3353f.; Morgan 2018; Kaltsas 2020; López Martínez/Ruiz Montero 2023. Die Ausgaben der Romanpapyri (Stephens/Winkler 1995; López Martínez 1998) und nach ihnen erschienene Publikationen enthalten weitere Editionen von Fragmenten, die aus idealisierenden Romanen stammen könnten, aber bei denen diesbezüglich Unsicherheit besteht; die Besprechung all dieser Texte – sie sind in Morgan 1998 ausführlich behandelt – würde den Rahmen der vorliegenden Einführung sprengen. Verwiesen sei lediglich auf das Panionis-Fragment, in dem eine Frau dieses Namens einem Heroxenos das Thema zu einer Deklamation für einen Mordprozess stellt, und die jüngste Untersuchung dazu: Kanavou 2018b.

Zu 3.3: *Xenophon von Ephesus, Ephesiaka: Ausgaben:* Papanikolaou 1973; O'Sullivan 2005; *Bilingue:* Henderson 2009; *Übersetzungen:* B. Kytzler in Kytzler 1983, 1, 100–163; G. Anderson in Reardon 1989, 125–169; M. Hadas in W. Hansen 1998, 3–49; *themenübergreifende Monographien und Aufsätze:* H. Gärtner 1967; Konstan 1994c; Ruiz Montero 1994b; O'Sullivan 1995; Kytzler 1996; Ruiz Montero 2003; Bierl 2006; König 2007; Tilg 2010a, 85–92; O'Sullivan 2014; Tagliabue 2017; *Datierung:* Rife 2002; Coleman 2011; *Struktur und Epitome-Problem:* Hägg 1966; Whitmarsh 2010a; Capra 2018; *Erzähltechnik:* Morgan 2004f; *Sprache:* Turasiewicz 1995; *Intertextualität:* Plastira-Valkanou 2015; Morgan 2017 (Zweite Sophistik); Fakas 2022/23.

Zu 3.4: *Lollianos, Phoinikika: Ausgaben:* Henrichs 1972; López Martínez 1998, 163–208; *Bilinguen:* Stephens/Winkler 1995, 314–357; (beide ohne P. Oxy 4945); Hatzilambrou/Obbink 2009b; Obbink 2011 (beide nur P. Oxy 4945); *Übersetzungen:* H. Maehler in Kytzler 1983, 2, 744–750; G. N. Sandy in Reardon 1989, 908–812 (beide ohne P. Oxy 4945); *Untersuchungen:* Henrichs 1972; Szepessy 1978; C. P. Jones 1980; J. J. Winkler 1980; Morgan 1998, 3363–3371; Stramaglia 1998; Benedikt 2009; Cioffi/Trnka-Amrhein 2010; Henrichs 2011, 313–318; Casanova 2014a; 2014b; López Martínez/Ruiz Montero 2019; Kaltsas 2021, 256–265.

Zu 3.5: *Antonios Diogenes, Die unglaublichen Dinge jenseits von Thule: Bilingue der Testimonien und Fragmente mit Kommentar:* Schmedt 2020, 18–375 (nicht das gesamte Material in: Fusillo 1990 und Stephens/Winkler 1995, 101–157); *Übersetzungen:* B. Kytzler/H. Maehler in Kytzler 1983, 2, 686–696. 738f. (nur Referat des Photios, Auswahl aus Porphyrios, PSI 1177); G. N. Sandy in Reardon 1989, 777–782 (nur Referat des Photios); *Untersuchungen:* Reyhl 1969; Borgogno 1975b; Fauth 1978a; 1978b; Borgogno 1979; Morgan 1985; Dana 1998–2000; Morgan 1998, 3303–3318; Bernsdorff 2006; Bowie 2007; Morgan 2007b, 36–38; Morgan 2009; Ní Mheallaigh 2014, 151–170; Bianchi 2015; Ruiz Montero 2017; Schmedt 2020, 376–613; López Martínez 2022c.

KAPITEL 4

Der komisch-realistische Roman

Die Entwicklungsgeschichte des neuzeitlichen europäischen Romans ist bis ins 19. Jahrhundert hinein wesentlich geprägt von einer Auseinandersetzung des realistischen Romans mit der idealisierten Welt des in Mittelalter und Barock blühenden Ritterromans und heroisch-galanten Romans. Das gilt schon für den im 16. Jahrhundert entstandenen pikaresken Roman mit dem Typus des Anti-Helden und insbesondere für den ersten großen Roman der abendländischen Literatur, Cervantes' *Don Quixote* mit seiner Konfrontation des Traums von höfischen Ritualen und brutaler Alltagswirklichkeit. Ein anderer Autor, den man gleichfalls als einen der führenden Wegbereiter des modernen europäischen Romans bezeichnen kann, fand zur realistischen Darstellung dadurch, dass er zunächst einen idealisierenden Roman parodierte, die dabei geschaffene Gegenwelt aber im Laufe des Erzählens mehr und mehr um ihrer selbst willen schilderte: Henry Fielding, dessen *Joseph Andrews* (1742) von einer Verspottung des durch Samuel Richardsons *Pamela* verkörperten Tugendidealismus ausgeht; doch während die Handlung voranschreitet, hält der Autor sich immer stärker an die im Vorwort ausgesprochene Devise, der Roman als das ›Epos in Prosa‹ habe nicht eine Idealwelt, sondern die Realität, soweit Fiktionalität es erlaubt, abzubilden.

4.1 Die Entstehung des komisch-realistischen Romans

Der Versuch, beim Vergleich zwischen antikem und neuzeitlichem Roman Analogien aufzuweisen, ist nicht unproblematisch. Aber es fällt doch sehr auf, dass Petrons *Satyrica* viele Szenen enthalten, die, wie es aussieht, darauf angelegt sind, motivverwandte Szenen in idealisierenden Romanen ins Groteske zu verzerren. Daraus mag man folgern – und das hat man getan –, dass der komisch-realistische Roman durch parodistisches Spiel mit dem idealisierenden Roman entstand. Auf jeden Fall trägt Petrons Präsentation seiner Abenteuerhandlung komische, das Geschehen ›ernster‹ Romane evozierende Züge. Nehmen wir das Motiv ›Liebespaar in einem Seesturm‹. Im Roman des Achilleus Tatios richtet Kleitophon, der sich mit Leukippe auf ein Wrackteil gerettet hat, ein Gebet an Poseidon, dieser möge bewirken, dass die Liebenden, wenn sie schon sterben müssten, eine einzige Welle bedeckt und ein und derselbe Fisch verzehrt (3,5,4). In derselben Situation schlüpft bei Petron der von Enkolp ge-

 | HTTPS://DOI.ORG/10.1515/9783119783112228999-004

liebte Knabe Giton unter dessen Tunika und schnallt überdies um beide seinen Gürtel, um sicherzustellen, dass »die so Aneinanderhängenden nicht eine allzu missgünstige Woge auseinanderreiße« (114,10: *ne sic cohaerentes malignior fluctus distraheret*).

Wird hier durch die Karikatur zum Ausdruck gebracht, dass eine Szene wie die bei Achilleus Tatios im wirklichen Leben vielleicht weniger theatralisch verlaufen würde, so kann Petron der Idealisierung bestimmter Vorgänge, wie wir sie in Romanen vom Typ der *Ephesiaka* Xenophons finden, ganz direkt die Realität gegenüberstellen: Während z. B. ein Gastmahl im *Parthenope-Roman* die Gelegenheit für einen Wettstreit pathetischer Reden über die Macht des Eros wie im platonischen *Symposion* bietet, lässt Petron die bei dem reichen Freigelassenen Trimalchio dinierenden Gäste sich über Alltagsprobleme, noch dazu in vulgärer Sprache unterhalten. Und wie in den *Satyrica* haben wir in den ›Eselsromanen‹ (Pseudo-?)Lukians und des Apuleius nebeneinander das komische Karikieren typischer Episoden des idealisierenden Romans und einen Realismus, der zwar eine fiktive Welt vergegenwärtigt wie der idealisierende Roman, jedoch in weit höherem Maße als dieser Bezüge zum Erfahrungsbereich des Lesepublikums herstellt.

Aber ging der komisch-realistische Roman allein aus der spielerischen Auseinandersetzung mit der Welt der idealisierenden Romane hervor? Der Inhalt der *Satyrica* und der *Metamorphosen* ist viel zu komplex, als dass man die Genese der einen Romanform ausschließlich aus der anderen erklären könnte. Petrons Werk z. B. weist eine Besonderheit auf, für die es in den auf uns gekommenen idealisierenden Romanen kein Vorbild gibt: In den Prosatext der *Satyrica* legt der Autor immer wieder größere oder kleinere Verspartien ein, die größtenteils von ihm selbst stammen, selten aus Dichtungen anderer zitiert werden und dann nicht auf Homer-Verse beschränkt sind wie bei Chariton (s. o. S. 55f.); das Werk ist also im Prosimetrum geschrieben wie eine menippeische Satire (dazu gleich mehr). Außerdem sind die einzelnen Episoden der Handlung bei Petron nicht so stringent verbunden wie in den zügig durch Irrungen und Wirrungen zum Happy End strebenden griechischen Liebes- und Abenteuerromanen; man hat, wenn man davon absieht, dass die *Satyrica* fragmentarisch überliefert sind und deshalb unser Text an manchen Stellen durch Lücken ›gegliedert‹ ist, insgesamt den Eindruck, der Roman bestehe aus einer Serie von Novellen.

Als Archetyp für eine solche Erzählstruktur bieten sich die in die Zeit um 100 v. Chr. zu datierenden *Milesiaka* (»Milesische Geschichten«) an, als deren Verfasser die wenigen Zeugnisse über das bis auf ein einziges Wort verlorene Werk einen sonst unbekannten Aristeides nennen. Wenn es von diesem in Lukians *Erotes* (»Arten der erotischen Leidenschaft«) heißt, er werde von

Μιλησιακοὶ λόγοι (»Milesische Erzählungen«) übermäßig verzaubert (Kap. 1), vermutet Stefan Tilg (2013) Folgendes zweifellos zu Recht: Der Erzähler, dessen Name Aristeides vielleicht gar nicht mit dem des Autors identisch war, reihte novellenartige Geschichten aneinander, die er in verschiedenen Erlebniszusammenhängen gehört hatte. Er fungierte so wie Petrons Enkolp als »ich« sagender Protagonist in einem Roman mit Episodenstruktur; zum Romancharakter passt ja auch der an *Ephesiaka, Phoinikika* usw. erinnernde Titel *Milesiaka.* Wir haben sogar gute Gründe für die Annahme, dass es schon in diesem Werk Verseinlagen gab, so dass es nicht allein die von M. Terentius Varro (116–27 v. Chr.) kreierte Gattung der menippeischen Satire, benannt nach dem Kyniker Menippos von Gadara (1. H. 3. Jh. v. Chr.), gewesen sein muss, von der Petron die Anregung zur Konzeption seines Romans als Prosimetrum empfing. Falls er jedoch Σατυρικά, also eine direkte griechische Vorlage für seinen Roman hatte – Gottskálk Jensson (2004) hat dafür durchaus erwägenswerte Argumente vorgebracht –, würde deren Verfasser an die *Milesiaka* angeknüpft haben. Aber zu diesem Anonymus führt nicht die leiseste Spur, und deshalb sollte man den Text doch wohl als Werk eines römischen Autors interpretieren.

Wir wissen von Apuleius, der am Anfang der *Metamorphosen* verkündet, er wolle »in jener milesischen Redeweise verschiedenartige Geschichten miteinander verknüpfen« (*sermone isto Milesio varias fabulas conseram*), wie wir uns solche Texte vorzustellen haben: Mit der Formel ›Sex and Crime‹ sind sie stofflich präzise erfasst. Es gab außer den *Milesiaka* vielleicht noch ein weiteres Werk, das Erzählungen dieser Art aufeinander folgen ließ. Das kann man mit Antonio Stramaglia (2025b) daraus erschließen, dass auf den zu Beginn der zwanziger Jahre des 1. Jahrhunderts v. Chr. entstandenen Fresken der Villa della Farnesina in Rom Szenensequenzen u. a. mit den Themen ›Erotik‹ und ›Gerichtsverhandlung‹ zu sehen sind, die mit bestimmten bei Apuleius zu lesenden Novellen motivgleich sind; man könnte also in den Bildern, weil Einzelnes auf den Wandmalereien Ägypten evoziert, Illustrationen zu einem Konglomerat pikanter Geschichten mit dem Titel *Aigyptiaka* sehen. Vom frühaugusteischen Rom lässt sich leicht eine Brücke zu Petron und Apuleius schlagen, und da wir eine kurze Version der für die *Metamorphosen* benutzten griechischen Vorlage besitzen, (Pseudo-?)Lukians *Lukios oder Der Esel*, und auch dieser Text Episodenstruktur aufweist, ist die Existenz eines hellenischen Vertreters des Genres ›komisch-realistischer Roman‹ gesichert. Hinzu kommen die Fragmente von zwei Romanen, die jetzt in den Blick zu nehmen sind.

4.2 Romane um Iolaos und Protagoras

Das aus einer Papyrusrolle des 2. Jahrhunderts n. Chr. stammende Fragment des *Iolaos-Romans* (P. Oxy. 3010) erzählt – zunächst in schlichter Prosa –, dass jemand, dessen Name nicht genannt wird, in die Mysterien der Kybele (einer kleinasiatischen Fruchtbarkeitsgöttin, deren Priester Kastraten waren) eingeweiht worden sei. Der von der neuen Lehre Erfüllte befindet sich im Gespräch mit einem Iolaos, den er – der nachfolgende Text ist sehr lückenhaft – anscheinend ebenfalls in die Kybele-Mysterien initiieren will. Seine Rede besteht aus 20 Versen in Sotadeen, einem Metrum, das wir auch aus den *Satyrica* kennen (Kap. 23,3 und 132,8). Nach einem weiteren Satz in Prosa, der von der Unterweisung des Iolaos durch den frischgebackenen Mysten berichtet, endet der erhaltene Text mit Euripides-Versen über den hohen Wert eines treuen Freundes.

Es gibt noch ein weiteres (Mitte des 2. Jahrhunderts n. Chr. geschriebenes) Fragment eines prosimetrischen narrativen Textes in griechischer Sprache, des *Tinuphis-Romans* (P. Turner 8). Aber die Handlung, die man sich im Umfeld eines orientalischen Königshofes zu denken hat, erinnert nicht an die eines komisch-realistischen Romans, sondern an je einen Abschnitt des aramäischen *Achikar-Romans* (um 430 v. Chr.) und des zum ›fringe‹ der Gattung zu rechnenden *Äsop-Romans*. Im Iolaos-Bruchstück dagegen geht es in den Sotadeen, deren Diktion ziemlich vulgär ist, um erotische Abenteuer des Iolaos, u. a. mit einem Schwulen, und man liest an einer Stelle die Worte δόλῳ βινεῖν (»mit List ficken«). Es wurde deshalb folgende plausible Erklärung vorgeschlagen: Iolaos sei wie Enkolp in Petrons *Satyrica* ein pikaresker Anti-Held, der in der Verkleidung eines Kybele-Kastraten leichten Zugang zu einer jungen Frau bekommen will und, um entsprechend sicher auftreten zu können, sich von seinem Spießgesellen Einblick in die Mysterien der Großen Mutter verschaffen lässt.

Über den Geschehensverlauf des *Protagoras-Romans* kann man nicht mehr sagen, als dass es während der Handlung, die wohl hauptsächlich im Athen des 5. Jahrhunderts v. Chr. spielte, zwei Seereisen gab: Protagoras (der Protagonist?) fuhr nach Abdera, und mindestens zwei Personen begaben sich nach Samos. Jedenfalls ist das Milieu, dem 40 von Klaus Alpers (1996) in dem byzantinischen Lexikon *Etymologicum Genuinum* entdeckte kurze Prosatexte zuzuordnen sind, wie in Petrons Roman das einer Halbwelt, in der Hetären- und Knabenliebe, das Gastmahl und komödienhafte Figuren – etwa der Vater mit dem nicht mit seinen Wünschen konformen Sohn, der libidinöse Greis und die alte Frau – die Handlung konstituieren; Frg. 4 und 31 klingen sogar wörtlich an drei Stellen der *Satyrica* an (21,2 und 23,4 bzw. 85,3). Außerdem zeigt die Darstellung der handelnden Personen und ihrer Aktionen durch ihre Anschaulichkeit Verwandtschaft mit den realistisch wirkenden Schilderungen der *Satyrica*. Man erkennt deutlich das satirisch-parodistische Element: Wie etwa Eumolp oder Gorgias (141,5) bei Petron tragen Protagoras und ein gewisser Kallias Namen, die auch berühmte Gestalten in Griechenlands großer kultureller Vergangenheit trugen, aber wie in dem römischen Roman haben wir es auch hier mit zweifelhaften Charakteren zu tun.

Der von Texten wie den idealisierenden Romanen verbreitete Mythos vom klassischen Hellas war also in diesem Roman ins Komische verzerrt, und das wurde formal dadurch unterstrichen, dass der Text durchgehend attizistisch ist. Für die Datierung gibt uns der Vergleich von Frg. 20 mit einer Stelle bei Longos (1,28,1), der diese als die spätere erscheinen lässt, einen Terminus ante quem. Danach wäre der *Protagoras-Roman* spätestens um die Mitte des 2. Jahrhunderts n. Chr. geschrieben worden, doch er könnte durchaus auch schon bis zu hundert Jahren früher entstanden sein. Wann immer es war – zusammen mit dem *Iolaos-Roman* liefert dieser Text, auch wenn die Fragmente nichts von Prosimetrum erkennen lassen, ein gewichtiges Argument dafür, dass Petrons *Satyrica* in der Tradition griechischer komisch-realistischer Romane stehen dürften. Auf die sich daraus ergebende Frage, wie man sich die zeitliche Abfolge der einzelnen Texte vorzustellen hat, komme ich noch zu sprechen.

4.3 Petron, *Satyrica*

Als Titel von Petrons Roman nennen die Kodizes *Satyricon* oder *Satiricon*, aber das ist der griechische Genitiv Plural Σατυριϰῶν zu Σατυριϰά, abhängig von *liber* (Buch; vgl. Vergils *Georgicon liber* = *Georgica*) und damit eine komische Abwandlung von Titeln wie *Ephesiaka* oder *Phoinikika*. *Satyrica* bedeutet also »Satyrische Geschichten«, und darin steckt ein doppeltes Wortspiel. Einerseits bringt es zum Ausdruck, dass Petrons Romanhandlung nicht in einer idealisierten Welt angesiedelt ist, sondern dass seine Menschen teils komische, teils realistische Züge tragen. Denn die Satyrn, die ausgelassenen, lasziven Begleiter des Weingottes Dionysos, kennt man vor allem aus dem griechischen Satyrspiel, dem vierten Stück einer tragischen Tetralogie, durch das die heroisch-pathetische Welt der Tragödie in einer partiell sehr derben Sprache persifliert und sozusagen vom hohen Kothurn auf die Erde, die ja von lasziven Menschen wimmelt, herabgeholt wird. Auf der anderen Seite evoziert *Satyrica* das lateinische Adjektiv *satiricus*, das, abgeleitet von *satira* (»Satire«; archaisch *satura*), beide Bedeutungen des erstmals von den Römern verwendeten Gattungsbegriffs aufruft: zum einen »bunte Mischung« – denn das Wort dürfte ursprünglich für eine Speise mit vielfältiger Füllung, eine Art Pastete, gestanden haben –, zum anderen »Satire«: dies insofern mit der heutigen Konnotation, als ›satirische‹ Beobachtung des *theatrum mundi* in der Regel komisch-realistisch das ›Sein‹ menschlichen Denkens und Verhaltens hinter dem oft zur Schau gestellten oder mit der Wirklichkeit verwechselten Schein aufdeckt.

Wie eine solche Desillusionierung verlaufen kann, sei gleich anhand eines Textbeispiels betrachtet. Enkolp, der den ganzen Text hindurch als Ich-Erzähler spricht, berichtet in 79,8f. über eine Nacht mit dem von ihm geliebten Knaben Giton zunächst in poetisch höchst anspruchsvollen Elfsilblern, die auf amüsante Weise das Pathos der berühmten Kussgedichte Catulls (*Carmina* 5 und 7) imitieren. Aber dann zerstört er die romantische Stimmung durch die Fortsetzung seines Berichts in Prosa und das, was er darin schildert:

> *qualis nox fuit illa, di deaeque,*
> *quam mollis torus. haesimus calentes*
> *et transfudimus hinc et hinc labellis*
> *errantes animas. valete, curae*
> *mortales. ego sic perire coepi.*
>
> *sine causa gratulor mihi. nam cum solutus mero remisissem ebrias manus, Ascyltos, omnis iniuriae inventor, subduxit mihi nocte puerum et in lectum transtulit suum, volutatusque liberius cum fratre non suo, sive non sentiente iniuriam sive dissimulante, indormivit alienis amplexibus oblitus iuris humani.*

> Götter, Göttinnen, welche Nacht erlebt' ich,
> und wie weich war das Lager! Wir umschlangen
> heiß uns, und von den Lippen eins ins andre
> gossen schweifende Seelen wir. Lebt wohl denn,
> Menschensorgen! Ich wollte so vergehen.
>
> Ohne Grund beglückwünschte ich mich. Denn als ich, vom ungemischten Wein geschwächt, meine betrunkenen Hände zurückgezogen hatte, entführte mir Askylt, der Erfinder jeder Art von Untat, heimlich in der Nacht den Knaben, trug ihn in sein Bett hinüber, wälzte sich allzu freizügig mit dem Brüderchen herum, das ihm nicht gehörte – entweder nahm es den Gewaltakt nicht wahr oder gab vor, ihn nicht wahrzunehmen –, und schlief ein in ehebrecherischer Umarmung, ohne an menschliches Recht zu denken.

Wie in dieser Szene erlebt Enkolp immer wieder Enttäuschungen im Bereich seines *sex life*. Damit hängt ein Motiv zusammen, das die *Satyrica* mit der *Kallirhoe*, den *Ephesiaka* und wahrscheinlich auch dem *Parthenope-Roman* gemeinsam hat: die Verfolgung des Liebespaars durch den Zorn eines Gottes, in diesem Falle der Aphrodite bzw. des Eros. Die komisch-realistische Entsprechung dazu ist, dass dem Protagonisten Enkolp Priapus zürnt, der als Statue mit einem überdimensionalen Phallus ausgestattete Fruchtbarkeitsgott, und ihn u. a. mit etwas bestraft, das es in der idealisierend dargestellten Liebe nicht gibt, in der sexuellen Realität allerdings umso häufiger: Impotenz (128–139).

Wie der Thule-Roman des Antonios Diogenes könnten die *Satyrica*, falls der Autor sie vollendete, nach dem Muster der Homerischen Epen 24 Bücher umfasst haben. Denn der Text, den wir haben, stammt offensichtlich aus den Büchern 13–21 und somit wohl aus einem verlorenen Kodex, der lediglich die zweite Hälfte des Romans enthielt. Leider sind die Buchgrenzen nicht mehr erkennbar (und unsere Editionen deshalb in Kapitel eingeteilt), da der Text dieser Bücher, der noch im 9. Jahrhundert vollständig vorhanden war, nur in Exzerpten überliefert ist. Der längste der Textausschnitte, das ›Gastmahl des Trimalchio‹, hat sicher in etwa denselben Umfang wie der entsprechende Abschnitt in dem älteren Manuskript und gilt auch, was die Wiedergabe des ursprünglichen Wortlauts betrifft, als einigermaßen zuverlässig. Die Exzerpte aus den Büchern 13–21 vor und nach dem ›Gastmahl‹ weisen dagegen nicht wenige Lücken von unbestimmtem Umfang und viele sprachlich verdächtige Passagen auf.

Das auf uns gekommene Textmaterial reicht jedoch dazu aus, dass man sich vom Inhalt der Bücher 13–21 ein durchaus befriedigendes Bild machen und von da aus auf das zentrale Thema des gesamten Romans schließen kann. Vermutlich das ganze Werk erzählte wie die uns zur Gänze bekannten idealisierenden Romane von den Abenteuern eines Liebespaars, hier des jungen, hübschen Enkolp und des von ihm geliebten Knaben Giton, aber diesmal in einem sozial niedrigen Milieu des Mittelmeerraums. Das Romangeschehen spielt in einer namenlosen Stadt an der Küste Kampaniens, während einer Seereise und in der unteritalienischen Stadt Kroton. Aus einem der 51 kürzeren Fragmente, die aus Quellen außerhalb der Kodizes stammen, darf man vielleicht die Vermutung ableiten, dass die beiden Protagonisten sich irgendwann auch in Massilia (Marseille) aufhielten (Frg. 1).

Gleich die Szenen vor dem ›Gastmahl des Trimalchio‹ zeigen den Liebhaber Enkolp in Schwierigkeiten, die an die Leiden des liebenden Protagonisten im idealisierenden Roman erinnern. Als er nach dem Besuch einer Rhetorenschule (wo er eine öffentliche Deklamation hört und anschließend mit dem Rhetorikprofessor Agamemnon über den Verfall der Beredsamkeit diskutiert) und nach einem Irrweg durch die Stadt in sein Quartier zurückgekehrt ist, muss er feststellen, dass sein Gefährte Askylt ein Auge auf Giton geworfen und bereits versucht hat, den Knaben zu vergewaltigen. Bevor aber die beiden Rivalen aus dieser Situation, die ein weiteres Zusammensein unmöglich macht, Konsequenzen ziehen, erleben sie zusammen mit Giton noch drei Abenteuer: 1. eine (wegen der uns nicht mehr kenntlichen Vorgeschichte nur partiell verständliche) Auseinandersetzung mit einem Bauern und seiner Frau auf dem Marktplatz, bei der die Freunde eine zuvor verlorene Tunika, in der Goldstücke eingenäht waren, zurückbekommen, 2. eine nächtliche Orgie im Hause einer Quartilla zu Ehren des Priapus mit einer Reihe obszöner Episoden, die uns von den frühmittelalterlichen Exzerptoren besonders lückenhaft überliefert wurden, 3. das Gastmahl des Trimalchio.

Die ›*Cena Trimalchionis*‹ steht in einer älteren literarischen Tradition als der des Romans. Sie evoziert das Gastmahl in Platons *Symposion*, bei dem sich die Teilnehmer statt mit Musik- und Tanzdarbietungen durch Gespräche und Reden über ein bestimmtes Thema unterhalten. Essen und Trinken dienen lediglich als Vorwand und Hintergrund für die Lehren, die durch die Diskussionen von Gastgeber und Gästen an die Leser:innen vermittelt werden. Petron dagegen verwendet beide Elemente, die Abfolge der Speisen und Getränke auf der einen und die Reden und Dialoge auf der anderen Seite zu einer ebenso farbigen wie grotesken Schilderung der Lebens- und Denkart einer bestimmten Schicht der römischen Gesellschaft: der zu Vermögen und Einfluss gelangten Freigelassenen. Trimalchio ist ein teils in komischer Verzerrung, teils realistisch gezeichneter Parvenü. Er wartet mit immer wieder neuen kulinarischen Genüssen protzig auf, demonstriert aufdringlich sein Halbwissen durch skurrile Erörterungen über Astrologie, Medizin, Rhetorik, Mythologie, bildende Kunst und Literatur und führt seinen Gästen unbekümmert Szenen aus seinem Privatleben vor, u. a. den Austausch von Zärtlichkeiten mit einem Knaben und einen heftigen Streit mit seiner Frau. In einer Verlesung seines Testaments und der Generalprobe zu seiner eigenen Bestattung erreichen diese Geschmacklosigkeiten ihren Höhepunkt.

Zwischen Trimalchios Shownummern sind die Gespräche anderer Freigelassener über die Alltagsprobleme mit ihrem Beruf, den Nahrungsmittelpreisen, der Erziehung ihrer Kinder usw. eingestreut. Dabei scheut Petron sich weder hier noch bei Trimalchios Salbadereien davor, in einer für die antike Literatur beispiellosen Weise das von diesen ehemaligen Sklaven gesprochene Vulgärlatein der frühen Kaiserzeit nahezu naturgetreu wiederzugeben. Die Porträts der Freigelassenen in den *Satyrica* gehören deshalb zu den faszinierendsten Psychogrammen der narrativen Prosa des Altertums.

Die Handlung wird nach der *Cena* mit der vorübergehenden Trennung des Paars Enkolp/Giton fortgesetzt, da der Knabe, als die zwei Rivalen sich gegenseitig Gewalt androhen, zur Wahl eines der beiden aufgefordert, sich überraschend für Askylt entscheidet und mit ihm zusammen seinen bisherigen Liebhaber verlässt. In der Zeit bis zum Wiedersehen mit Giton lernt Enkolp in einer Gemäldegalerie Eumolp kennen, einen heruntergekommenen Gelegenheitspoeten in vorgerücktem Alter. Dieser erzählt ihm von seinem sexuellen

Abenteuer mit einem Knaben in Pergamon – das ist die eine von zwei längeren Novelleneinlagen (Kap. 85–87) –, hält ihm einen Vortrag über Bildung und bildende Künste und liefert zu einem Gemälde, das den Untergang Trojas darstellt, eine Beschreibung in 65 jambischen Senaren (Kap. 89), dem häufigsten Sprechvers des römischen Dramas. Obwohl der neue Freund sich nach Gitons Rückkehr ebenso wie Askylt, der bald darauf aus dem Roman verschwindet, für den Knaben interessiert und dadurch einen Suizidversuch des Enkolp verursacht, bleibt man zusammen und geht zu dritt an Bord eines Schiffs. Erst auf hoher See entpuppen sich der Schiffseigentümer Lichas und seine Passagierin Tryphaena als alte Feinde Enkolps. Die nicht zu verhindernde Begegnung und die wechselseitige Wiedererkennung führen zunächst zu einer Prügelei, aber man versöhnt sich rasch.

Daraufhin gibt Eumolp seine zweite Novelle zum Besten, die Geschichte von der Witwe von Ephesus (Kap. 111f.), einer für ihre Keuschheit weithin bekannten Frau, die gleich nach dem Tode ihres Mannes beschließt, den Rest ihrer Tage bei dem Leichnam in einer Grabkammer zu verbringen, sich dort jedoch von einem Soldaten zum Sex überreden lässt. Dieser hat in der Nähe der Gruft Wache gehalten, um zu verhüten, dass einige gekreuzigte Verbrecher von ihren Angehörigen bestattet werden. Als das während einer Liebesnacht des Soldaten mit der Witwe in einem Falle dann doch noch geschieht, bietet sie den Leichnam ihres Mannes als Ersatz an.

Sturm und Schiffbruch reißen die eben Versöhnten wieder auseinander. Auf der Weiterreise nach Kroton rezitiert Eumolp seinen Gefährten Enkolp und Giton ein kurz zuvor verfasstes Epos über den Bürgerkrieg Caesars gegen Pompeius in 295 Hexametern (119,1–124,1). Eumolp gibt sich an dem neuen Aufenthaltsort, wo ausschließlich Erblasser und Erbschleicher wohnen, als kinderloser, kränkelnder Besitzer riesiger Reichtümer in Afrika aus und macht sich bei den Leuten von Kroton entsprechend beliebt. Währenddessen erlebt Enkolp das Vorspiel zu Sex mit einer Dame namens Circe, der aber dann nicht stattfindet, weil den jungen Mann plötzlich (die oben erwähnte) Impotenz befällt. Nach zwei weiteren Szenenfolgen, in denen die Priesterin Oenothea, eine unansehnliche Vettel, Enkolp durch allerlei Hokuspokus von seinem Leiden zu heilen bemüht ist und Eumolp verkündet, Voraussetzung, ihn zu beerben, sei das Verzehren seines Leichnams, brechen die Exzerpte jäh ab.

Auch aus der kurzen Übersicht dürfte erkennbar sein, dass Petron für den Aufbau seines Erzählwerks eine ganze Reihe von Motiven des idealisierenden Romans verwendet. Wie er diese ins Komische verzerrt, sei außer an der bereits S. 72f. betrachteten Sturmszene (114,10) anhand von zwei weiteren Beispielen demonstriert. 1. Selbstmordversuch und Scheintod: Als Eumolp wieder einmal Giton offen nachstellt und dann zusammen mit ihm Enkolp allein lässt, will dieser sich aufhängen. Giton und Eumolp erscheinen plötzlich, der Knabe schreit, entreißt dem Diener Eumolps ein Rasiermesser, durchstößt damit zweimal seinen Hals und sinkt zu Boden. Als der deswegen noch mehr verzweifelte Enkolp sich ebenso damit töten will, bemerkt er, dass Giton unversehrt ist, da das Messer eine von Barbierlehrlingen benutzte Attrappe war (Kap. 94). 2. Wiedererkennung: Auf dem Schiff identifiziert Lichas den von ihm einst geliebten und inzwischen gehassten Enkolp – dieser hat sich aus Angst vor ihm als Sklave verkleidet und eine Glatze schneiden lassen – nicht wie sonst in antiken Wiedererkennungsszenen aufgrund einer Narbe oder eines Muttermals, sondern seines Penis (105,9).

Schon zu Beginn des Kapitels wies ich darauf hin, es biete sich an, Szenen wie diese so zu interpretieren, dass man in ihnen das heroische Pathos typischer Episoden des idealisierenden Romans durch Übertreibung ins Lächerliche gezogen, mit der nüchternen Wirklichkeit der Welt der *Satyrica* konfrontiert und so als hohl entlarvt sieht. Ob man aus einer solchen Interpretation nun auch Folgerungen für die Genese des Gattungstyps ›komisch-realistischer Roman‹ ziehen kann oder nicht – ein literarisches Spiel wird hier, wie jetzt noch deutlicher geworden sein sollte, auf jeden Fall getrieben. Deshalb darf man fragen, ob Petron seine Leser:innen damit einfach unterhalten wollte, oder ob er seine Art der Darstellung als ein Mittel begriff, einer spezifischen Weltsicht Ausdruck zu verleihen. Eine Antwort ist nicht einfach, vielleicht sogar unmöglich, da wir ja das gesamte Geschehen in dem überlieferten Text aus der Perspektive des Ich-Erzählers geschildert bekommen, so dass der Autor nirgends direkt spricht (auch nicht in 132,15, wie manche Erklärer annehmen). Die Wirkungsintention Petrons steckt also allein in der Präsentation der fiktionalen Realität durch Enkolp. Selbst die historische Gestalt, die sich hinter dem von ihr geschaffenen *narrateur* verbirgt, ist uns, wie ich jetzt zeigen möchte, nicht greifbar.

Der Geschichtsschreiber Tacitus berichtet in seinen *Annalen* (16,17,1; 18,1–20,1) von einem Titus (?) Petronius, der sich nach seiner Tätigkeit als Prokonsul von Bithynien und dann als Konsul im engsten Freundeskreis Neros an dessen Hof als »oberste Instanz in Fragen des feinen Geschmacks« (*elegantiae arbiter*) hervorgetan habe. Dafür sei er bestens qualifiziert gewesen, weil er es verstanden habe, sein überwiegend dem Genuss gewidmetes Dasein nicht als Verschwender, sondern mit »kultiviertem Aufwand« (*erudito luxu*) zu verbringen. Ein Neider habe es jedoch dahin gebracht, dass dieser Mann, dessen Taten und Worte, »je zügelloser sie waren und eine gewisse Nachlässigkeit sich selbst gegenüber an den Tag legten, umso lieber als Ausdruck von Aufrichtigkeit akzeptiert« worden seien, bei Nero in Ungnade fiel. Da habe Petronius (im Jahre 66 n. Chr.) Selbstmord durch Aufschneiden der Pulsadern begangen, sei aber auch dabei noch seinem bisherigen Charakter treu geblieben, indem er sein

Sterben durch vorübergehendes Abbinden der Wunden verzögert, statt eines philosophischen Vortrags über die Unsterblichkeit der Seele schlüpfrige Lieder und gefällige Verse angehört und danach gespeist habe, worauf er im Schlaf gestorben sei. Dem Kaiser sei von ihm eine Schrift über dessen sexuelle Ausschweifungen mit namentlicher Nennung der daran beteiligten Lustknaben und Frauen sowie des Neuartigen jeder sexuellen Handlung geschickt worden. Die *Satyrica* erwähnt Tacitus jedoch nicht.

Sorgfältige Analyse des Romans hat zu beweisen versucht, dass seine Entstehung sowohl wegen einer Reihe von Anspielungen auf historische Personen und bestimmte soziale und ökonomische Gegebenheiten als auch wegen seiner engen sprachlichen Berührungen mit inschriftlichen und literarischen Dokumenten der Mitte des 1. Jahrhunderts tatsächlich in die Zeit Neros datiert werden kann. Heute gilt deshalb die Identität des »Petronius Arbiter« – diesen Namen geben die Kodizes dem Autor – mit dem *elegantiae arbiter* Petronius bei Tacitus allgemein als gesichert. Autor und Werk passen ja auch gut zusammen. Vielleicht zu gut? Im Grunde ist es ein Zirkelschluss, wenn man sagt: Wer ein solches Lotterleben wie Neros Höfling geführt hat, eignet sich vorzüglich als Verfasser eines Werks voller Sex, und dieses Werk wiederum, für dessen Datierung in die neronische Epoche es viele Argumente gibt, kann nur von dem genussfrohen Petron des Tacitus stammen.

Es ist also bei der Gleichsetzung des Petrons bei Tacitus mit unserem Romancier auch Wunschdenken im Spiel. Ich halte es jedenfalls mit mehreren Autoren von Aufsätzen zur Datierungsfrage, die in jüngerer Zeit erschienen, für mehr als wahrscheinlich, dass ein uns unbekannter Autor bald nach der Mitte des 2. Jahrhunderts – mit guten Gründen hat man sogar schon an etwa 120 n. Chr. gedacht –, sich seinen Leser:innen gegenüber als eben dieser ›gut passende‹ Mann ausgab, wobei er den Beinamen Arbiter von der Bezeichnung des Tacitus für Petrons ›Hofamt‹ ableitete und das fiktionale Geschehen unter Nero ablaufen ließ. Wir hätten dann wie in mehreren idealisierenden Romanen und im *Protagoras-Roman* eine historische Einkleidung und zugleich wieder einen Kontrast vor uns, den man durchaus komisch finden kann: Griechenlands glorreicher demokratischer Vergangenheit wäre die Epoche eines römischen Kaisers konfrontiert, welcher nach seinem Tod als der Tyrann par excellence galt. Eine Datierung der *Satyrica* ins 2. Jahrhundert n. Chr.– die früheste erhaltene Erwähnung ist auf etwa 200 zu datieren (Terentianus Maurus, *De metris* GL VI p. 399 u. 409) – würde es auch leichter vorstellbar machen, dass »Petronius Arbiter« mit der Romantradition spielt. Er hätte dann nicht allein mehrere idealisierende Romane, sondern überdies Texte wie den *Iolaos*- und den *Protagoras-Roman* sowie die *Metamorphosen* des Lukios von Patrai kennen können.

Doch selbst wenn Petrons Roman etwa in den sechziger Jahren des 1. Jahrhunderts n. Chr. entstanden sein sollte, wäre möglich, dass sein Autor mindestens einen idealisierenden Roman – z. B. Charitons *Kallirhoe* oder den *Parthenope-Roman* (der ja wie die *Satyrica* ein das *Symposion* Platons ins kulturelle Gedächtnis rufendes Gastmahl enthält) und einen komisch-realistischen Roman in griechischer Sprache kannte, auf jeden Fall die *Milesiaka*. Für die Suche nach der Wirkabsicht Petrons, der, wie man sieht, als historische Person nicht zweifelsfrei identifiziert werden kann, genügt es zunächst einmal zu konstatieren, dass er sein Werk dem Genre des Romans einschreibt und dass er seine komisch-realistisch dargestellte Welt mit der idealisierten der Romane vom Typ der *Kallirhoe* kontrastiert.

Charakteristisch für die Welt der *Satyrica* ist es, wie gesagt, dass die in ihr agierenden Menschen einschließlich des Ich-Erzählers Enkolp nicht zwischen Schein und Sein zu differenzieren vermögen. Enkolp sehnt sich nach der Zeit zurück, in der es noch erhabene, klassische Literatur gab, und deshalb sieht er die Realität immer wieder im Lichte der Handlungsmuster, die ihm die großen Werke des Epos und der Tragödie vorgeben. So kann er sich wie Chaireas bei Chariton (s. o. S. 55f.) in mythische Rollen, etwa die eines Achilleus, versetzen, gerät dabei aber im Gegensatz zu dem Protagonisten des idealisierenden Romans regelmäßig in peinliche und entsprechend lächerliche Situationen. Petron, der Enkolp so agieren und darüber berichten lässt, betrachtet solche Szenen und Enkolps Darstellung seines Verhaltens offenbar mit Ironie und macht die Leser:innen dabei zu seinen ›Komplizen‹.

Es ist also diese ironische Sicht auf das Romangeschehen und dessen Erzähler, aus der wir erschließen können, welche Haltung der »versteckte Autor«, wie Gian Biagio Conte (1997) ihn nennt, gegenüber der Welt der *Satyrica* einnimmt. Die Diskrepanz zwischen Schein und Sein bei einer Aktion des Enkolp zeigt z. B. die Szene in Kapitel 82, in der er, nachdem Giton ihn mit Askylt verlassen hat, mit dem Vorsatz, die beiden zu bestrafen, sich wie ein epischer Held – man denkt vor allem an den vergilischen Aeneas – »mit einem Schwert die Seite« gürtet und, »auf nichts anderes als auf Mord und Blut« sinnend, durch die Stadt streift, bis er einem echten Soldaten begegnet, der ihn wegen seines unmilitärischen Schuhwerks auslacht, ihm die Waffe abnimmt und so dem pseudoheroischen Auftritt ein Ende setzt.

Was das von fehlender Erkenntnis der Realität geprägte Verhalten der übrigen Personen des Romans betrifft, bietet besonders das Gastmahl des Trimalchio gute Beispiele. Man hat gesagt, Petrons Werk sei eine einzige Aufforderung an das Lesepublikum, »Lust am Leben« zu empfinden. Trimalchio selber spreche sie ja aus (34,6–10):

statim allatae sunt amphorae vitreae diligenter gypsatae, quarum in cervicibus pittacia erant affixa cum hoc titulo: 'Falernum Opimianum annorum centum.' dum titulos perlegimus, complosit Trimalchio manus et 'eheu' inquit 'ergo diutius vivit vinum quam homuncio. quare tangomenas faciamus. vinum vita est. verum Opimianum praesto. heri non tam bonum posui, et multo honestiores cenabant.' potantibus ergo et accuratissime nobis lautitias mirantibus laruam argenteam attulit servus sic aptatam, ut articuli eius vertebraeque luxatae in omnem partem flecterentur. hanc cum super mensam semel iterumque abiecisset et catenatio mobilis aliquot figuras exprimeret, Trimalchio adiecit:

'eheu nos miseros, quam totus homuncio nil est!
sic erimus cuncti, postquam nos auferet Orcus.
ergo vivamus, dum licet esse bene.'

Auf der Stelle brachte man Glasamphoren, die sorgfältig mit Gips versiegelt und an deren Hälsen Etikette mit folgender Aufschrift befestigt waren: »Falerner aus dem Jahr des Opimius, hundertjährig.« Während wir die Aufschriften durchlasen, klatschte Trimalchio in die Hände und sagte: »Oh weh, also lebt der Wein länger als ein Menschlein. Darum wollen wir uns zuprosten. Wein ist Leben. Echten Opimianer kredenze ich. Gestern habe ich keinen so guten vorgesetzt; dabei speisten viel vornehmere Leute bei mir.« Während wir also tranken und sehr eingehend den raffinierten Luxus bewunderten, brachte ein Sklave ein silbernes Skelett herein, welches so zusammengesetzt war, dass man seine Glieder und sein Rückgrat, die locker angebracht waren, in jede Richtung biegen konnte. Als er dieses ein, zwei Mal auf den Tisch geworfen hatte und der bewegliche Mechanismus allerlei Figuren bildete, bemerkte Trimalchio dazu:

»Ach wir Elenden, wie doch das ganze Menschelein nichts ist!
So sein werden wir alle, nachdem uns der Orkus tät wegholn.
Drum lasst uns leben, solang möglich das Wohlsein ist noch.«

Auf den ersten Blick erinnert Trimalchios Aufforderung zum Leben (auch wenn seine Verse nicht die schönsten sind) an epikureische Todesverachtung und das horazische *carpe diem* (»Nutze den Tag«). Aber das, was Trimalchio und die anderen Freigelassenen als ›Leben‹ begreifen, ist ein rein materialistisches Streben nach immer mehr Besitz sowie hemmungsloses Genießen der ausgesuchtesten Speisen und Getränke, nicht etwa ein besonnener Modus Vivendi, wie Epikur ihn als Alternative zur Todesfurcht empfiehlt. Allein schon das Wortspiel in dem Hexameter impliziert, dass man Trimalchios moralphilosophisch klingende Äußerung nicht ernst nehmen soll: *homuncio nil est* kann außer »das Menschelein ist nichts« auch »das Menschlein isst nichts« (*est* < *edit*) bedeuten; Trimalchio will mithin einfach sagen, das vor ihm auf dem Tisch liegende »Menschelein« bestehe nur aus Knochen, weil es keine Nahrung zu sich genommen habe, und deshalb müsse man jetzt gut *essen*, so lange es noch geht. Und seine Aufforderung zu »leben« klingt, weil das zweimal in *vivere* enthaltene *v* in der Kaiserzeit nicht mehr wie früher als *double-u*, sondern als *v* wie in ›Vase‹ gesprochen wurde und dem *b* sehr ähnelte, wie eine Aufforderung zum Trinken (*bibere*).

Die Vergänglichkeit aller Freuden wird also durch einen Kalauer überspielt. Aber das *Memento mori* des zitierten Textes ist, wie die Leser:innen wissen, angesichts der Lebenswirklichkeit kein Witz. In der *Cena* ist es sogar Glied einer Kette von Bezügen auf den Tod, mithin ein Leitmotiv. Denn das Gastmahl entwickelt sich über eine Reihe von Passagen, in denen das Sterben thematisiert wird, mehr und mehr zum Totenmahl für Trimalchio, der am Schluss sogar die Trauer um seinen Leichnam probt. Bei genauer Betrachtung der Intertextualität der *Cena* ergibt sich, dass der Ort des Gastmahls, das Haus eines Mannes mit großem Reichtum (griech. πλοῦτος), die von Pluto regierte Unterwelt evoziert, so dass der Besuch Enkolps bei Trimalchio für die Katabasis eines epischen Helden steht. Ähnlich wie an der eben zitierten Stelle (34,10) ermahnt die Magd der Witwe von Ephesus ihre Herrin zu »leben« (111,12), womit sie erreicht, dass die Witwe mit dem Soldaten schläft. Doch das geschieht in einer Grabkammer, noch dazu derjenigen ihres Mannes. Gewiss, auch der Drang, das Dasein auszukosten, ist ein häufiges Thema der *Satyrica*. Doch es wird uns ständig vor Augen geführt, wie diejenigen, die sich dem *bene vivere* hemmungslos hingeben, Schein und Sein nicht voneinander unterscheiden.

Man könnte nun meinen, die Wirkabsicht Petrons sei, das Lesepublikum solle die Situationen, in denen dieses mangelnde Differenzierungsvermögen sich manifestiert, nicht allein als komisch, sondern zugleich als abschreckend empfinden, den Roman somit als Moralsatire rezipieren. Doch beweisen kann man das nicht. Natürlich bleibt es jedem unbenommen, aus den *Satyrica* Lehren zu ziehen. Aber taten das auch die zeitgenössischen Leser:innen? Wir wissen es nicht. Wie schwer es fällt, die indirekte *message* des Textes zu erfassen, demonstriert besonders deutlich die Vielfalt der bisher vorgelegten Interpretationen der beiden großen Verseinlagen, der ›Einnahme Trojas‹ (89), die ein sich und seine Landsleute tadelnder Trojaner erzählt, und des stark moralkritischen ›Bürgerkriegs‹ (119–124). Man mag davon ausgehen – explizit gesagt wird das nicht –, dass der Referenztext im ersten Fall außer Buch 2 von Vergils *Aeneis* das Tragödienkorpus Senecas, im zweiten Fall Lucans *Pharsalia* ist; dies wäre dann auch ein Argument für die Datierung der *Satyrica* in die neronische Zeit, in der die beiden Dichter lebten. Es würde freilich ebenso gut zur Fiktion eines in der Ära des letzten Kaisers der julisch-claudischen Dynastie spielenden ›historischen‹ Romans passen, dass der Autor auf Texte der zwei prominentesten damals lebenden Dichter angespielt.

Doch was könnte Petron mit der Einlage der beiden langen poetischen Texte implizit sagen wollen? Offenkundig präsentiert er uns ein Maximum an tragischem und epischem Pathos, doch für die einen will er die Referenztexte damit dichterisch überbieten, für die anderen parodieren. Nehmen wir einmal an, dass die zweite Möglichkeit zutrifft. Das würde damit kongruieren, dass Petron, wie gerade gesehen, auch tragisches und episches Pathos im Verhalten Enkolps (und anderer) lächerlich macht und damit den Unterschied zwischen Schein und Sein erkennen lässt. Aber falls wir daraus etwas lernen sollen, was wäre dann die Erkenntnis, welche den zeitgenössischen Leser:innen durch die Persiflage von Versen Senecas und Lucans hätte vermittelt werden können?

Es ist zu bedenken, dass ›*Troiae Halosis*‹ und ›*Bellum civile*‹ in der Fiktion des Romans ›Werke‹ desselben Autors sind wie die beiden Novellen ›Der Ephebe von Pergamon‹ und ›Die Witwe von Ephesus‹, nämlich Eumolps. Ferner, dass wir von *reader response* erfahren: Auf Eumolps Rezitation einer der beiden Dichtungen, der ›*Troiae Halosis*‹, reagieren einige Zuhörer mit Steinwürfen (90,1), während nach dem Ende seiner auf dem Schiff vorgetragenen Erzählung der Geschichte von der Witwe die Matrosen lachen, Tryphaena errötend ihr Gesicht an Gitons Nacken schmiegt, sich also durch die frivole Thematik angesprochen zeigt, und Lichas moralische Entrüstung über das Handeln der Witwe äußert (113,1f.). Tragisches Pathos hat nur eine Wirkung: Es stößt auf empörte Ablehnung, und der Dichter, der es verströmt, ist als Zielscheibe für Wurfgeschosse ebenso komisch wie der pseudoheroische Enkolp, dem der Soldat das Schwert abnimmt. Romanhafte Prosa dagegen – denn das bietet die Novelle von der Witwe – wird teils als amüsante oder erotisch anregende Unterhaltung, teils als moralisches Exempel ›gelesen‹.

Wir sollten daraus für die Autorintention vielleicht nicht mehr folgern als dies: Tragische und epische Verse, wie Eumolp sie vorträgt, sind so lächerlich wie real existierende Menschen in tragischen und epischen Posen, während die fiktionale Erzählprosa Interesse verdient, weil sie Unterhaltung bietet, die geistreich ist, allein schon wegen der reichen Intertextualität, und die, wenn man will, lehrreich sein kann. Das, so meine ich, darf man aus dem Vergleich der beiden großen Verseinlagen mit den beiden erotischen Novellen als eine implizite metaliterarische Aussage des ›versteckten Autors‹ herauslesen.

4.4 Die drei ›Eselsromane‹

Bei den nun zu betrachtenden drei ›Eselsromanen‹ handelt es sich um zwei griechische und einen lateinischen: 1. die allein durch eine Inhaltsangabe des Patriarchen Photios (cod. 128; 9. Jh. n. Chr.) bekannten *Metamorphosen* des Lukios von Patrai, 2. den unter den Werken Lukians von Samosata überlieferten und ihm auch von Photios zugeschriebenen *Lukios oder Der Esel*, 3. den vollständig auf uns gekommenen lateinischen Roman *Der goldene Esel oder Metamorphosen* des Apuleius. Den hermeneutischen Schwierigkeiten, mit denen uns die *Satyrica* konfrontieren, sind diejenigen, welche die beiden erhaltenen ›Eselsromane‹ bereiten, in mehrfacher Hinsicht vergleichbar. Sie ergeben sich wie bei Petrons Text aus der Art der Darbietung. Denn den phantastischen Bericht über einen jungen Thessalien-Reisenden, der wegen seiner Neugier auf Unterweisung in magischen Künsten in einen Esel verwandelt wird und vor der Wiedererlangung seiner menschlichen Gestalt eine Serie von Abenteuern durchläuft, präsentiert uns sowohl in der griechischen als auch in der lateinischen Version einmal mehr nicht ein auktorialer *narrateur*, sondern der Protagonist, der Lukios bzw. Lucius heißt, als Ich-Erzähler. Außer dem sich damit stellenden Problem ergibt sich ein weiteres sehr schwieriges aus der Frage, in welchem Verhältnis die drei ›Eselsromane‹ zueinander stehen; sie verdient eine ausführliche Beantwortung.

Lukios oder Der Esel (Λούκιος ἢ Ὄνος), im Folgenden *Onos*, hat die Länge etwa eines Buches, elf Bücher dagegen umfasst der Roman des Apuleius; er trug vermutlich die beiden oben genannten Titel *Der goldene Esel* und *Metamorphosen*, wobei nicht recht klar ist, was der erste bedeutet; ich verwende hier nur den zweiten. Bei Apuleius wird das eigentliche Romangeschehen durch eingeschaltete Novellen bereichert – darunter die sich über rund zwei Bücher erstreckende Geschichte von Amor und Psyche (4,28–6,24) –, im *Onos* dagegen fehlen solche Einlagen ganz. Doch die Lukios-Handlung dieses Textes stimmt bis unmittelbar vor der Rückverwandlung mit der Lucius-Handlung bei Apuleius inhaltlich im Wesentlichen überein und berührt sich mit dem lateinischen Text nicht selten sogar in der Formulierung; einige Abschnitte allerdings sind in den lateinischen *Metamorphosen* erweitert bzw. anders erzählt als im *Onos*. Das Geschehen nach der Rückverwandlung wird dann denkbar unterschiedlich geschildert. Der griechische Autor lässt den Ich-Erzähler in seiner wiedergewonnenen menschlichen Gestalt noch ein letztes Abenteuer erleben und danach in seine Heimat Patrai zurückkehren. Im Roman des Apuleius dagegen verbindet sich die in Buch 11 zu lesende Entzauberung des Lucius mit einer in allen Einzelheiten vergegenwärtigten Weihe des Erlösten zum Jünger der Mysteriengottheiten Isis und Osiris.

Den verlorenen ›Eselsroman‹ bezeichnet Photios als Λουκίου Πατρέως μεταμορώσεων λόγοι διάφοροι (»einige Bücher der *Metamorphosen* des Lukios von Patrai«). Da der Ich-Erzähler im *Onos* sich ebenfalls so nennt, ist unklar, ob der Name zum Werktitel gehörte – dann hätte der Text dem Photios ohne Angabe des realen Autors vorgelegen – oder ob der reale Autor so hieß. War es in der Antike möglich, dass jemand ›schriftlich‹ von sich sagte, er sei in einen Esel verwandelt worden? Wir wissen es nicht. Immerhin ist zu bedenken, dass in Lukians Bericht über eine phantastische Reise, den *Wahren Geschichten* (s. o. S. 14f.), der reale Autor genauso heißt wie der Ich-Erzähler. Also kann man das für Lukios von Patrai und die griechischen *Metamorphosen* keineswegs kategorisch von der Hand weisen.

Der Patriarch vergleicht in seinem Bericht die griechischen *Metamorphosen* mit »Lukians« *Lukios oder Der Esel* und stellt dabei fest, dass er es mit zwei voneinander irgendwie abhängigen Versionen zu tun hat. Seine Bemerkungen zu Inhalt und Bucheinteilung der verlorenen griechischen *Metamorphosen*, zu ihrem Stil und zum jeweiligen Umgang der zwei Autoren mit ihrem Sujet haben der Gräzistik seit über 250 Jahren immer wieder Kopfzerbrechen bereitet. Aber heute besteht unter der Mehrheit der Forscher:innen folgender Konsens über das Verhältnis der beiden griechischen Fassungen untereinander und zu derjenigen des Apuleius: Die griechischen *Metamorphosen* hätten denselben Stoff wie der *Onos* und die *Metamorphosen* des Apuleius behandelt. Diesem Autor habe der verlorene Text als direkte Vorlage gedient, während der *Onos* eine von einem Pseudo-Lukian angefertigte Epitome (Kurzfassung) sei. Letzteres könne man auch aus der Information des Patriarchen erschließen, den ersten beiden Büchern der griechischen *Metamorphosen* entspreche das eine Buch des *Onos*, weil »Lukian« aus dem anderen Text weggenommen habe, »was ihm für seinen eigenen Zweck nicht nützlich erschien.«

Man ist auch nahezu einhellig überzeugt, das Ende der griechischen *Metamorphosen* sei mit dem des *Onos* identisch gewesen, und das Isisbuch der lateinischen *Metamorphosen* gehe demnach auf eine Änderung des Apuleius zurück. Uneinigkeit herrscht in der Frage, ob die Originalversion eingefügte Erzählungen hatte oder nicht. Quellenpositivistische Analyse früherer Zeiten suchte mit viel detektivischem Scharfsinn nach ›Schnittstellen‹ in der Epitome, meinte solche zu entdecken und leitete vor allem daraus ab, die meisten Novellen im Apuleius-Text – ›Amor und Psyche‹ allerdings nicht – müssten in den griechischen *Metamorphosen* ein Vorbild gehabt haben. Die jüngere Forschung neigt dagegen eher zu der Ansicht, nur Apuleius habe die Haupthandlung durch Novellen erweitert, und begründet das u. a. damit, dass alle diese Geschichten thematisch mehr oder weniger eng auf den religiösen Schluss, zu dem die Haupthandlung allein in den lateinischen *Metamorphosen* geführt werde, bezogen seien. Trifft es aber wirklich zu, dass der Lukios der griechischen *Metamorphosen* nicht von Isis zurückverwandelt und in ihre Mysterien eingeweiht wurde?

Es ist zu bedenken, dass Photios über den Autor der griechischen *Metamorphosen* aussagt, er meine es mit seiner Erzählung ernst und halte die Transformationen von Menschen in andere Gestalten und Tiere für real, während »Lukian« in seiner Version wie auch sonst über griechischen Aberglauben spotte. Das hat Stefan Tilg zu einer Untersuchung darüber veranlasst, ob der Lukios des verlorenen Textes nicht doch wie Lucius nach der Wiedererlangung seiner menschlichen Gestalt zum Isis-Jünger wurde (2014, 7–14). Das Resultat ist, es müsse so gewesen sein, und Tilg kann zur Stütze seiner für mich sehr plausiblen These zwei antike christliche Texte heranziehen, die griechische *Historia Lausiaca* des Palladios (um 420 n. Chr.) und das apokryphe syrische *Kindheitsevangelium* (5. oder 6. Jh. n. Chr.), in denen jemand in ein Tier (ein Pferd bzw. ein Maultier) verwandelt und durch ein Wunder zurückverwandelt wird, also eine Entsprechung zum Schluss der griechischen *Metamorphosen* vorliegt. Ich verweise zusätzlich auf den Äsop der fiktionalen Vita, der Sklavendienste leistet wie Lukios/Lucius als Esel und wie dieser mit seinem großen Penis eine laszive Frau befriedigt, und ihn verwandelt Isis von einem Stummen in einen talentierten Fabelerzähler. Im frühen 2. Jahrhundert n. Chr. verfasst, steht der *Äsop-Roman* dem verlorenen ›Eselsroman‹, den Tilg mit gutem Grund noch vor das späte 1. Jahrhundert n. Chr. datiert, zeitlich näher als die beiden christlichen Werke.

Daraus ergibt sich die, wie ich meine, große Wahrscheinlichkeit, dass in den griechischen *Metamorphosen,* in denen, wie der Patriarch schreibt, Buch 1 und 2 inhaltlich dem *Onos* entsprachen, in einem oder zwei nachfolgenden Büchern ein religiöses Finale präsentiert wurde wie in Buch 11 der lateinischen *Metamorphosen*. Der Autor des *Onos* hätte dann, laut Photios um Verhöhnung von Aberglauben bemüht, bei der Bearbeitung seiner Vorlage alles weggelassen, was für sein Konzept nutzlos war, also nicht mechanisch ›epitomiert‹, wie es die *communis opinio* sieht; das wiederum würde bestens zu Lukian passen, da dieser auch in anderen Werken mit religiösem Wahn seinen Spott treibt, wie der Patriarch richtig notiert. Nun trauen ihm, dem vielseitigen Stilisten, viele die in Lexik und Syntax monotone, geradezu vulgäre Sprache des *Onos* nicht zu. Dem ist zu erwidern, dass Lukian ein Sprachvirtuose ist und daher unbedingt die Fähigkeit besaß, einen (vermutlich) religiös erbaulichen Text in einen frivolen zu verwandeln und das mit einer darauf zugeschnittenen Diktion zu verbinden; wenn er sich ab und zu ähnlich ausdrückt wie Apuleius, der die verlorenen *Metamorphosen* adaptiert haben dürfte, muss das ja nicht bedeuten, dass die Wortwahl des *Onos* mit der seines Prätextes identisch war. Man kann also Lukian als Autor des *Onos* keineswegs ausschließen.

Ich gebe nun eine Inhaltsübersicht, in der ich den *Onos* und die lateinischen *Metamorphosen* dort, wo sie übereinstimmen, zusammennehme, dabei aber die wichtigsten Abweichungen nenne; die vom *Onos* abweichenden Namen setze ich in eckige Klammern.

Der auf übernatürliche Vorgänge neugierige Lukios/Lucius ist zu Beginn der Handlung in Hypata in Thessalien Gast bei dem Geizhals Hipparchos [Milo], dessen Frau heimlich zaubert. Deren Sklavin Palaistra [Photis], mit der Lukios/Lucius mehrere Nächte voll sexueller Freuden verbringt – die erste schildern sowohl (Pseudo?-)Lukian als auch Apuleius ausführlich –, verschafft ihm eine Gelegenheit, ihrer Herrin unbemerkt dabei zuzusehen, wie sie sich in einen Vogel verwandelt und davonfliegt. Er will es der Frau nachtun, benutzt aber die falsche Hexensalbe und wird zum Esel mit unverändertem Denken und Fühlen. Bei Apuleius hört Lucius vor seiner Metamorphose zwei längere Geschichten über Hexenkünste, die ihn implizit ebenso vor seiner Neugier auf dergleichen warnen wie ein Erlebnis, bei dem er selbst – sozusagen zur Probe – als Opfer von Hexerei herhalten muss: Drei im Dunkel der Nacht vor dem Haus seines Gastgebers auf ihn eindringende Gestalten, die er für Räuber hält und mit seinem Schwert einige Male durchbohrt, entpuppen sich am nächsten Tag als Ziegenschläuche, die durch die magischen Künste der Frau des Hipparchos [Milos] vorübergehend vitalisiert worden waren. Nach seiner Verwandlung wird Lukios/Lucius von Räubern, die bei seinem Gastgeber einbrechen, als Lasttier mitgenommen und in deren Lager gebracht. Apuleius berichtet über das Geschehen bis zu diesem Punkt in drei Büchern, der *Onos* in 20 von 56 Kapiteln.

Das Räuberlager ist die erste Station auf einem langen Leidensweg des Lukios/Lucius von Hypata bis Thessalonike [Korinth]. Dabei wechselt er mehrfach die Besitzer, die ihn in dem Glauben, es mit einem richtigen Esel zu tun zu haben, auf jede nur mögliche Art quälen, mit Kastration und Tod bedrohen oder ihr Spiel mit ihm treiben. Er muss sich dem allen unterziehen, weil ihm immer wieder misslingt, an Rosen heranzukommen, deren Verzehr allein die Entzauberung bewirken kann. So lernen wir im Anschluss an die Räuberepisode nacheinander u. a. eine Gruppe von Priestern der syrischen Göttin, einen Müller, einen Gärtner, einen römischen Soldaten und schließlich in Thessalonike [Korinth] einen Zuckerbäcker, einen Koch und deren reichen Herrn Menekles [Thiasus] kennen. Als dieser von seinen beiden Bediensteten erfährt, dass der vermeintliche Esel sich wie ein Mensch benehmen könne, lässt er Lukios/Lucius zunächst zur Belustigung seiner Gäste allerlei Kunststücke vorführen und vermietet ihn dann an eine reiche Dame, die seine Darbietungen gesehen hat, für zwei Nächte tierischer Sexualität. Daraufhin möchte Menekles [Thiasus] ihn öffentlich im Theater eine zum Tode verurteilte Frau bespringen lassen.

Die Vorbereitungen dazu erzählt Apuleius am Ende von Buch 10. Während dieser *liber* zwei Novellen über Mord aus Leidenschaft einschaltet und das vorausgehende Buch vier Ehebruchsgeschichten aneinanderreiht, lesen wir in dem Abschnitt, in dem Lucius sich im Lager der Räuber befindet, Räubergeschichten. Außerdem hört der Esel in dieser Geschehensphase die lange Geschichte von Amor und Psyche, welche die alte Haushälterin der Räuber einer von ihnen gekidnappten jungen Frau erzählt. Man nimmt sicher mit Recht an, dass viel von diesem Erzählgut durch die *Milesiaka* angeregt wurde.

Wie man sieht, erlebt Lukios/Lucius unmittelbar vor seiner Rückverwandlung wie schon unmittelbar vor seiner Metamorphose ein erotisches Abenteuer. Doch dem geplanten öffentlichen Sexualakt kann er sich entziehen. Im griechischen Text gelingt es Lukios, kurz bevor das Schauspiel zustande kommen kann, endlich Rosen zu fressen. Sofort in seine menschliche Gestalt zurückverwandelt, erklärt er dem erstaunten Provinzstatthalter, der im Theater anwesend ist, er sei Lukios von Patrai, ein Verfasser verschiedenartiger Geschichten, worauf dieser, da er zufällig die Familie des Lukios kennt, ihm die Rückfahrt in die Heimat gestattet. Bevor Lukios sich einschifft, hat er noch eine weitere Begegnung mit der Dame, eine Szene, auf die ich noch näher eingehen werde. Bei Apuleius kann Lucius den Showkoitus ebenfalls von vornherein verhindern, aber nur durch die Flucht zum Hafen von Kenchreai, wo ihn am Schluss von Buch 10 der Schlaf übermannt. Das elfte Buch erzählt dann von seiner Rückverwandlung durch Isis, die ihm durch ihren Priester Rosen zu fressen geben lässt, und von seiner Weihung zum Jünger der Göttin sowie des Osiris. Buch und Werk brechen jäh damit ab, dass der Ich-Erzähler, der inzwischen nach Rom gelangt ist, sich als kahlköpfigen Priester beschreibt, der seine Glatze nach allen Seiten zur Schau stellt.

Die knappe Inhaltsübersicht dürfte gezeigt haben, dass der ›Eselsroman‹ in seinen beiden uns zugänglichen Versionen in ähnlicher Weise mit Motiven des idealisierenden Romans spielt wie Petrons *Satyrica*. Da uns diesmal das ganze Romangeschehen bekannt ist, können wir sehen, dass sogar das traditionelle Strukturmuster von Erzählwerken wie Xenophons *Ephesiaka* komisch variiert wird. Während im idealisierenden Roman Liebe auf den ersten Blick, die auf die rechtmäßige Eheschließung zielt, sowie der Treueschwur zu Beginn und die Vereinigung der Liebenden am Ende deren leidvolle Abenteuer rahmen, sind die Leiden des Lukios zwischen den voyeuristisch geschilderten sexuellen »Ringkampf« (παλαίστρα) mit der Magd Palaistra und das letzte Rendezvous mit der reichen Dame gelegt. Der Kontrast ist überdeutlich. Von den übrigen Handlungselementen erinnern vor allem die Gefangenschaft des Lukios bei den Räubern, die Sklavendienste für diverse Herren und die häufigen Rettungen in höchster Not an die entsprechenden Erlebnisse der beiden Protagonisten im idealisierenden Roman.

Mit Petrons *Satyrica* haben die ›Eselsromane‹ außerdem die Tendenz gemeinsam, der idealisierten Wirklichkeit der Romane vom Typ der *Ephesiaka* eine komisch-realistische Darstellung der fiktiven Welt, in der das Geschehen verläuft, zu konfrontieren. Wieder ist es ein sozial niedriges Niveau, in dem der Ich-Erzähler sich hauptsächlich bewegt, und jetzt begegnen wir auch – u. a. in der Gestalt des Soldaten, dem Lukios im griechischen Text ebenso wie Lucius im lateinischen vorübergehend gehört – der römischen Staatsmacht, die alle erhaltenen idealisierenden Romane aus der von ihnen präsentierten griechischen Welt konsequent ausblenden.

Apuleius verspricht seinem *lector* (»Leser«) im Proöm, dieser werde ›Spaß haben‹ (*laetaberis*). Den hat man wahrhaft reichlich an dem spannenden und amüsanten Roman voller Kuriositäten und Obszönitäten, und nicht weniger am *Onos*, der sich mit den Eselsabenteuern begnügt wie vermutlich auch seine Vorlage. Darin boten zwei Bücher schwerlich Platz für eingefügte Erzählungen, aber unterhaltsam war Lukios von Patrai dort sicher ebenso. Das schließt jedoch nicht aus, dass die Wahl der ›fiktiven Linse‹, durch die Lukios/Lucius als Esel auf menschliches Treiben blickt, mit der Absicht verbunden ist bzw. war, wie in den *Satyrica* den Unterschied zwischen Schein und Sein aufzudecken. Lukios/Lucius interessiert sich ja zu Beginn des Romans betont für eine illusionäre Welt, nämlich die der Magie. Er wird aber dann, als er selbst das Opfer von Zauberei geworden ist, in die raue Wirklichkeit des leidvollen Eselsdaseins und gleichzeitig einer Umwelt versetzt, die sich nun ihrerseits vom Schein täuschen lässt, indem sie ihn für einen Esel hält und dem in der Tierhaut Versteckten ahnungslos ihr wahres Wesen enthüllt, so z. B. die Dame, die ihn zur Sodomie benutzt. Der Verfasser des *Onos*, der das religiöse Finale, wie ich mit Stefan Tilg annehme, in den griechischen *Metamorphosen* vorfand und es m. E. ganz bewusst nicht in seine Adaption des Romans übernahm, führt uns durch sein Finale, in dem die Frau wieder auftritt, noch einmal drastisch vor Augen, wie sein Lukios nach der Rückverwandlung noch einmal einer Illusion zum Opfer fällt; das ist jetzt in Ergänzung der Inhaltsangabe näher zu betrachten.

Als der Lukios des *Onos* in dessen letzem Kapitel zu der Dame zurückkehrt, glaubt er, er werde ihr mit menschlichem Leib besser gefallen. Doch die Dame stellt, als sie ihn ohne seine Kleider sieht, lediglich fest, er sei mit dem für sie einzig relevanten Körperteil den von ihr erhobenen Ansprüchen nicht mehr wie als Esel gewachsen, und befiehlt einem Sklaven, ihn, nackt, wie er ist, auf die Straße zu werfen. Die Szene will in ihrer Derbheit und Frivolität gewiss vor allem komisch sein. Aber sie schildert auch sehr anschaulich die endgültige, höchst brutale Zerstörung der Illusion eines Menschen, der sich bis dahin zwischen Schein und Sein ständig hin und her bewegt hat. Wie bei Petron darf man sich nicht nur unterhalten fühlen, sondern durchaus auch belehrt.

4.5 Apuleius, *Der goldene Esel oder Metamorphosen*

Wie gesagt, der Verfasser der lateinischen Bearbeitung der griechischen *Metamorphosen* erweckt zu Anfang seines Werks den Eindruck, er wolle seine Leser:innen lediglich amüsieren. Er äußert sich nämlich über Inhalt, Stil und Intention des Romans in seiner Vorrede, in der er seine eigene Verwandlung vollzieht: die von dem realen Autor Apuleius in den Ich-Erzähler Lucius. Und dieser beendet die Vorrede so:

> *Fabulam Graecanicam incipimus. lector intende: laetaberis.*
>
> Eine griechische Geschichte beginne ich. Leser, pass auf: Du wirst deinen Spaß haben.

Zumindest auf den ersten Blick und bei planer Lektüre ist auch alles, was erzählt wird, sogar die Mysterienweihe des Lucius in Buch 11, ausgesprochen unterhaltsam. Aber wer beim Lesen – vielleicht schon bei einem kundigen *second reading* – die geistreiche Intertextualität mit einer Fülle von Dichtungen und Prosaschriften der antiken Literatur und das Netz intratextueller Wechselbezüge in dem Roman wahrnimmt, der kann zu der Überzeugung gelangen, dass Apuleius, ein Vertreter der Zweiten Sophistik (s. S. 46f.), wie noch auszuführen ist, auch ›lehren‹ wolle: nicht allein durch die Aufdeckung des Unterschieds zwischen Schein und Sein, also moralsatirisch, sondern darüber hinaus auf den höheren Ebenen der philosophischen und religiösen Unterweisung. Es wird zu prüfen sein, ob man eine solche didaktische Intention tatsächlich voraussetzen kann.

Doch zunächst muss etwas dazu gesagt werden, wie der Ich-Erzähler in den lateinischen *Metamorphosen* seine Ankündigung, dem Lesepublikum Spaß verschaffen zu wollen, verifiziert. Er erreicht das einfach dadurch, dass er seine Vorlage, die ja unterhaltsam genug ist, aus einer verhältnismäßig schlichten längeren Erzählung in ein Wunderwerk narrativer und stilistischer Kunst umwandelt. Dabei verfährt er – abgesehen davon, dass er, wie bereits erwähnt, Novellen in die Romanhandlung einlegt – im Großen und Ganzen wie folgt: Er motiviert das Geschehen sorgfältiger und dramatisiert es stärker als der griechische Erzähler, stellt die Charaktere der agierenden Personen in regelrechten Psychogrammen dar, malt bei Beschreibungen die Details liebevoll aus, macht Komisches noch komischer und Pathetisches noch pathetischer und schildert so engagiert, dass die Leser:innen sich geradezu als in die Romanhandlung einbezogen empfinden können. Als Beispiel für einen Textvergleich habe ich die Passagen im *Onos* und den lateinischen *Metamorphosen* gewählt, an denen der jeweilige Ich-Erzähler vergegenwärtigt, wie er reagiert, als er die Transformation der Frau seines Gastgebers in einen Vogel erblickt. Während der griechische Autor – ich gehe davon aus, dass (Pseudo?-)Lukian seine Vorlage hier inhaltlich und wohl auch im Wortlaut einigermaßen treu wiedergibt – lediglich den Gedankenschritt »Traum? Nein, Wirklichkeit!« nachvollziehen lässt, gelingt es Apuleius, die Leser:innen eine dreistufige Gefühlsentwicklung miterleben zu lassen:

> ἐγὼ δὲ ὄναρ ἐκεῖνο οἰόμενος ὁρᾶν τοῖς δακτύλοις τῶν ἑαυτοῦ βλεφάρων ἡπτόμην, οὐ πιστεύων τοῖς ἐμαυτοῦ ὀφθαλμοῖς, οὔθ' ὅτι βλέπουσιν οὔθ' ὅτι ἐγρηγόρασιν. ὡς δὲ μόλις καὶ βραδέως ἐπείσθην, ὅτι μὴ καθεύδω, ἐδεόμην τότε τῆς Παλαίστρας... (*Onos* 13).

> Ich aber, einen Traum zu sehen glaubend, berührte mit den Fingern meine Augenlider, nicht trauend meinen eigenen Augen, weder dass sie sahen, noch dass sie wach waren. Wie ich mich aber mit Mühe und langsam davon überzeugt hatte, dass ich nicht schlief, da bat ich Palaistra ...

> *ego nullo decantatus carmine, praesentis tantum facti stupore defixus quidvis aliud magis videbar esse quam Lucius. sic exterminatus animi, attonitus in amentiam vigilans somniabar. defrictis adeo diu pupulis, an vigilarem, scire quaerebam.* (3) *tandem denique reversus ad sensum praesentium adrepta manu Photidis et admota meis luminibus ... inquam ...* (*Met.* 3,22,1–3).

> Ich war, von keinem Gesang verzaubert, lediglich durch das Staunen über das in meiner Gegenwart Geschehene festgebannt, und es kam mir so vor, als sei ich eher irgendetwas anderes als Lucius. So ganz von Sinnen, bis zum Wahnsinn erschüttert, träumte ich wachend. Ich rieb mir sehr lange die Augen und wollte wissen, ob ich wach sei. Schließlich und endlich kehrte ich zur Wahrnehmung der gegenwärtigen Situation zurück, ergriff Photis' Hand, führte sie an meine Augen und sagte...

Was das Textbeispiel natürlich nicht belegen kann, ist die sprachliche Virtuosität des Apuleius. Dazu sei in einer Einführung nur gesagt, dass er sich auf mehreren Stilebenen von der hochpoetischen Diktion mit Rhythmen und Reimen bis zu Fachjargon und Kolloquialismus bewegen kann und unerschöpflich ist in Redefiguren, Metaphern und Neuprägungen.

Dass Apuleius nicht allein unterhaltsam und mitreißend zu schildern vermag, sondern seine Leser:innen überdies zum Nachdenken bringen möchte, mag man nun zunächst daraus ersehen, wie er seinen Ich-Erzähler einmal über die Eselsperspektive als einen Blickwinkel, der sich für Beobachtung moralisch fragwürdigen Verhaltens gut eignet, räsonieren lässt. In Buch 9 im 12. und 13. Kapitel beschreibt Lucius den absoluten Tiefpunkt menschlicher Erbärmlichkeit in einer Sklavenmühle, in der Sklaven und Tiere auf grässliche Weise körperlich so sehr geschunden werden, dass sie ihre Arbeit kaum noch ausführen können. Dazu kommentiert er, er habe, so qualvoll das mit anzusehen gewesen sei, dennoch in seiner ihm angeborenen Neugier (*curiositas*) Erholung finden können, da ja alle, ohne auf seine Gegenwart zu achten, freizügig alles, was sie wollten, getan und gesagt hätten. Und dann vergleicht er sich mit Odysseus. Wie der Held viele Städte und Völker kennengelernt habe, so verdanke er es seiner Eselshaut, dass er darin in verschiedenen Schicksalsschlägen geübt und dabei, wenn nicht klug, so doch vielwissend geworden sei (13,3–5).

Nein, klug ist er nicht geworden und wird als Esel auch nicht zu Klugheit gelangen. Denn unmittelbar vor seiner Rückverwandlung zeigt er sich immer noch genauso neugierig, lasziv und vor allem leichtgläubig wie zu Beginn seines Leidensweges, hat also nichts dazugelernt. Man betrachtet ihn in seiner Pose des erfahrenen Beobachters, der hinter die Kulissen schaut, mit derselben Ironie wie den Enkolp Petrons in der nicht zu diesem passenden Rolle des epischen Helden (s. S. 83). Aber das ändert nichts an dem generellen Eindruck, dass auch für Apuleius die Diskrepanz zwischen Illusion und Realität ein Thema ist, und die Neugier des Lucius, die ihm ja wirklich ermöglicht, die Diskrepanz zu erkennen, bekommt unter diesem Aspekt sogar den Anstrich einer positiven Charaktereigenschaft.

Man ist deshalb bei der Erstlektüre einigermaßen überrascht, wenn man in Buch 11 unmittelbar nach dem Bericht über die Rückverwandlung einen bisher nicht genannten Grund dafür erfährt, dass Lucius zum Esel werden musste. Ein Isispriester erläutert den an Lucius vollzogenen Akt göttlicher Gnade und Barmherzigkeit so (15,1f.):

> *'Multis et variis exanclatis laboribus magnisque Fortunae tempestatibus et maximis actus procellis ad portum Quietis et aram Misericordiae tandem, Luci, venisti. nec tibi natales ac ne dignitas quidem vel ipsa, qua flores, usquam doctrina profuit, sed lubrico virentis aetatulae ad serviles delapsus voluptates curiositatis inprosperae sinistrum praemium reportasti.* (2) *sed utcumque Fortunae caecitas, dum te pessimis periculis discruciat, ad religiosam istam beatitudinem inprovida produxit malitia ...'*

> »Nachdem du viele und verschiedene Leiden ertragen und von großen Unwettern und den gewaltigsten Stürmen Fortunas umhergetrieben worden bist, hast du den Hafen der Quies und den Altar der Misericordia endlich, Lucius, erreicht. Nicht deine Herkunft, nicht einmal dein sozialer Status oder selbst dei-

> ne Bildung, durch die du glänzt, haben dir irgendwo genützt, sondern auf dem glitschigen Pfad deiner grünen Jugend bist du in sklavische Liebesfreuden abgerutscht und hast für deine unselige Neugier den üblen Lohn davongetragen. Aber jedenfalls hat die Blindheit Fortunas, während sie dich mit den schlimmsten Gefahren marterte, dich durch ihre nichts voraussehende Bosheit zu dieser frommen Glückseligkeit geführt ...«

Hier wird auf einmal behauptet, Lucius habe es durch das Abrutschen in »sklavische Liebesfreuden« – das bezieht sich offenbar auf den Sex mit der Sklavin Photis – und seine Neugier auf magische Künste dahin gebracht, dass ihm die Leiden, die er in der Gestalt eines Esels zu erdulden hatte, als göttliche Strafe auferlegt worden seien. Sein Handeln vor der Metamorphose erscheint also im Nachhinein als religiöser Frevel. Doch davon hatte der Ich-Erzähler Lucius in den Büchern 1–10 kein Wort gesagt. Dabei hätte es sich für ihn angeboten, beim Rekapitulieren der Ereignisse, die zu seiner Metamorphose in einen Esel führten, den Leser:innen irgendwie deutlich zu machen, er sei sich zu keiner Zeit dessen bewusst gewesen, dass er ein Sakrileg begehe. Besteht ein Widerspruch zwischen Buch 11 und den übrigen Büchern?

Immerhin finden sich in der Darstellung der Vorgeschichte der Verwandlung in Buch 1–3 der *Metamorphosen* implizite Vorverweise auf das, was wir in Buch 11 über die Ursachen der Mutation erfahren. So erzählt Lucius z. B. einmal, wie er im Haus seiner Tante Byrrhena in Hypata eine Marmorgruppe mustert, die zeigt, wie Aktäon die Göttin Diana neugierig beim Baden beobachtet und dafür in einen Hirsch verwandelt wird (2,4–5). Wenn die Tante dabei zu ihm sagt: *'tua sunt ... cuncta quae vides'* (2,5,1), kann man das als Äußerung der Gastfreundschaft lesen und folglich einfach so übersetzen: »Dir gehört alles, was du siehst.« Aber man darf es zugleich als versteckte Warnung auffassen, indem man liest, was der Satz auch bedeuten kann: »Für dich *gilt* alles, was du siehst.« Oder betrachten wir kurz die Szene, in der Photis Lucius auf die Beobachtung der Hexereien ihrer Herrin vorbereitet (3,15). Die schon in die Kunst der Magie eingeweihte Magd nimmt unverkennbar die Pose einer Mystagogin ein, ermahnt Lucius zum Schweigen über das, was er jetzt schauen wird, und preist die Macht ihrer Herrin mit Worten, die sonst bei der Verherrlichung einer Göttin üblich sind.

In Buch 11 stößt man nun auf motivische, ja wörtliche Entsprechungen zu dieser Szene in dem Bericht über die religiöse Verehrung der Isis. Man kann also rückblickend in dem Hokuspokus der Photis blasphemische Imitation religiöser Einweihungsriten sehen. Denn z. B. über eine Hexe zu behaupten, ihr dienten die Elemente (3,15,7: *erae meae ... serviunt elementa*), kann von den Leser:innen spätestens dann als Sakrileg betrachtet werden, wenn Lucius nach der Rückverwandlung in seinem Hymnus an Isis sagt: »Dir dienen die Elemente« (11,25,3: *tibi ... serviunt elementa*). Wer die Intratextualität zwischen Buch 1–3 und Buch 11 im Sinne einer Abwertung der Neugier auf Zauberei gegenüber der Verehrung für Isis liest, ist – zumindest bei der zweiten Lektüre der *Metamorphosen* – nicht überrascht, wenn Lucius in der Rede des Isispriesters als religiöser Frevler hingestellt wird.

Den Eindruck, dass Neugier (*curiositas*) unter religiösem Aspekt als Sakrileg zu gelten hat, kann das Lesepublikum der *Metamorphosen* außer aus Buch 1–3 aus einem längeren Abschnitt im Zentrum des Romans gewinnen: der Erzählung von Amor und Psyche (4,28–6,24).

Psyche ist eine Königstochter, die, wegen ihrer göttlichen Schönheit vom Zorn der Venus verfolgt, aufgrund eines Orakels als Braut für einen unbekannten Unhold auf einem einsamen Felsgipfel ausgesetzt und von dort durch Zephyr fortgetragen, zu einem prachtvollen, aber menschenleeren Palast gelangt und darin Nacht für Nacht mit Amor schläft, ohne dass dieser sich ihr zu erkennen gibt. Da der Gott ihr auch seinen Anblick verwehrt, treibt die Neugier, die ihre dreimal bei ihr auftauchenden Schwestern zusätzlich anstacheln, Psyche schließlich trotz der Warnungen Amors dazu, ihn eines Nachts beim Schein einer Lampe zu betrachten. Dafür bestraft er sie, indem er sich in die Lüfte erhebt und sie verlässt. Nach einem vergeblichen Selbstmordversuch bemüht Psyche sich, Amor wiederzufinden, da sie ihn, seit sie ihn gesehen hat, in glühender Leidenschaft liebt. Auf ihrem Fußmarsch mit diesem Ziel kommt sie zu Venus, und die Göttin verhält sich ihr gegenüber wie eine böse Schwiegermutter. Sie trägt ihr drei Aschenputtelarbeiten auf, die Psyche nur mit Hilfe von Tieren und Pflanzen bewältigen kann, und als Venus sie auch noch in die Unterwelt schickt, die Büchse der Proserpina zu holen, öffnet Psyche, obwohl sie vorher wieder vor Neugier gewarnt wurde, die Büchse und fällt in einen todesähnlichen Schlaf. Amor weckt sie jedoch auf, und damit beginnt das Happy End: Von Jupiter mit Unsterblichkeit beschenkt, darf Psyche den Liebesgott heiraten, und aus der Verbindung der beiden geht *Voluptas* (»Lust«) als Tochter hervor.

Sogar in ihrer Kürze verrät die Übersicht, dass diese Erzählung, die Apuleius höchstwahrscheinlich selbst erdacht hat, in einzelnen Motiven und in ihrem Verlauf die Lucius-Handlung (und mit ihr das Verlaufsschema des idealisierenden Romans) widerspiegelt. Aber der sorgfältig mitdenkende und kundige Leser – *lector scrupulosus* nennt ihn der Ich-Erzähler einmal (9,30,1) – und die Leserin erkennen neben dem narrativen noch einen philosophischen Referenztext: Platons *Phaidros*. Die Beschreibung des Wegs der Psyche von ihrem durch Neugier verursachten Fehlverhalten bis zur Erringung der Unsterblichkeit klingt deutlich, ja stellenweise wörtlich an diejenigen Passagen des Dialogs an, in denen die Entwicklung der menschlichen Seele (griech. ψυχή) bis zur Schau des Göttlichen in mythischen Bildern betrachtet wird. Jedenfalls besteht eine unverkennbare motivische Verwandtschaft zwischen Psyches vergeblichem Bemühen, den sich in die Lüfte erhebenden Gott zu sich herabzuziehen, und der Passage bei Platon, wo es heißt, dass die Seele, die zwischen ihren Inkarnationen Begleiterin eines Gottes sein und göttliche Wahrheiten erblicken kann, wenn sie nichts sieht, zum Fliegen zu schwer ist:

> ὅταν δὲ … μὴ ἴδῃ, καί τινι συντυχίᾳ χρησαμένη λήθης τε καὶ κακίας πλησθεῖσα βαρυνθῇ, βαρυνθεῖσα δὲ πτερορρυήσῃ τε καὶ ἐπὶ τὴν γῆν πέσῃ, τότε νόμος … (*Phaidros* 248c).
>
> Wenn sie aber … nichts sieht und, irgendeinen Unfall erleidend, von Vergessenheit und Trägheit angefüllt, niedergedrückt wird und so niedergedrückt das Gefieder verliert und auf die Erde fällt, dann gilt das Gesetz …
>
> *at Psyche statim resurgentis eius crure dextero manibus ambabus adrepto sublimis evectionis adpendix miseranda et per nubilas plagas penduli comitatus extrema consequia tandem fessa delabitur solo.* (*Metamorphosen* 5,24).
>
> Doch Psyche packte sogleich, als er sich erhob, sein rechtes Bein mit beiden Händen, bei seiner Auffahrt in die Höhe ein erbarmungswürdiger Anhang und das äußerste Ende des durch die wolkigen Regionen schwebenden Geleitzuges, und sank schließlich erschöpft zur Erde.

Ebenso evident sind die Ähnlichkeit der brennenden Sehnsucht Psyches und der menschlichen Seele nach Gott Amor bzw. dem Göttlichen (*Met.* 5,23/ *Phaidr.* 251e) sowie die Übereinstimmung beider in der Bereitschaft, für die Erfüllung ihres Verlangens sogar Sklavendienste zu leisten (*Phaidr.* 252a) bzw. sklavisch darum zu bitten (6,1,1). Das von *curiositas* gesteuerte Verhalten der Psyche bei Apuleius erfährt also im Lichte des Vergleichs der Erzählung mit dem *Phaidros* eine negative Bewertung, was wiederum analog auf das Handeln des Lucius übertragen werden darf. Ist ›Amor und Psyche‹ folglich als platonischer Mythos zu lesen, der die Verurteilung der *curiositas* des Lucius als eines göttlichen Frevels durch den Isispriester aus philosophischer Sicht bestätigt?

Nun, es fällt schwer, ›Amor und Psyche‹ den Mythen an die Seite zu stellen, die Platon verfasst hat. Die Erzählung ist streckenweise sehr frivol, trägt bei der Beschreibung der Götter und speziell der Venus burleske Züge und gibt sich überwiegend höchst komisch, z. B. in ihrem spielerischen Umgang mit den Motiven des idealisierenden Romans. Überdies kann man durchaus zeigen, dass auch der Bericht über die Weihung des Lucius zum Jünger der Isis und des Osiris in Buch 11 komische Züge aufweist. Der von Isis Erlöste muss nämlich unverkennbar ein schweres Leben führen wie zuvor in der Eselshaut, und zwar insofern, als er wie früher eine Reihe von Entbehrungen erdulden und – wie das Grautier seinen menschlichen Herrn – den von ihm zu verehrenden Gottheiten und ihren Priestern ständig sklavisch dienen, ja für diese Gebieter sogar viel Geld ausgeben muss.

Die neuen Entbehrungen sind wesentliches Element einer Geschehensentwicklung, die durch ihren Wiederholungscharakter stark an die Buch 4–10 konstituierende Serie einander ähnlicher Leiden des Esels erinnert. Lucius hat sich nach seiner Rückverwandlung unter Verzicht auf manche bisherige Alltagsgewohnheit nicht allein dem mit der Weihe zum Isis-Jünger verbundenen Ritual (11,22–25), sondern bald darauf auch zwei Initiationen in die Osiris-Mysterien (26–29) und schließlich noch der weihevollen Aufnahme in das oberste Priesterkollegium des Gottes zu unterziehen (30). Außerdem darf er nach seiner ersten Initiation nur für wenige Tage in die Heimat zurückkehren und muss sich gleich darauf nach Rom verfügen, um dort neben seiner Tätigkeit als Mitglied des Priesterkollegiums der Pastophoren den Beruf eines Anwalts auszuüben und seine Einkünfte an die Gemeinschaft der Geweihten abzuführen.

Die erste Initiation wird noch so beschrieben, dass die Leser:innen, auch wenn sie keinen Einblick in das Einweihungsritual erhalten, das Glück des Novizen, der nach der Weihe im weißen Gewand vor das Volk hintritt, nachempfinden können. Aber die Art, wie der Ich-Erzähler von der dreimaligen Wiederholung der Weiheprozeduren berichtet, lässt mehr und mehr den Eindruck entstehen, das ewige Fasten, Meditieren, Anbeten usw. werde ihm allmählich ebenso zur Plage wie die einst durch das Eselsdasein bedingte Entbehrung eines normalen Daseins. Der Isis- und Osirisjünger Lucius nimmt geradezu Ludwig Thomas Geschichte vom Münchner im Himmel und dessen Verdruss über das permanente Halleluja-Singen vorweg. Wenn der Roman dann mit der Beteuerung des Ich-Erzählers endet, »wieder« (*rursus*; so bereits dreimal 11,26,4 und noch einmal 29,1) habe er seinen Dienst »mit Freuden« (*gaudens* 11,30,5) auf sich genommen, ohne dass es ihn gestört habe, dass das Priesteramt ihn zur Glatzköpfigkeit (die in der Antike charakteristisch für Sklaven war!) verpflichtete, tut man sich schwer, diese ›Freude‹ uneingeschränkt mitzufühlen. Im Gegenteil: Wer der Aufforderung des Ich-Erzählers im Prolog, Spaß zu haben, bei der Lektüre der Abenteuer des Esels in Buch 4–10 Folge leisten konnte und gleichfalls an der Geschichte von Amor und Psyche Vergnügen fand, hat eigentlich keinen Grund, jetzt auf die bisherige Form von Spaß zu verzichten und stattdessen religiös erbaut zu sein.

Danielle van Mal-Maeder (1997) macht in einem wichtigen Aufsatz zum Isis-Buch darauf aufmerksam, dass man die Intratextualität der Äußerungen des Lucius über Hexenkunst in Buch 1–3 und seiner Äußerungen über die göttliche Macht der Isis keineswegs in dem Sinne auffassen müsse, Magie werde gegenüber dem Isiskult im Nachhinein abgewertet. Es spreche vielmehr einiges dafür, dass der reale Autor die Göttin durch die Wortbezüge zu dem, was zu Beginn der *Metamorphosen* über Hexen gesagt wird, mit diesen auf eine Stufe stellt. Gemeinsam haben der Anfang und der Schluss des Romans ja auch, dass Lucius angesichts von ›Übernatürlichem‹ größte Naivität an den Tag legt. Er unterzieht sich der Einweihung in die Isis- und Osirismysterien mit derselben Leichtgläubigkeit wie der Einweihung in die Magie. Doch er verdankt Isis lediglich, dass sie ihm Rosen verschafft hat, die er letztlich wohl selbst hätte aufspüren können, und dafür nimmt er die Mühen all der Initiationen auf sich und verliert obendrein Geld an die Priester. Bedenkt man nun, durch van Mal-Maeder daran erinnert, dass Juvenal in der berühmten Satire gegen die Frauen ebenso die Käuflichkeit der Osirispriester wie die Leichtgläubigkeit der Isis-Verehrerinnen scharf verspottet (6,526ff.), so ergibt sich erst recht die Möglichkeit, hinter der Erzählung des Lucius über seine Initiationen Ironie des ›versteckten Autors‹ Apuleius zu entdecken und somit nicht allein die Parallelität der Leiden des Isis- und Osirisjüngers mit denen des Esels komisch zu finden. Der glatzköpfige Lucius im letzten Satz der *Metamorphosen* erscheint in mancher Hinsicht als lächerliche Figur.

Trifft diese Interpretation zu, dann erweisen sich ›Amor und Psyche‹ und das Isisbuch einfach als Produkte eines Ausgreifens des Apuleius in philosophische und religiöse Bereiche der Intertextualität, das von dem (schon in der Vorlage vorhandenen) Neugier-Motiv seinen Ausgang nahm. Es diente der Bereicherung des literarischen Spiels eines Romanautors, der sich – ähnlich wie Antonios Diogenes – nicht damit zufrieden gab, allein antike Werke der Literatur im engeren Sinne immer wieder subtil und amüsant zugleich zu evozieren. Die außerordentliche Vielfalt der intertextuell aufgerufenen Diskurse stimmt zudem bestens mit dem überein, was wir über die geistigen Interessen des Apuleius wissen.

Um 125 n. Chr. in Madauros in der römischen Provinz Africa proconsularis (Nordafrika) geboren, verfasste er einige platonische Schriften, bezeichnete sich selbst stolz als *philosophus Platonicus* und ließ sich während eines längeren Aufenthalts in Griechenland und Kleinasien in mehrere Mysterienkulte aufnehmen. Platonismus und Mysterienkult bildeten aber lediglich einen Teil dessen, womit Apuleius, der zweifellos als bedeutender Vertreter der Zweiten Sophistik anzusehen ist, sich beschäftigte. Er wirkte als Rhetor für eine gewisse Zeit in Rom und danach in Karthago, wo er auch das Amt des Äskulappriesters innehatte, schrieb neben den Platonika und Reden Gedichte, einen weiteren (verlorenen) Roman – dieser trug den Titel *Hermagoras* –, historische Werke sowie Abhandlungen zur Naturwissenschaft, Arithmetik und Musik. Wenn seine einzige vollständig überlieferte Rede, die *Apologie*, nicht ein fiktionaler Text ist, sagte man ihm sogar Beschäftigung mit Zauberei nach. Denn der Rede zufolge musste er sich deswegen vor Gericht verantworten, und zwar in Sabrata in Nordafrika.

Da die *Apologie* auf etwa 158/159 n. Chr. datiert zu werden pflegt und darin die *Metamorphosen* nicht erwähnt sind, obwohl es sich vom Thema her vielleicht angeboten hätte, setzt man die Entstehung des Romans allgemein in die Zeit nicht lange danach, wobei man davon ausgeht, dass Apuleius den Text zunächst in Nordafrika veröffentlichte. Ken Dowden (1994) hat dafür argumentiert, dass die *Metamorphosen* in den frühen fünfziger Jahren des 2. Jahrhunderts in Rom verfasst und publiziert wurden. Eine seiner Prämissen ist freilich, dass der Text eine ernsthafte philosophische und religiöse Aussage beinhalte. Ich habe das einst gleichfalls geglaubt, nachdem ich zunächst nur der Aufforderung der Vorrede nachgekommen war, den Roman primär unterhaltsam und lustig zu finden. Wie man sieht, bin ich zu dieser Haltung zurückgekehrt. Aber am Ende liegt das daran, dass man bei allzu häufiger Lektüre der *Metamorphosen* sich selbst, ohne es zu merken, allmählich in einen leichtgläubigen Esel verwandelt.

Zu 4.1: *Entstehung des komisch-realistischen Romans:* Bowie 2013; Tilg 2013; Stramaglia 2025b.

Zu 4.2: *Iolaos-Roman: Ausgabe:* López Martínez 1998, 209–222; *Bilingue mit Kommentar:* Stephens/Winkler 1995, 358–374; *Übersetzungen:* H. Maehler in Kytzler 1983, 2, 735–737; G. N. Sandy in Reardon 1989, 816–818; *Untersuchungen:* Parsons 1971; 1974; Astbury 1977; Morgan 1998, 3371–3374; Petersmann 2000; *Tinuphis-Roman: Ausgabe:* López Martínez 1998, 254–265; *Bilingue mit Kommentar:* Kussl 1992a; *Untersuchung:* Morgan 1998, 254–265; *Protagoras-Roman: Bilingue mit Kommentar:* Alpers 1996; *Untersuchungen:* Fakas 2005b; Slater 2018b.

Zu 4.3: *Petron, Satyrica: Bibliographie und Forschungsbericht:* Schmeling/Stuckey 1977; Vannini 2007; *Ausgabe:* K. Müller [5]2003; *Bilinguen:* Müller/Ehlers [5]2004; Holzberg 2013; Schmeling 2020; *Übersetzung:* Weeber 2018; *Kommentare:* M. S. Smith 1975 (26,7–78); Aragosti et al. 1988 (16–26,6); Courtney 1991 (nur die Gedichte); Habermehl 2006–2021 (79–124); Breitenstein 2009 (1–15); Vannini 2010 (100–115); Schmeling 2011; Setaioli 2011 (nur die Gedichte); *themenübergreifende Monographien, Aufsatzsammlungen und Aufsätze/Kapitel:* Heinze 1899; Stöcker 1969; Zeitlin 1971; Beck 1973; 1975; Astbury 1977; Beck 1979; 1982a; Barchiesi 1986; Herzog 1989; Slater 1990; Döpp 1991; C. Panayotakis 1995; Schmeling 1996c; Conte 1997; Cucchiarelli 1998; Obermayer 1998, 313–330; Schmeling 1999; Courtney 2001; Christesen/Torlone 2002; Malits/Fuhrer 2002; Rimell

2002; Tilg 2002; Herman/Rosén 2003; Jensson 2004; Grossardt 2007; Prag/Repath 2009; Murgatroyd 2013; Hofmann 2014; Branham 2019; Labate et al. 2020; *Datierung:* Rose 1971; Laird 2007; Henderson 2010; Völker/Rohmann 2011; Roth 2016; Walsh 2020; Bodel 2024; *Sprache:* Petersmann 1977; 1985; Boyce 1991; Wessels 2021; *zu einzelnen Abschnitten: 1–5:* Mal-Maeder 2012; *26,7–78:* Rosati 1985; Bodel 1994; 1999; Holzberg 2005; Aresi 2019; Bodel 2019; Dentice di Accadia Ammone 2022; *85–87:* Obermayer 1998, 154–161; *88f.:* T. Gärtner 2009; Schindler 2019; *100–115:* Egelhaaf-Gaiser 2018; Slater 2021; 2024; *110,6–113,2:* Huber 1990; Eickmeyer 2006; Holzberg 2012; Karakasis 2016; Slater 2018a, Costantini 2019; *119–124:* C. Panayotakis 2019; Habermehl 2020; La Bua 2023; *Gedichte:* Connors 1998; Edmunds 2009; Habermehl 2014; Setaioli 2014; Freas 2021.

Zu 4.4: *Photios, Bibliotheke cod. 128: Bilingue:* Tilg 2014, 4; *(Ps.-?)Lukian, Lukios oder Der Esel: Ausgaben:* Thiel 1971/I; Macleod 1974, 276–309; *Bilingue:* Macleod 1967, 52–145; R. Kussl in Holzberg 2023, 618–695; *Übersetzungen:* Thiel 1972; J. P. Sullivan in Reardon 1989, 589–618; P. Turner in W. Hansen 1998, 76–105; *Untersuchungen:* Junghanns 1932; Thiel 1971/II; G. Anderson 1976, 34–67; Mason 1978; Kussl 1990; Mason 1994; 1999; T. Gärtner 2010c; May 2010 (zu dem Fragment einer Esel-Szene vielleicht aus den *Milesiaka*); Whitmarsh 2010b; Slater 2014; Dollins 2015; Billault 2019; Korhonen 2019; Fletcher 2023.

Zu 4.5: *Apuleius, Der goldene Esel oder Metamorphosen: Forschungsbericht:* Schlam/Finkelpearl 2000; *Ausgabe:* Zimmerman 2012; *Bilinguen:* Helm 1956b; Hanson 1989; Brandt/Ehlers ^{6}2012; Holzberg 2023; *Kommentare:* Keulen 2007 (1); Mal-Maeder 2001 (2); Paardt 1971; Costantini 2021 (3); Hijmans et al. 1977 (4,1–27); Kenney 1990; Zimmerman et al. 2004 (4,28–6,24); Hijmans et al. 1981 (6,25–7,28); 1985 (8); 1995 (9); Zimmerman 2000 (10); Keulen et al. 2015 (11); *themenübergreifende Monographien, Sammelbände und Aufsätze:* Junghanns 1932; Wlosok 1969; W. S. Smith 1972; Hijmans/Paardt 1978; Tatum 1979; Millar 1981; Paardt 1981; Dowden 1982; J. J. Winkler 1985; Sallmann 1988; De Filippo 1990; Schlam 1992; Hofmann 1993; Teuber 1993; Harrison 1996; Shumate 1996; Sandy 1997; Finkelpearl 1998; Sandy 1999a; Harrison 2000; Möllendorff 2000b; Holzberg 2003; Pecere/Stramaglia 2003; Möllendorff 2004; Keulen et al. 2006; May 2006; Graverini 2007; Montiglio 2007; Riess 2009; Nicolini 2011; Harrison 2013; James 2014; Tilg 2014; Harrison 2017; Plantade/Vallat 2018; Adkins 2022; Fletcher 2023; Sassi 2024; Ulrich 2024; *Titel:* Bitel 2000/01; Roskam 2014; *Datierung:* Dowden 1994; Hunink 2002; *Sprache:* Callebat 1969; 1998; Dalbera/Longrée 2019; *Novelleneinlagen:* Shumate 1999; *zu einzelnen Abschitten: 1,1:* Harrauer/Römer 1985; Kahane/Laird 2001; *4,28–6,24* (›Amor und Psyche‹): Fehling 1977; Zimmerman et al. 1998; Sandy 1999b; T. Gärtner 2011; *Buch 11:* Mal-Maeder 1997; Egelhaaf-Gaiser 2000; Beer 2011; Keulen/Egelhaaf-Gaiser 2012.

KAPITEL 5

Der idealisierende Roman: Jüngere Texte

Die in diesem Kapitel zu betrachtenden Texte, die – bis auf den *Herpyllis-Roman* – zwischen der Mitte des 2. Jahrhunderts und derjenigen des 3. Jahrhunderts entstanden, gehören wie die in Kapitel 3 erörterten zur Gruppe der idealisierenden Romane, unterscheiden sich aber von ihnen darin, dass sie stärker von der Zweiten Sophistik beeinflusst sind.

In Übereinstimmung mit dem Bildungsideal ihrer Epoche (s. S. 46f.) verwenden die Verfasser der jüngeren idealisierenden Romane eine sehr anspruchsvolle Diktion und bereichern die Erzählung von den Abenteuern eines jungen Liebespaars durch häufige intertextuelle Bezüge auf Werke der Dichtung, Historiographie und Philosophie, ja sogar auf naturwissenschaftliche, geographische und ethnologische Schriften. Sie verstehen es, Örtlichkeiten und Gegenstände mit Liebe zum Detail zu schildern und in die Personencharakterisierung feinsinnige psychologische Beobachtungen einzuflechten. Diese griechischen Schriftsteller erreichen daher auf dem Gebiet der Porträtierung der in ihren Texten agierenden Figuren ein Niveau, das in der Entwicklungsgeschichte der Gattung bis zur Mitte des 2. Jahrhunderts unter den uns noch kenntlichen Romanciers allein Petron und Apuleius aufzuweisen haben. Wie die beiden Autoren komisch-realistischer Romane verfügen die der jüngeren idealisierenden Romane über ein enormes Talent, Menschen aus Fleisch und Blut zu formen und die fiktionale Wirklichkeit, in der sich diese bewegen, so realitätsnah wie möglich zu präsentieren. Mit den komisch-realistischen Romanen haben die Texte außerdem gemeinsam, dass sie subtil mit der Gattungstradition spielen und dabei zumindest passagenweise ähnlich wie die *Satyrica* und die *Metamorphosen* eine gewisse Komik erzeugen.

5.1 Der *Herpyllis-Roman*

Der *Herpyllis-Roman*, von dem ein einziges Papyrusfragment überliefert ist (P. Dubl. Inv. C 3), entstand zwar vermutlich noch in der ersten Hälfte des 2. Jahrhunderts, steht aber sprachlich und inhaltlich den Romanen des Iamblichos, Achilleus Tatios, Longos und Heliodor näher als denen Charitons und Xenophons. Da jemand in der ersten Person Singular berichtet – es handelt sich vermutlich um den männlichen Protagonisten –, könnte es eine Ich-Erzählung gewesen sein, wie wir sie im Bereich der idealisierenden Romane sonst

 | HTTPS://DOI.ORG/10.1515/9783119783112228999-005

nur von Achilleus Tatios kennen. Der Erzähler und die von ihm geliebte Frau Herpyllis – der Name ist eindeutig nicht als »Derkyllis« zu lesen, so dass die Zuordnung des Fragments zum Thule-Roman des Antonios Diogenes durch Susan Stephens und John Winkler (1995) auf einer falschen Voraussetzung beruht – befinden sich, nachdem sie wehklagend voneinander Abschied genommen haben, jedes auf einem von zwei Schiffen, die trotz einer Sturmwarnung auslaufen. Von dem Unwetter wird aber dann lediglich das Schiff des Ich-Erzählers betroffen, da dasjenige der Herpyllis in den Hafen zurückkehren kann. Den größten Teil des Textes nimmt eine detaillierte Beschreibung des Sturms ein, die durch die Benutzung von Vokabular aus Epos und Tragödie, ihre rhetorische Stilisierung sowie durch die Vielschichtigkeit ihrer Intertextualität bemerkenswert ist. Dabei rekurriert der unbekannte Romanautor, der eigentlich nur ein für die Gattung typisches Motiv verwendet, nicht allein auf die seit Homer in Sturmschilderungen üblichen poetischen Topoi, sondern spielt überdies auf meteorologische Prosaschriften an. Eine kurze implizite Bezugnahme auf den Mythos von Keyx und Alkyone und Anklänge an Ovids Version des Mythos (*Metamorphosen* 11,410–748) legen den Gedanken nahe, dass der Text des Fragments zu einer Szene gehörte, in der die Liebenden für längere Zeit getrennt wurden. Man darf aber wohl davon ausgehen, dass sie im Gegensatz zu dem Liebespaar der Sage spätestens am Ende des Romans wieder vereint wurden.

5.2 Iamblichos, *Babyloniaka*

Die *Babyloniaka* (»Babylonische Geschichten«) des Iamblichos, die zu Beginn des letzten Drittels des 2. Jahrhunderts entstanden sein dürften, sind uns wie der *Herpyllis-Roman* fragmentarisch überliefert. Doch wir besitzen vom Text eine große Anzahl kleiner Bruchstücke sowie drei Abschnitte, die jeweils etwa den Umfang eines Kapitels haben, in byzantinischen Kodizes und darüber hinaus eine Inhaltsangabe des Patriarchen Photios (cod. 94). Iamblichos äußerte sich irgendwo im Roman am Schluss eines Exkurses über verschiedene Arten von Magie zu seiner Person. Doch im Referat des Photios erinnern sie an die Auskünfte des Ich-Erzählers Lukios von Patrai über seine Familie und seinen Beruf in Kapitel 55, dem vorletzten Kapitel von *Lukios oder Der Esel* (Pseudo?-) Lukians. Denn Iamblichos bezieht sich in ähnlicher Weise wie Lukios von Patrai in die Fiktion seines Romans mit ein, indem er sagt, er sei ein sowohl mit magischen Künsten als auch mit griechischer Bildung vertrauter Babylonier und habe Anfang und Ende des Krieges prophezeit, den Kaiser Lucius Verus zwischen 162 und 166 gegen den Partherkönig Vologaeses III. führte.

Die Historizität dieser Informationen ist ebenso zweifelhaft wie das, was eine Randnotiz in einer Photios-Handschrift über das Leben des Autors der *Babyloniaka* wissen will. Verdacht weckt hier die Behauptung, Iamblichos sei von Haus aus Syrer gewesen, und ein babylonischer Sklave habe ihn seine Sprache und die Magie gelehrt, ihn in den Sitten seines Landes unterwiesen und ihm die »Babylonischen Geschichten« erzählt. Das klingt nach einem Beglaubigungsapparat, wie ihn ja wahrscheinlich auch der kurze Steckbrief des Ich-Erzählers im *Onos* darstellt (s. S. 91). Authentisch wirkt dagegen, dass die Marginalglosse Iamblichos einen versierten Rhetor nennt. Denn uns sind zwei längere Proben seiner neosophistischen Wortkunst erhalten: die Beschreibung eines prachtvollen Festaufzugs des Königs von Babylon (Frg. 1 Stephens/Winkler) und die Anklagerede eines Ehemanns gegen einen Sklaven, weil seine Frau erzählt hat, sie habe im Traum mit diesem geschlafen (Frg. 35). Auch die von Photios erwähnten Exkurse, die Iamblichos offenbar wie Achilleus Tatios in *Leukippe und Kleitophon* sehr oft einlegte, dürften in Stil und wissenschaftlichem Standard der zeitgenössischen Gelehrsamkeit entsprochen haben.

Ein Überblick über das laut *Suda* auf 39 Bücher verteilte Romangeschehen würde, da es an Einzelepisoden ungemein reich ist, den Rahmen einer Einführung sprengen. Außerdem wäre das auch nichts weiter als die Inhaltsangabe einer Inhaltsangabe. Bei dem Liebespaar im Zentrum des Romans handelt es sich um Eheleute namens Rhodanes und Sinonis. Sie erleben ihre Abenteuer auf der Flucht vor dem grausamen Babylonierkönig Garmos. Die einzelnen Phasen der Erzählung, die auf verschiedenen Schauplätzen des vorpersischen Mesopotamien angesiedelt ist, sind in ähnlich bunter Folge aneinandergereiht bzw. parallel berichtet wie die Erlebnisse des Ehepaars Habrokomes und Anthia bei Xenophon von Ephesos und erinnern angesichts einer unverkennbaren Vorliebe des Autors für grelle Effekte und Szenen, in denen viel Blut fließt, an die *Phoinikika* des Lollianos. So kommen im Laufe des Romangeschehens ein menschenfressender Räuber und ein Leichen verzehrender Hund vor, Bienen bewirken durch ihren Stich den Tod, der König bestraft durch das Abschneiden von Ohren und Nase oder Beerdigen bei lebendigem Leib und tanzt trunken mit Flötenbläserinnen um den irgendwann einmal ans Kreuz gebundenen Rhodanes. Von den konventionellen Motiven finden Scheintod und (versuchter) Selbstmord auffallend häufige Verwendung.

Die offenbar immer wieder erzeugte morbide Atmosphäre – es gab sogar einen Exkurs über Henkersbräuche – war vermutlich ein wesentliches Element der Charakterisierung orientalischer Sitten als grausam und ungesittet. Nun hat, wie wir gesehen haben, Grabgeruch in Petrons ›*Cena Trimalchionis*‹ geradezu leitmotivische Bedeutung, und die Abenteuer des Lukios/Lucius in den beiden ›Eselsromanen‹ bestehen zu einem großen Teil darin, dass er in seiner

Tiergestalt sadistisch gequält wird. Es eröffnet sich also die Möglichkeit, dass Schmerz und Tod, die in den übrigen erhaltenen idealisierenden Romanen geringere Bedeutung haben, in den *Babyloniaka* wie bei Petron, (Pseudo?-)Lukian und Apuleius eine besondere Rolle spielten. Der Erzähler könnte wie die genannten Autoren komisch-realistischer Romane wiederholt in drastischer Form Diskrepanzen zwischen Schein und Sein aufgezeigt haben. Und damit hätte er eventuell die Tendenz verbunden, den frühen idealisierenden Roman zu karikieren. In diese Richtung weisen vor allem motivische Berührungen der *Babyloniaka* mit dem Roman des Achilleus Tatios, der, wie wir sehen werden, den von Xenophon von Ephesos repräsentierten Typ von Erzählprosa regelrecht dekonstruiert. Wie bei Achilleus dürfte auch Sex mehrfach offen dargeboten worden sein.

Photios verrät uns über das Verhältnis des Iamblichos zu seinem Stoff freilich nichts, sondern lässt uns wieder einmal Rätsel raten. Kurz vor Schluss seiner Inhaltsangabe sagt er, Rhodanes habe nach seinem Sieg in einem Feldzug gegen die Syrer, in den Garmos ihn geschickt hatte, Sinonis, von der er vorher getrennt gewesen war, zurückgewonnen und sei danach König über die Babylonier geworden. Greifen wir hier das Happy-End, das, wie man annehmen darf, in dem Roman im Finale, also in Buch 39, erreicht wurde? Aber im Referat des Patriarchen heißt es weiter, die Wiedervereinigung der Eheleute und die Übernahme der Königsherrschaft durch Rhodanes seien durch ein Vogelzeichen angekündigt worden; es wird kurz beschrieben, und dann schließt die Inhaltsangabe mit den Worten: ἐν οἷς ὁ ις′ λόγος (»So endet das sechzehnte Buch«). Das kann man auf den ersten Blick so verstehen, als habe Photios nur bis zu diesem Buch gelesen. Doch wenn es so wäre, würde sich die Frage erheben: Was folgte noch nach einem Ereignis, das so deutlich nach ›Ende gut, alles gut‹ aussieht? Ist überhaupt denkbar, dass der Roman so viel mehr Bücher enthielt als der längste erhaltene, Heliodors *Aithiopika* mit zehn Büchern, oder waren es insgesamt 16?

Man hat sich mehrfach bemüht, die eigenwillige Methode der Inhaltsübersicht, die der Patriarch ja auch bei Antonios Diogenes anwendet, so weit zu entschlüsseln, dass man sich von der Strukturierung des Geschehens eine Vorstellung machen kann. Aber so viel Scharfsinn dafür auch aufgebracht wurde, sicher können wir nun einmal nicht sein.

5.3 Achilleus Tatios, *Leukippe und Kleitophon*

Mit Achilleus Tatios, Longos und Heliodor kommen wir zu denjenigen griechischen Romanciers, deren Werke in der europäischen Literatur der Neuzeit am häufigsten rezipiert wurden. Der Roman *Leukippe und Kleitophon* des Achilleus Tatios wurde offenbar bereits in der Antike besonders gern gelesen. Denn es existieren Fragmente von immerhin sieben Papyri des späten 2. bis frühen 4. Jahrhunderts. Über den Autor des Werks, das dieser Überlieferungsbefund und bestimmte Anhaltspunkte im Text etwa in die Mitte des 2. Jahrhunderts datieren, ist so gut wie nichts bekannt. Wir wissen nicht einmal genau, wie er hieß. Ein Teil der mittelalterlichen Kodizes nennt ihn Statios, was nicht unbedingt auf ein irrtümliches Herüberziehen des ›s‹ von Achilleus zurückzuführen ist. Für den sehr selten belegten Namen Tatios hat man unter Verweis auf Tat (Thot), den Namen eines ägyptischen Gottes, argumentiert. Es konnte aber auch gezeigt werden, dass in Kleinasien, wo mit hoher Wahrscheinlichkeit mehrere der griechischen Romane entstanden, Namen mit der Wurzel Tat- wie Tata, Tatis, Tatias oder Tation verbreitet waren.

Die *Suda*, der zufolge Achilleus in Alexandria geboren wurde – doch das kann einfach daraus erschlossen sein, dass er die Stadt zu Beginn von Buch 5 seines Romans beschreibt –, weist dem Schriftsteller außer dem Roman Abhandlungen über die Himmelssphäre, Etymologie und das Leben bedeutender Männer zu. Obwohl die Bruchstücke, die wir davon besitzen – sie stammen aus dem astronomischen Werk –, stilistisch von der Diktion der *Leukippe* erheblich abweichen, besteht kein Grund, Achilleus, der ein vielfältig interessierter Sophist gewesen sein muss, diese Werke abzusprechen.

Der Roman ist die einzige Ich-Erzählung unter den vollständig überlieferten idealisierenden Romanen. Ein namenloser *narrateur* berichtet am Anfang, wie ihm im phönizischen Sidon die Betrachtung eines Gemäldes, das den Brautraub der Europa durch Zeus darstellte, eine Bemerkung über die Macht des Erosknaben entlockt habe und er dadurch mit Kleitophon, dem Protagonisten des Romans, ins Gespräch gekommen sei. Dieser habe ihm dann, an jene Bemerkung anknüpfend, in einem schattigen Platanenhain seine von Eros beherrschte Vita bis zur Hochzeit mit der schönen Leukippe erzählt, was den übrigen Roman ausfüllt. Durch die Gliederung des Romantextes in acht Bücher, die wir auch bei Chariton finden, werden die Hauptmotive des herkömmlichen Handlungsschemas auf vier Blöcke zu je zwei Büchern verteilt. Die beiden Buchpaare am Anfang und am Ende des Romans (1/2 und 7/8) beinhalten das Werben Kleitophons um Leukippe bzw. die unmittelbare Vorbereitung des Happy Ends, während in dem Abenteuerblock, den diese beiden Buchpaare rahmen, die Reiseerlebnisse (3/4) von den Bedrängungen des Protagonisten und der Protagonistin durch das sexuelle Verlangen fremder Menschen (5/6) getrennt sind.

Für den Bericht des Ich-Erzählers über den Anfang seines erotischen Verhältnisses zu Leukippe benötigt Achilleus deshalb zwei Bücher, weil das von der Gattungstradition geforderte leidenschaftliche Begehren auf den ersten Blick bei ihm allein den Mann erfasst. Bis Leukippe Kleitophons Verlangen erwidert, verfolgen wir längere Zeit seine verschiedenartigen Annäherungsversuche, seine erotischen Enttäuschungen sowie die Beratungen mit seinem Freund Kleinias und dem Sklaven Satyros, um dann von einer Szene, in der Kleitophon (fast) das Ziel seiner Wünsche erreicht, völlig überrascht zu werden: In der Mitte des zweiten Buches lässt Leukippe sich dazu überreden, ihn nachts in ihrem Schlafzimmer zu erwarten, und der voreheliche Sex des Paars wird nur dadurch im letzten Moment verhindert, dass Leukippes Mutter plötzlich erscheint. Obwohl Kleitophon unerkannt entwischen kann, fürchtet er Unannehmlichkeiten und beschließt, mit Leukippe zu fliehen. So begibt sich das Paar in Begleitung des Kleinias und des Satyros auf einem Schiff, auf dem der Ägypter Menelaos zu ihnen stößt, in Richtung Alexandria.

Die überwiegend in Ägypten spielenden Bücher 3 und 4 beginnen mit Sturm und Schiffbruch, welche die Gesellschaft vorübergehend auseinanderreißen. Eine Bande von Räubern, in deren Gewalt das Paar im Nildelta gerät, bestimmt Leukippe für ein Sühneopfer. Kleitophon, den kurz nach seiner Gefangennahme Soldaten befreien, muss zusehen, wie man der jungen Frau am jenseitigen Ufer eines breiten Grabens den Bauch aufschlitzt, ihre Eingeweide zum Verzehr herausnimmt und Leukippe in einen Sarg legt. Erst in der nächsten Nacht erfahren er und die Leser:innen, dass Satyros und Menelaos nach ihrer Landung ebenfalls von den Räubern gefangen worden waren und sich zur Opferung des Mädchens bereit erklärt hatten, diese Tat aber unter Verwendung eines Theaterdolchs mit zuschnappender Klinge und einem um Leukippes Leib gebundenen Sack voller Tierinnereien lediglich vorgetäuscht hatten. Am Anfang des fünften Buches erfolgt noch eine scheinbare Enthauptung Leukippes durch neue Entführer. Der wahre Hintergrund dieses Vorgangs bleibt den Leser:innen lange verborgen, denn die ›Hinrichtung‹ findet auf einem davonsegelnden Schiff statt. Kleitophon, der von einem anderen Schiff aus dabei zusieht und Leukippe nun endgültig gestorben glaubt, verweilt danach weiterhin in Ägypten. Dort geht er mit Melite, einer reichen Frau aus Ephesos, die wiederum ihren Mann für tot hält, eine eheähnliche Beziehung ein, fährt mit ihr in ihre Stadt, weigert sich aber während der Seereise, mit ihr zu schlafen. Auf ihrem Landgut trifft er überraschend Leukippe als Sklavin an.

Der größte Teil des dritten Buchpaars handelt davon, wie Kleitophon sich beharrlich sträubt, die Ehe mit Melite zu vollziehen, und wie Leukippe von den Nachstellungen Thersanders, des rechtmäßigen Gatten der Melite, bedrängt wird. Der Mann ist plötzlich von der Reise, auf der er angeblich umkam, zurückgekehrt. Da er Kleitophon mit seinem Hass verfolgt, ergibt sich für Melite eine Gelegenheit, diesem in einer Notlage zu helfen – sie befreit ihn aus der Gefangenschaft, in die Thersander ihn gebracht hat – und ihn so dafür zu gewinnen, wenigstens eine einzige Liebesnacht mit ihr im Bett zu verbringen; das kommt so verblüffend wie die verhinderte Liebesnacht Kleitophons mit Leukippe.

Eine Intrige Thersanders führt zu Beginn des vierten Buchpaars dazu, dass Kleitophon zum dritten Mal wähnt, Leukippe sei getötet worden. Er klagt sich daraufhin in seiner Verzweiflung selbst des Mordes an und soll nach einer breit geschilderten Gerichtsszene gerade gefoltert werden, als – an den Eremiten in Webers *Freischütz* erinnernd – der Priester der Artemis von Ephesos, der im letzten Buch eine wichtige Rolle spielt, die Szene betritt. Das Eintreffen einer Festgesandtschaft bei ihm verlangt den vorläufigen Abbruch des Verfahrens gegen Kleitophon, und da Leukippes Vater Sostratos, der Leiter der Festgesandtschaft, sich unter den Gästen des Priesters befindet, setzt nun die Beendigung aller Irrungen und Wirrungen ein, die bald die Heirat des Paars ermöglicht.

Dem Happy End geht eine Episode voraus, welche die Reihe der überraschenden Wendungen der Romanhandlung passend beschließt: Es wird von einem Gottesurteil erzählt. Diesem müssen sich Melite und Leukippe unterziehen, die eine, um die Bewahrung ihrer ehelichen Treue, die andere, um die Unversehrtheit ihrer Virginität zu beweisen. Dabei stellt sich nicht allein die Unschuld der jungen, sondern auch der älteren Frau heraus, bei ihr freilich nur, weil Melites Mann, der das Gottesurteil fordert, die Gültigkeit des Schwurs, den sie vor dem Ritual zu leisten hat, ahnungslos auf die Zeit seiner Abwesenheit von Ephesos als Scheintoter einschränkt.

Vergleicht man den Schluss des Romans mit der Eröffnungsszene, fällt zweierlei auf: 1. Der (anonyme) Ich-Erzähler, den Kleitophon dort als solcher ablöst, spricht nicht wieder, 2. er begegnet dem jungen Mann nicht in dessen Heimatstadt Tyros, und dieser tritt ohne Leukippe auf. Über beides hat man viel gerätselt und u. a. vermutet, das Ende des Romans sei nicht vollständig überliefert. Die einfachere, von mir bevorzugte Lösung des Problems wäre, dass ein Open End vorliegt: Den Leser:innen wird angeboten, darüber nachzudenken, was Kleitophon noch erzählen könnte – entweder, dass auf seine Hochzeit mit Leukippe wie in den anderen idealisierenden Romanen ein *happy ever after* folgte, oder dass es neue Leiden gab, über die der interne Ich-Erzähler dem externen nicht mehr berichten möchte. Auf jeden Fall entfernt Achilleus sich mit diesem Romanschluss wie an mehreren vorausgegangenen Stellen seines Opus, die ich schon hervorhob, von der Gattungstradition.

In meinem knappen Inhaltsüberblick habe ich diejenigen Handlungselemente etwas deutlicher hervortreten lassen, die *Leukippe und Kleitophon* in die Nähe der komisch-realistischen Romane rücken. Betrachten wir die narrative Technik zunächst unter diesem Aspekt! Die Wahl der Ich-Erzählung, die

Achilleus Tatios mit Petron und den Verfassern der beiden ›Eselsromane‹ verbindet, bewirkt zunächst einmal, dass die Leser:innen, vor allem natürlich die männlichen, das Geschehen aus der Sicht des Protagonisten erleben und sich dadurch mit ihm und anderen Personen besonders leicht identifizieren können. Der Autor kann das, wie später anhand seiner Charakterisierungskunst näher gezeigt werden soll, dazu benutzen, das fiktionale Geschehen denkbar realistisch zu gestalten, wofür allein schon der Umstand, dass der Ich-Erzähler nicht über (pseudo)historische Begebenheiten, sondern über seine zeitlich nicht weit zurückliegenden eigenen Erfahrungen berichtet, günstige Voraussetzungen schafft.

Das Ersetzen der auktorialen durch die aktoriale Erzählweise ermöglicht außerdem, die restringierte Perspektive des erzählenden Ichs, das nicht alle Zusammenhänge und Hintergründe des ihn betreffenden Geschehens durchschauen kann, zu einer Erhöhung der Spannung zu verwenden. Kleitophon erzählt durchaus auch immer wieder – vor allem in der zweiten Romanhälfte – von Ereignissen, die ihm nur aus dem Rückblick bekannt sein können. Doch daneben gibt es aufregende Szenen wie die zwei mit den vermeintlichen Ermordungen der Leukippe durch Schlachtung bzw. Enthauptung, die dadurch, dass der Berichterstatter sie im Moment des Erzählens für bare Münze nimmt, auch für die Leser:innen real aussehen können.

Freilich dürften diejenigen im zeitgenössischen Publikum des Achilleus, die mit der ›Grammatik‹ der Gattung vertraut waren, schon beim zweiten und spätestens beim dritten Scheintod wahrgenommen haben, dass der Autor, der ja wie die Verfasser der *Satyrica* und der beiden ›Eselsromane‹ ein ›versteckter‹ ist, mit traditionellen Motiven spielen und so den Ich-Erzähler zur komischen Figur machen kann wie Petron seinen Enkolp, (Pseudo-)Lukian seinen Lukios und Apuleius seinen Lucius. Lächerlich wirkt Kleitophon speziell in der langen Phase seiner Werbung um Leukippe. Denn es ist permanent offenkundig, dass die junge Frau anders als die Protagonistinnen bei Chariton und Xenophon nicht dasselbe für den, der sie begehrt, empfindet wie er für sie. Kleitophon liest das nur in Leukippes vermeintlich entgegenkommendes Verhalten hinein, und aufmerksamer Lektüre entgeht das nicht.

Ein weiteres Mittel der Erzähltechnik, das wir bei Achilleus Tatios häufig finden, belegt seine Zugehörigkeit zur geistigen Bewegung der Zweiten Sophistik sehr eindrucksvoll. Mitten in die Darstellung des faktischen Geschehens, deren Diktion ohnehin schon anspruchsvoll und nahezu poetisch ist, lässt er den Ich-Erzähler stilistisch nach allen Regeln der Kunst ausgefeilte Glanznummern seiner Rhetorik in die Erzählung einschalten: detaillierte Beschreibungen von Personen und Sachen, mythographische Instruktionen oder solche naturwissenschaftlicher Art – z. B. über das Nilpferd oder das Krokodil (4,2 und 19) – psychologische Kommentare und Erörterungen über das Für und Wider eines das Geschehen nur am Rande berührenden Problems.

Die Gräzistik hat über solche Einlagen in früheren Zeiten oft geringschätzig geurteilt, weil sie sie von ihrem klassizistischen Literaturverständnis her als zu technisch und somit als unkünstlerisch empfand. Dabei erkennt man einen durchaus künstlerischen Gestaltungswillen des Achilleus Tatios allein schon daran, dass er seine Schilderungen, Exkurse, theoretischen Ausführungen und Redeagone oft an Ruhepunkten der Handlung einsetzt. So ist z. B. eine Diskussion des Kleitophon mit seinen Freunden darüber, ob Sex mit Knaben oder Frauen zu bevorzugen sei, so platziert, dass sie den Bericht des Ich-Erzählers über den Beginn seines erotischen Werbens und damit zugleich Buch 2 abrundet.

Sorgfältige Analyse der rhetorischen Prunkstücke des Achilleus Tatios ergab in jüngerer Zeit sogar, dass diese Einlagen – insbesondere die Bildbeschreibungen – immer wieder der impliziten Kommentierung des Romangeschehens dienen können, da sich einzelne Geschehensabschnitte in ihnen widerspiegeln oder durch sie atmosphärisch vorbereitet werden. So präfiguriert z. B. der von Kleitophon in 5,3ff. auf einem Gemälde erblickte Tereus-Mythos in der Person Philomelas die spätere Leukippe: Von ihrem Schwager Tereus vergewaltigt und der Zunge beraubt, informiert Philomela ihre Schwester Prokne, die Frau des Tereus, über das Verbrechen durch ein Bild auf einem Gewebe. Daran erinnert dann, dass Leukippe nach der vermeintlichen Enthauptung und der anschließenden Versklavung sich Kleitophon in einem Brief offenbart (5,18). Allerdings ist man beim Aufspüren solcher hermeneutischer Zeichen manchmal zu weit gegangen.

Im Rahmen der gerade erwähnten sexualtheroretischen Diskussion gibt Kleitophon z. B. die ausführliche Beschreibung eines Zungenkusses und spricht von seinen Beobachtungen zum weiblichen Orgasmus (2,37). Auch das gehört zu einem Bereich der Darstellungsform des Achilleus, der seinen Roman den komisch-realistischen Romanen verwandt erscheinen lässt: das Bemühen um eine möglichst genaue Schilderung der Verhaltensweisen von Menschen in allen nur denkbaren Situationen, verbunden mit einem stark ausgeprägten psychologischen Interesse. Ein Textbeispiel soll veranschaulichen, wie der Romanautor durch den Mund seines Ich-Erzählers seelische Vorgänge minuziös analysieren kann (7,4,3–6):

Ἦλθε δέ μοι τότε δάκρυα καὶ τοῖς ὀφθαλμοῖς τὴν λύπην ἀπεδίδουν. ὥσπερ γὰρ ἐν ταῖς τοῦ σώματος πληγαῖς οὐκ εὐθὺς ἡ σμῶδιξ ἐπανίσταται, ἀλλὰ παραχρῆμα μὲν οὐκ ἔχει τὸ ἄνθος ἡ πληγή, μετὰ μικρὸν δὲ ἀνέθορε, καὶ ὀδόντι συός τις παταχθεὶς εὐθὺς μὲν ζητεῖ τὸ τραῦμα καὶ οὐκ οἶδεν εὑρεῖν, τὸ δὲ ἔτι δέδυκε καὶ κέκρυπται κατειργασμένον σχολῇ τῆς πληγῆς τὴν τομήν, μετὰ ταῦτα δὲ ἐξαίφνης λευκή τις ἀνέτειλε γραμμή, πρόδρομος τοῦ αἵματος, σχολὴν δὲ ὀλίγην λαβὸν ἔρχεται καὶ ἀθρόον ἐπιρρεῖ, οὕτω καὶ ψυχὴ παταχθεῖσα τῷ τῆς λύπης βέλει, τοξεύσαντος λόγου τέτρωται μὲν ἤδη καὶ ἔχει τὴν τομήν, ἀλλὰ τὸ τάχος τοῦ βλήματος οὐκ ἀνέῳξεν οὔπω τὸ τραῦμα, τὰ δὲ δάκρυα ἐδίωξε τῶν ὀφθαλμῶν μακράν· δάκρυον γὰρ αἷμα τραύματος ψυχῆς. ὅταν ὁ τῆς λύπης ὀδοὺς κατὰ μικρὸν τὴν καρδίαν ἐκφάγῃ, κατέρρηκται μὲν τῆς ψυχῆς τὸ τραῦμα, ἀνέῳκται δὲ τοῖς ὀφθαλμοῖς ἡ τῶν δακρύων θύρα, τὰ δὲ μετὰ μικρὸν τῆς ἀνοίξεως ἐξεπήδησεν. οὕτω κἀμὲ τὰ μὲν πρῶτα τῆς ἀκροάσεως τῇ ψυχῇ προσπεσόντα καθάπερ τοξεύματα κατεσίγασε καὶ τῶν δακρύων ἀπέφραξε τὴν πηγήν, μετὰ ταῦτα δὲ ἔρρει, σχολασάσης τῆς ψυχῆς τῷ κακῷ.

Da kamen mir die Tränen und gaben den Augen den Schmerz zurück. Denn so wie bei den Schlägen auf den Körper nicht sofort der Striemen auftritt, sondern die Schlagwunde nicht augenblicklich ihre volle Blüte hat, erst nach kurzer Zeit aber hervorspringt, und jemand, der vom Hauer eines Ebers verletzt worden ist, sofort nach der Wunde sucht und sie nicht finden kann, diese aber noch untergetaucht und verborgen ist, während sie in Ruhe die von dem Schlag bewirkte Schnittstelle herausbildet und danach plötzlich ein weißer Strich erscheint, der Vorläufer des Blutes, und dieses, nachdem es sich geringe Ruhezeit genommen hat, kommt und reichlich herbeiströmt, so ist auch die Seele, wenn sie vom Pfeil des Kummers verletzt worden ist, nachdem ein Wort ihn abgeschossen hat, zwar bereits verwundet und hat die Schnittstelle, aber die Schnelligkeit des Schusses hat die Wunde noch nicht geöffnet und die Tränen von den Augen weit weg vertrieben; denn die Tränen sind das Blut der Wunde der Seele. Sobald der Hauer des Kummers das Herz allmählich aufgefressen hat, bricht die Wunde der Seele auf, den Augen wird die Tür der Tränen geöffnet, die aber springen nach kurzer Zeit aus der Öffnung hervor. So ließen auch mich die ersten Worte des Berichts, die sich auf meine Seele wie Pfeile stürzten, verstummen und verstopften die Quelle der Tränen, dann aber begannen sie zu strömen, nachdem die Seele Ruhe für das Unglück gefunden hatte.

Besonders stark macht sich das psychologische Interesse des Achilleus Tatios in den erotischen Episoden seines Romans bemerkbar. Für die komisch-realistischen Romane sind betont wirklichkeitsnahe Schilderungen von Szenen des menschlichen Sexuallebens – man denke etwa an die Erzählung von dem ›Ringkampf‹ des Ich-Erzählers mit Palaistra in (Pseudo?-)Lukians *Onos* (9f.; vgl. Apul. *Met.* 2,17) – normal, ja geradezu typisch. Doch in den älteren idealisierenden Romanen vom Typ der *Kallirhoe* Charitons, an deren Tradition Achilleus Tatios primär anknüpfte, beschränkt sich die Darstellung von Erotik im Wesentlichen auf die Erzählung von der Liebe auf den ersten Blick, vom

Schwur ewiger Treue und der standhaften Überwindung aller Anfechtungen sowie der Hochzeit als Happy End. Jetzt wagte der Verfasser von *Leukippe und Kleitophon* erstmals – zumindest für die uns bekannten Texte gilt das – Modifikationen dieses starren Systems. Dadurch, dass Achilleus das erotische Verlangen des Paars zunächst einseitig sein lässt, ermöglicht er, dass Kleitophon seine Leukippe durch Werbestrategien zu erobern versucht, die er aus Buch 1 von Ovids *Liebeskunst* gelernt haben könnte. Ferner macht der Autor einen Geschlechtsverkehr des Protagonisten mit der von ihm begehrten Frau vor der Hochzeit immerhin denkbar, indem er erst im letzten Augenblick die Verhinderung inszeniert (2,23); da hier offenbar das herkömmliche Motiv ›Rettung in höchster Not‹ im Hintergrund steht, sieht man zudem, dass Achilleus' Variationen der erotischen Thematik sowohl aus seinem Drang nach Psychologisierung hervorgehen als auch einen spielerischen Zug haben.

Am weitesten entfernt sich der Autor des Romans *Leukippe und Kleitophon* von den Vorgaben der Gattung damit, dass er seinem an die Protagonistin gebundenen Protagonisten unter exzeptionellen Bedingungen – dieser wurde gerade von Fesseln befreit – einen Seitensprung gestattet (5,27). Melite, die Frau, die sich das ›Einmal-ist-keinmal‹ unter Tränen erbittet, ist nicht einfach nur »lüstern«, wie Erwin Rohde (1876, 479) und andere sie empört nannten; sie ist vielmehr einer der differenziertesten Frauencharaktere der antiken Erzählliteratur, weshalb sie sogar heutige Feministinnen anspricht. Wenn Kleitophon erklärt, dass »das, was geschah, keine Vermählung mehr war, sondern gleichsam ein Heilmittel für eine kranke Seele« (5,27,2: οὐδὲ γάμος ἔτι τὸ πραττόμενον ἦν, ἀλλὰ φάρμακον ὥσπερ ψυχῆς νοσούσης), dient das gewiss der Selbstrechtfertigung. Damit schafft er natürlich nicht aus der Welt, dass er die (von der Gattung vorgeschriebene) Treue zu Leukippe gebrochen hat, ja, was er sagt, wirkt unter diesem Aspekt frivol und überdies komisch. Aber man fühlt sich auch an moderne Psychotherapie erinnert, und deren Prinzipien entspräche dann bei dem antiken Autor das Bedürfnis, seine Romanfiguren ihre sexuellen Beziehungen ein wenig menschlicher gestalten zu lassen, als die Tradition des Genres ihm eigentlich erlaubte.

5.4 Longos, *Daphnis und Chloe*

Wie wir gesehen haben, ersetzt Achilleus Tatios die von der Gattungstradition verlangte ›Liebe auf den ersten Blick‹ durch eine allmähliche Entwicklung der Beziehung seines Liebespaars. Während er der Schilderung dieses Vorgangs immerhin das erste Viertel seines Romans widmet, geht Longos in *Daphnis und Chloe* (ursprünglich *Lesbiaka*?) sogar so weit, dass er die Liebenden seines

Romans nicht vor dem Ende des Werks zueinander finden lässt. Man möchte meinen, dass Longos als derjenige, der einem in den erhaltenen Liebesromanen sonst nur bei Achilleus Tatios greifbaren Handlungselement viel mehr Raum gibt als der Autor von *Leukippe und Kleitophon*, an dessen Roman anknüpfte. Es wäre aber auch die umgekehrte Abfolge denkbar: Achilleus ließ sich motivisch von Longos anregen und machte dann aus der Darstellung des erotischen Aufbaus einer Partnerschaft zwischen Protagonist und Protagonistin lediglich die Vorgeschichte des eigentlichen Romangeschehens.

Die Entstehung von *Daphnis und Chloe* datiert man in der Forschung meist auf etwa 200 n. Chr., was u. a. damit begründet wird, antike Maltechnik in dieser Zeit ähnele der Erzähltechnik des Longos. Doch einer derartigen Argumentation fehlt jede Beweiskraft. Da bisher keine Papyri mit Resten von *Daphnis und Chloe* entdeckt wurden und die früheste Anspielung auf den Roman (vielleicht) in einem Gedicht des Konstantin von Sizilien im 10. Jahrhundert enthalten ist, muss das zeitliche Verhältnis des Longos zu Achilleus Tatios und Heliodor offen bleiben. Wir können nicht einmal genau sagen, woher der Autor von *Daphnis und Chloe* stammt. Auf Lesbos, dem Ort des fiktionalen Geschehens, sind Angehörige einer Familie der Pompeii Longi inschriftlich bezeugt, aber es ist umstritten, ob Longos, der im Werk nichts über seine Person verrät, die Insel aus eigener Anschauung kannte.

Der Anfang des Romans weist ein Motiv auf, das auch Achilleus Tatios am Anfang verwendet: eine Bildbeschreibung als Vorspann der Handlung. Während der Jagd in einem Nymphenhain bei Mytilene auf Lesbos betrachtet der Erzähler ein Gemälde. Dieses liefert ihm nicht einfach den Einstieg in seine Geschichte, sondern es präsentiert das Romangeschehen bereits visuell und weckt in ihm das Verlangen, mit dem Künstler literarisch zu wetteifern. Das daraufhin beginnende ›Malen‹ mit Worten gerät ihm denn auch zu einem Klangbild der rhythmisierten Sätze, der Reime und des reichen rhetorischen Schmucks. Diesmal spricht zu den Leser:innen nicht ein »ich« sagender Protagonist, den ein ›versteckter Autor‹ ab und zu als komische Figur bloßstellt: Hier vernehmen wir die Stimme des von dem Verfasser eindeutig zu trennenden Erzählers, der die ihm zugewiesene Rolle ebenso als solche spielt wie die fiktiven Figuren der Handlung die ihre.

Daphnis und Chloe, die von ihren (verschiedenen) Eltern nach der Geburt ausgesetzt und von einer Ziege bzw. einem Schaf gesäugt worden sind, werden zu Anfang des Geschehens von den jeweiligen Hirten gefunden und in deren Familien aufgezogen. Beim gemeinsamen Hüten der Ziegen und Schafe durch den fünfzehnjährigen Daphnis und die dreizehnjährige Chloe erwacht die Liebe der beiden zueinander. Gleichzeitig beginnen aber auch die unvermeidlichen Schwierigkeiten zweier ahnungsloser Kinder, das für sie unerklärliche

Gefühl der Sehnsucht nach einem engeren Verhältnis zum Partner in aktiven Äußerungen der Zuneigung zum Ausdruck zu bringen. Damit ist das Leitmotiv der ›Reiseabenteuer‹ dieses Romans geschaffen. Die ›Reise‹, die von den beiden unternommen wird, führt zwar nicht in ferne Regionen, doch es handelt sich dabei durchaus um eine ›Abenteuerfahrt‹. Denn sie geht durch das fremdartige Land der seelischen Erfahrungen zweier junger Menschen, welche die körperliche Liebe Schritt für Schritt entdecken. Die ›Reisestationen‹ sind dabei die neuen Erkenntnisse, die das Paar sowohl anhand von Beobachtungen an Tieren und Belehrungen durch andere als auch aus Misserfolgen gewinnt. Das so erworbene Wissen nimmt im Ablauf der Jahreszeiten stetig zu, weshalb Bryan Reardon treffend formuliert: »Daphnis and Chloe embark on a journey not in space but in time (1969, 301).«

Die bald hilfreichen, bald bedrohlichen Begegnungen der beiden Liebenden mit der übrigen Welt erinnern, was die Bedrohungen betrifft, deutlich an die Erlebnisse der Protagonisten in den anderen idealisierenden Romanen. Im ersten von insgesamt vier Büchern rauben phönizische Piraten, die an der Küste von Lesbos landen, Daphnis zusammen mit einer Herde Rinder. In Buch 2 wird Chloe von Soldaten aus der Stadt Methymna auf einem Schiff ihrer Flotte entführt. Beide Male kommt Rettung im letzten Augenblick. Im ersten Fall bewirkt das Syrinxspiel Chloes, dass die Rinder von Bord ins Meer springen und so das Kentern des Seeräuberschiffs verursachen (das Schiffbruchmotiv!), im anderen Falle erzwingt der Hirtengott Pan durch schreckliche Erscheinungen die Freilassung der jungen Frau. Daneben finden sich die aus den anderen Romanen vertrauten Versuche von Rivalen, den Protagonisten bzw. die von ihm geliebte Frau für sich zu erobern. In Buch 1 stellt ein anderer Hirte Chloe nach, und in Buch 4 lesen wir, wie jemand, der vom Schmarotzen lebt – er umschmeichelt den Sohn des Gutsherrn, der von Mytilene aus über die Hirten gebietet –, Daphnis begehrt und wie ein weiterer Hirte Chloe vorübergehend in seine Gewalt bringt.

Diese Attacken auf das Liebesglück des Paars sind wie die Abenteuer mit den Piraten und den Methymnäern kurz und vergleichsweise harmlos. Mit den meist lebensgefährlichen Heimsuchungen der Helden in Romanen vom Typ der *Ephesiaka* Xenophons ist das alles nur entfernt verwandt, ja mutet eher wie das Resultat spielerischer Variation der bekannten Motive an. Als Schauplatz des Geschehens dient zudem eine ländliche Idylle, über deren Frieden schützende Gottheiten wachen. So passt es gut zu den Episoden mit den ›echten‹ Abenteuern des Liebespaars, die einer gewissen Komik nicht entbehren, dass Longos das Motiv für sein Happy-End der Neuen Komödie entlehnt hat: Der Schluss des Romans wird durch zwei überraschende Wiedererkennungsszenen eingeleitet, in denen sich herausstellt, dass Daphnis und Chloe die Kinder des Gutsherrn und eines anderen reichen Bürgers von Mytilene sind. Unmittelbar darauf folgen die Hochzeit und die erste gemeinsame Nacht der beiden, in der sie »schlaflos« sind »wie nicht einmal die Eulen« (4,40: ἀγρυνήσαντες [...] ὅσον οὐδὲ γλαῦκες).

Wie man sieht, haben die ›echten‹ Abenteuer für das Romangeschehen bei weitem nicht dieselbe Bedeutung wie analoge Ereignisse in den anderen idealisierenden Romanen und sind somit eher Teil einer Art Nebenhandlung. Die Haupthandlung konstituiert sich aus den einander abwechselnden Fortschritten und Rückschlägen auf dem schwierigen Weg zum vollkommenen Liebesglück. Longos schildert ihn in allen Einzelheiten von dem Moment an, wo Chloe ihre ersten erotischen Gefühle wahrnimmt, nachdem sie Daphnis nackt gesehen hat (1,13), bis zur Hochzeitsnacht. Höhepunkte der Entdeckungsreise des jungen Paars durch das Reich der Sinne sind in der ersten Hälfte des Romans die Szenen, die von den Unterweisungen über das Wesen des Eros aus dem Munde eines alten, erfahrenen Hirten namens Philetas in Gang gebracht werden. Da er Daphnis und Chloe erklärt, gegen die Macht der Liebe könnten nur »Kuss und Umarmung und Zusammenliegen mit nackten Körpern« (φίλημα καὶ περιβολὴ καὶ συνκατακλιθῆναι γυμνοῖς σώμασι) helfen (2,7,7), probieren die beiden dies alles – das dritte Mittel erst nach einigem Zögern – der Reihe nach aus und halten es zunächst für »das Äußerste des Liebesgenusses« (2,11,3: πέρας ἐρωτικῆς ἀπολαύσεως). Die in den Sommer fallenden erotischen Abenteuer werden dann durch die gerade referierten ›echten‹ Abenteuer der Liebenden und den Winter unterbrochen. Doch gleich im Frühling knüpft Daphnis an das bisher Versuchte an, indem er Chloe sagt, sie müssten jetzt das tun, was auf Küssen, Umarmung und Liegen folge, und zwar das »was die Widder den Schafen tun und die Böcke den Ziegen« (3,14,2: ὃ οἱ κριοὶ ποιοῦσι τὰς οἶς καὶ οἱ τράγοι τὰς αἶγας). Also kommt es zur Mimesis, die zunächst noch von der dritten Stufe des Philetas'schen Gesetzes ausgeht (3,14,5):

> Δάφνις ... συγκατακλινεὶς αὐτῇ πολὺν χρόνον ἔκειτο καὶ οὐδὲν ὧν ἕνεκα ὤργα ποιεῖν ἐπιστάμενος ἀνίστησιν αὐτὴν καὶ κατόπιν περιεφύετο μιμούμενος τοὺς τράγους. πολὺ δὲ μᾶλλον ἀπορηθείς, καθίσας ἔκλαεν εἰ καὶ κριῶν ἀμαθέστερος εἰς τὰ ἔρωτος ἔργα.

> Daphnis ... legte sich zusammen mit ihr hin und lag lange Zeit, und weil er das, wonach er heftig verlangte, nicht zu tun verstand, richtete er sie auf und umfing sie fest von hinten, die Böcke nachahmend. Da er sich aber nun erst recht nicht auskannte, setzte er sich hin und weinte darüber, dass er unwissender sei als die Widder in den Werken der Liebe.

Auch in dieser erotischen Situation erfolgt ›Rettung in höchster Not‹, aber hier – im Gegensatz zu der Schlafzimmerepisode bei Achilleus Tatios (s. S. 108) –

zugunsten der Erotik. Lykainion, eine junge, hübsche Frau aus der Stadt, die mit einem älteren Bauern verheiratet ist und Verlangen nach Daphnis hat, beobachtet heimlich die gerade zitierte Szene und kombiniert daraufhin die Erfüllung der eigenen Wünsche mit einem gründlichen Unterricht in angewandter Sexualkunde für den schönen jungen Mann. Dieser gibt sein neues Wissen allein deshalb nicht sofort, sondern erst in der Hochzeitsnacht an Chloe weiter, weil Lykainion ihn abschreckt, indem sie ihn warnend auf die für seine junge Bettpartnerin mit der Defloration verbundenen körperlichen und seelischen Begleitsymptome hinweist (3,15–20).

All das wird sehr geistreich und witzig erzählt und zeigt uns auch Longos als einen der Meister psychologischer Porträtierungskunst innerhalb der Gattung. Man teilt heute allgemein die Ansicht Goethes, der am 9., 18. und 20. März 1831 Eckermann gegenüber »Verstand, Kunst und Geschmack« des Hirtenromans (» [...] wogegen der gute Virgil freilich ein wenig zurücktritt [...] «) enthusiastisch pries, zu der erotischen Entdeckungsreise der jungen Leute bemerkte, dass »dabei die größten menschlichen Dinge zur Sprache« kämen, und empfahl, das Werk »alle Jahre einmal zu lesen, um immer wieder daran zu lernen und den Eindruck seiner großen Schönheit aufs neue zu empfinden.« Die Gräzistik dachte lange Zeit anders. Bis über die Mitte des 20. Jahrhunderts hinaus hielt man es mit Rudolf Helm, der sich empört von der »sexuellen Perversität« und der »schwülen Schlüpfrigkeit« der »niederen, ans Pornographische grenzenden Sphäre« des Romans abwandte und Goethes »seltsames Fehlurteil« bedauerte (1948, 51).

Seit den sechziger Jahren des 20. Jahrhunderts versuchte man dann besonders eifrig, die Bedeutung des ländlichen Hintergrundes von *Daphnis und Chloe* und der darin wirkenden göttlichen Mächte herauszufinden, während man die erotischen Szenen mehr oder weniger unbeachtet ließ. Die Tatsache, dass nun die Interpretation des Romans als einer Propagandaschrift für einen Mysterienkult (hier der des Dionysos und/oder Eros) ausgerechnet im Fall eines solchen Textes auf ungewöhnlich breite Anerkennung stieß, erscheint im Lichte der vorher geäußerten moralischen Entrüstung als Folge des Umschlagens in ein anderes Extrem. Erst seit etwa fünfzig Jahren bemüht man sich, den Roman als literarisches Werk in der Tradition des Genres und mit Blick auf seinen ›Sitz im Leben‹ auf moderner literaturwissenschaftlicher Grundlage zu interpretieren.

Den ersten wichtigen Vorstoß in diese Richtung unternahm Bernd Effe (1982). Er sieht in der für ihn heilen Welt der Hirten bei Longos, die in kindlicher Unschuld und in einem von den Göttern garantierten Frieden leben, ein Kontrastbild zu der vom Autor als überzivilisiert und moralisch depraviert empfundenen Lebenswirklichkeit der städtischen Kultur in der frühen Kaiserzeit. Offenbar unter dem Einfluss der in Kapitel 2 angesprochenen Entstehungstheorien Perrys und Reardons (S. 40ff.) denkt sich diese Interpretation als Leser:innen von Romanen wie *Daphnis und Chloe* das einsame Individuum in der fremdbeherrschten Polis, das sich in ein alternatives Dasein hineinträumt. Doch die Welt der Hirten bei Longos ist nicht ganz und gar heil, auch wenn ihr Friede nur punktuell gestört wird; immerhin treiben Piraten und Männer, die die Unschuld der Protagonistin bedrohen, im ländlichen Teil von Lesbos ebenso ihr Unwesen wie in den unzivilisierten Regionen des Ostmittelmeerraums bei den anderen Romanciers. Und vor allem: Urbanität wird keineswegs negativ dargestellt.

Nein, auch aus der Sicht des Longos bzw. seiner Erzählerfigur schafft die griechische Poliskultur – bei ihr handelt es sich offenbar wieder um die der klassischen Epoche des 5./4. Jahrhunderts v. Chr., denn Methymna und Mytilene bekriegen sich in Buch 2 als autonome Stadtstaaten – die idealen Voraussetzungen für menschliches Zusammenleben. Speziell in *Daphnis und Chloe* äußert sich das u. a. darin, dass die Hirtenkinder zum Happy-End letztlich nur durch die ›Lebenshilfe‹ der Städterin Lykainion und die Wiedervereinigung mit ihren reichen Eltern in Mytilene geführt werden. Zwar feiern sie ihre Hochzeit auf dem Land, aber Chloe trägt ein elegantes städtisches Brautkleid, und als sie sich erstmals darin präsentiert, kommentiert der Erzähler: ἦν οὖν μαθεῖν οἷόν ἐστι τὸ κάλλος, ὅταν κόσμον προσλάβηται (»Jetzt konnte man sehen, was Schönheit ist, wenn sie Schmuck hinzunimmt«, 4,32,1).

Doch obschon für Longos wie für die Verfasser der anderen idealisierenden Romane die städtische der ländlichen Kultur eindeutig überlegen ist und deshalb sehr wohl als der erstrebenswertere Lebensbereich gilt, haben bei diesem Romanautor die Gefahren für das Liebespaar in ihrer Hirtenwelt, wie gesagt, keine allzu große Bedeutung. In *Daphnis und Chloe* kommt der Kontrast zwischen Stadt und Land besonders in einem Punkt zur Geltung: Seine beiden als Säuglinge von Städtern ausgesetzten Protagonisten benehmen sich, weil sie unter Ziegen und Schafen, nicht in der Polis aufwachsen, während des ganzen Romangeschehens immer wieder tölpelhaft (das Wort passt hier wegen seiner Etymologie gut). Ihre ebenso tumben wie vergeblichen Bemühungen um die Befriedigung ihrer sexuellen Bedürfnisse sind einerseits sehr komisch, wie unser Textausschnitt zeigt, andererseits – da hatte die ältere Gräzistik durchaus recht, nur war sie in ihrer Prüderie gleichfalls tumb – sexuell stimulierend, ja obszön. Komisch und erotisch anregend erscheinen die an infantile ›Doktorspiele‹ erinnernden Aktionen der Hirtenkinder vor allem in den Augen der zeitgenössischen Angehörigen der städtischen Oberschicht und damit der Leser:innen, aus deren Perspektive Daphnis und Chloe sozusagen stellvertretend von Lykainion voyeuristisch beobachtet werden.

Was das mit Romanen vom Typ der *Ephesiaka* vertraute antike Publikum aber auch noch sah, war das literarische Spiel mit der Gattung. In diesem Zusammenhang fand Gerlinde Bretzigheimer (1988) u. a. Folgendes heraus: Bei Longos wird das Prinzip, dass die Liebenden ihre Unschuld *bewahren*, weil es der am Anfang eines »normalen« idealisierenden Romans obligatorische Treueschwur so verlangt, permanent in sein Gegenteil verkehrt. Denn Daphnis und Chloe sinnen während des gesamten Romangeschehens auf nichts anderes, als ihre Unschuld zu *verlieren*.

Wie der Roman des Achilleus erweist sich also auch der des Longos durch seine Neigung zur Parodie bestimmter Gattungskonventionen den komisch-realistischen Romanen eng verwandt. Und wieder stellt man fest, dass die Psychologie dieser Art von fiktionaler Erzählung – im Hirtenroman ist es fast nur noch Sexualpsychologie – einen Beitrag zur Betrachtung der menschlichen Mentalität leistet und somit etwas Lehrhaftes in sich trägt. Der Erzähler der Geschichte von Daphnis und Chloe erhebt in seiner Vorrede sogar Anspruch auf eine didaktische und gleichzeitig therapeutische Wirkung seines Textes, denn er bezeichnet ihn dort (§ 3) als κτῆμα δὲ τερπνὸν πᾶσιν ἀνθρώποις, ὃ καὶ νοσοῦντα ἰάσεται, καὶ λυπούμενον παραμυθήσεται, τὸν ἐρασθέντα ἀναμνήσει, τὸν οὐκ ἐρασθέντα προπαιδεύσει (»erfreulichen Besitz für alle Menschen, der den Kranken heilen, den Trauernden trösten, den, der geliebt hat, süß erinnern, dem, der noch nicht geliebt hat, eine Vorschule sein soll«). Gewiss, das steckt voller Ironie. Man merkt es allein schon daran, dass Longos mit den Worten κτῆμα δὲ τερπνὸν πᾶσιν ἀνθρώποις augenzwinkernd die berühmte programmatische Erklärung in der *Geschichte des Peloponnesischen Krieges* des Thukydides ›zitiert‹, das Werk sei ein κτῆμα ἐς αἰεί (»Besitz für immer«; 1,22,4).

Der Historiker ist einer unter vielen Autoren der griechischen Literatur, auf die Longos in seinem Roman immer wieder so subtil Bezug nimmt wie an der eben genannten Stelle. Ein besonders wichtiger Prätext für *Daphnis und Chloe* als einen Roman, der in einer Hirtenlandschaft spielt, sind die bukolischen Gedichte in den *Idyllen* des hellenistischen Dichters Theokrit (1. H. 3. Jh. v. Chr.). Was ihn betrifft, wird das kulturelle Gedächtnis der Leser:innen dazu angeregt, ganze Szenen seiner Hirtenpoesie oder einzelne Formulierungen zu evozieren; ich greife eine beliebige Passage heraus: Wenn der in einem Monolog über seine Liebe zu Chloe räsonierende Daphnis schwärmt, ‘στόμα κηρίων γλυκυτερον’ (1,18,1 »Ihr Mund <ist> süßer als Honigwaben«), klingt dies offenkundig an das an, was in Theokrits *Idylle* 1 der namentlich nicht genannte Ziegenhirt zu Thyrsis sagt, nachdem dieser sein Lied beendet hat (146):

> πλῆρές τοι μέλιτος τὸ καλὸν στόμα, Θύρσι, γένοιτο,
> πλῆρές δὲ σχαδόνων, [...]

Voll von Honig soll dir, dein schöner Mund werden, Thyrsis,
voll von Honigwaben, […]

Die Intertextualität von *Daphnis und Chloe* mit Dichtung wirkt sich sprachlich darauf aus, dass Longos seine Kunstprosa durch poetische Wörter und Wendungen bereichert. Das finden wir auch bei den anderen Romanautoren, insbesondere Achilleus Tatios und Heliodor. Aber es ist die Geschichte der beiden Hirtenkinder, die man wegen ihrer faszinierenden Umwandlung von Bukolik in eine fiktionale Prosaerzählung als einziges Opus unter den fünf erhaltenen griechischen Liebesromanen der Weltliteratur zuordnen wird. Dem dürften selbst die meisten von den Leser:innen zustimmen, die Goethe nicht darin folgen, dass sie den Text zu ihrer alljährlichen Lektüre machen.

5.5 Heliodor, *Aithiopika*

Heliodors Roman *Aithiopika* (»Äthiopische Geschichten«) dürfte, obwohl er von allen griechischen Romanen das reichste Nachleben hatte und speziell die anfängliche Entwicklung des neuzeitlichen europäischen Romans nicht unwesentlich beeinflusste, ein heutiges Lesepublikum nicht so unmittelbar ansprechen wie Longos' *Daphnis und Chloe*. Denn von den drei vollständig überlieferten späten idealisierenden Romanen steht er den frühen Vertretern des Gattungstyps am nächsten, und seine literaturgeschichtliche Bedeutung liegt vor allem im Äußerlich-Technischen: in der grandiosen Erzählkunst seines Autors, die alle bisherigen Leistungen griechischer Romanschriftsteller auf diesem Gebiet übertrifft und deshalb in jüngerer Zeit zum beliebten Forschungsobjekt subtiler narratologischer Analysen wurde. Ein für Heliodor besonders charakteristisches Mittel der Erzählmethode ist die Verrätselung der Handlung, durch welche die Leser:innen von Anfang bis Ende des Romans zu höchster Aufmerksamkeit, zum Mitdenken und Kombinieren genötigt werden. Gleich zur Eröffnung des Romangeschehens setzt der Erzähler dieses Mittel sehr wirksam ein. Ich beginne meine Inhaltsübersicht deshalb mit einem Zitat der beiden ersten Sätze des berühmten Romananfangs:

Ἡμέρας ἄρτι διαγελώσης καὶ ἡλίου τὰς ἀκρωρείας καταυγάζοντος, ἄνδρες ἐν ὅπλοις ληστρικοῖς ὄρους ὑπερκύψαντες, ὃ δὴ κατ' ἐκβολὰς τοῦ Νείλου καὶ στόμα τὸ καλούμενον Ἡρακλεωτικὸν ὑπερτείνει, μικρὸν ἐπιστάντες τὴν ὑποκειμένην θάλατταν ὀφθαλμοῖς ἐπῄρχοντο καὶ τῷ πελάγει τὸ πρῶτον τὰς ὄψεις ἐπαφέντες, ὡς οὐδὲν ἄγρας λῃστρικῆς ἐπηγγέλλετο μὴ πλεόμενον, ἐπὶ τὸν πλησίον αἰγιαλὸν τῇ θέᾳ κατῄγοντο. καὶ ἦν τὰ ἐν αὐτῷ τοιάδε·

> Als das Tageslicht eben durchbrach und die Sonne auf die Berggipfel herab strahlte, zeigten sich Männer in Räuberbewaffnung auf der Anhöhe, die sich über dem Ausfluss des Nils an der herakleotischen Mündung erstreckt, hielten kurz inne, ließen ihre Augen über das unter ihnen liegende Meer wandern und richteten ihre Blicke zunächst auf die offene See; da diese aber nicht befahren war und keine Diebesbeute versprach, senkten sie ihre Blicke zur nahen Küste hinab. Dort war Folgendes zu sehen:

Es ist ein mysteriöses, unheimliches Tableau, das sich nun den Augen der Räuber und damit zugleich den Leser:innen darbietet; das Prinzip der ›stellvertretenden Romanlektüre‹ durch handelnde Personen, das auch bei Longos in der Lykainion-Episode zu beobachten war (s. o. S. 118), wendet Heliodor den ganzen Roman hindurch immer wieder an. Die Szenerie des Romananfangs erstellt er mit Hilfe einer Präsentationsform, die an die Kameraführung von Filmen erinnert, durch Aneinanderreihung von Einzelbildern, die allmählich einen geschlossenen Eindruck ergeben. Gemeinsam mit den Räubern sehen wir nacheinander ein schwerbeladenes unbemanntes Schiff, davor am Strand zwischen umgestoßenen Tischen und Resten eines üppigen Gelages viele Leiber gerade Erschlagener, deren Glieder zum Teil noch zucken. Nachdem wir zusammen mit den Räubern zum Strand hinuntergegangen sind, zeigt sich uns in ›Nahaufnahme‹ eine wunderschöne junge Frau, die auf einem Felsen sitzt und traurig – jetzt folgen wir und die Räuber ihrem Blick – einen vor ihr am Boden liegenden hübschen jungen Mann betrachtet, der verwundet ist.

Auf dieselbe Art, wie der auktoriale Erzähler uns ohne jede Vorbemerkung Schritt für Schritt in das Zentrum seines Eröffnungstableaus zu dem jungen Paar geleitet, lässt er uns erst nach mehreren daran anschließenden Szenen wissen, dass es sich bei den beiden um Charikleia und Theagenes, die zwei Protagonisten des Romans, handelt (1,8). Dann dauert es bis zum Ende der ersten Hälfte des Romans, der insgesamt zehn Bücher umfasst, bis wir über alle Detailinformationen verfügen, die zum Verständnis der geheimnisvollen Ouvertüre nötig sind. Es würde viel zu weit führen, wenn ich auch nur in groben Zügen nachzuzeichnen versuchte, wie sich in den ersten fünf Büchern der *Aithiopika* die Vorgeschichte unter gleichzeitiger Fortsetzung des Geschehens, das mit dem Erscheinen der Räuber beginnt, in der Retrospektive enthüllt. Ich begnüge mich mit wenigen Worten über die besonders komplizierte narrative Technik, die Heliodor anwendet. Er überträgt es einer Person der Handlung, dem Priester Kalasiris, das bisherige Schicksal der beiden Liebenden einem Mann namens Knemon zu erzählen. Hier ›lässt‹ der Erzähler sich ›vertreten‹, und dadurch, dass die Darstellungsweise des Kalasiris derjenigen des Erzählers entspricht, wird sie den Leser:innen ›metanarrativ‹ verdeutlicht.

Der Bericht des Kalasiris ist einerseits durch eingelegte Berichte so sehr verschachtelt, dass wir ab und zu ›erzählte erzählte Erzählung‹ geboten bekommen und, wie gesagt, sehr gut aufpassen müssen, andererseits wird der Bericht durch die eingestreuten Zwischenbemerkungen des Zuhörers Knemon, die wiederum artikulieren, was wir Leser:innen denken könnten, zur lebendigen Dialogszene. Knemon fungiert aber nicht allein als unser ›Stellvertreter‹, sondern auch als Hauptfigur einer Nebenhandlung, über die uns teils der Erzähler selbst, teils Knemon informiert, und da dieser wie Theagenes Protagonist einer Liebesgeschichte gewesen ist, nutzt Heliodor die Möglichkeit, durch Parallelen und Kontraste die Haupthandlung zu spiegeln. Während der Erzählungen des Kalasiris und Knemons schreitet die Haupthandlung stetig voran, ja der Bericht darüber unterbricht immer wieder die beiden eingelegten Berichte. Das alles ist, narratologisch betrachtet, höchst faszinierend, aber gleichzeitig so verwirrend, dass ich im Folgenden die wichtigsten Ereignisse des Romangeschehens in linearer Nacherzählung nenne.

Charikleia ist die mit Erkennungszeichen ausgesetzte Tochter des äthiopischen Königspaars Hydaspes und Persinna. Sie wächst in Delphi auf, wo sie Kalasiris begegnet, der behauptet, er sei – scharfsinnige Analyse des Textes hat das als Lüge erweisen können – von Persinna auf die Suche nach ihr geschickt worden. In Delphi nimmt auch die Liebesgeschichte mit Theagenes ihren Anfang. Alle drei begeben sich auf die Reise nach Äthiopien, geraten auf hoher See in die Gefangenschaft von Piraten und werden zusammen mit ihnen von einem Sturm an die herakleotische Nilmündung getrieben. Dort führt ein Streit unter zwei Charikleia sexuell begehrenden Seeräubern dazu, dass alle Piraten sich gegenseitig umbringen (an dieses Ereignis knüpft der Beginn des Romans direkt an) und das Paar den anschließend auftauchenden Räubern in die Hände fällt, während Kalasiris entfliehen kann. Nach neuen gefährlichen Erlebnissen der beiden Liebenden mit den Banditen und mit dem von ihnen ebenfalls gefangen gehaltenen Athener Knemon, der ein erotisches Abenteuer vom Typus der euripideischen Phaidra-Tragödie hinter sich hat, wird Charikleia vorübergehend von Theagenes getrennt, trifft aber, nachdem sie Kalasiris wiedergefunden hat, in Memphis, der Heimatstadt des Priesters, auch mit dem von ihr geliebten Mann wieder zusammen.

Inzwischen ist das Romangeschehen bis zum siebten Buch fortgeschritten, und erst jetzt beendet der Erzähler das sukzessive Nachtragen der Vorgeschichten zu den einzelnen Handlungssträngen. Nachdem Knemon schon in Buch 6 aus dem Romangeschehen ausgeschieden war und wir inzwischen teils in der Rückschau, teils direkt die verwickelte Familiengeschichte des Kalasiris erfahren haben, wird der Tod des greisen Priesters berichtet, und damit ist endgültig der Punkt erreicht, von dem an die Charikleia-/Theagenes-Handlung bis zum Schluss des Romans einsträngig erzählt werden kann.

Die bedeutsamsten Begebenheiten bis zur Heimkehr des Mädchens zu seinen äthiopischen Eltern sind rasch referiert. In Memphis gerät das Liebespaar dadurch in größte Bedrängnis, dass Theagenes sich standhaft dem sexuellen Begehren Arsakes, der Frau des persischen Satrapen, verweigert; diese Episode hat motivische Anregungen zu dem Libretto von Verdis *Aida* geliefert. Das Paar wird aus der lebensgefährlichen Lage in höchster Not befreit, weil der von den Umtrieben seiner Frau in Kenntnis gesetzte Satrap, der sich im Krieg mit den Äthiopiern befindet, Charikleia und Theagenes zu sich holen lässt. Auf dem Weg zu ihm von äthiopischen Kundschaftern gefangen genommen und zu König Hydaspes gebracht, soll das Paar nach der Eroberung der Stadt Syene durch die Äthiopier, die in Buch 9 ausgiebig geschildert wird, bei der Siegesfeier den Göttern geopfert werden.

Ähnlich wie Xenophon von Ephesos im Finale seines Romans (s. S. 6) verzögert der Erzähler der *Aithiopika* im letzten Buch das Happy End durch eine Reihe von Szenen, welche die Spannung zusätzlich erhöhen. Er berichtet von einer Keuschheitsprobe, die der Opferung vorausgehen muss und welche die beiden Liebenden bestehen, von der Wiedererkennung der Charikleia durch den Priester und obersten Gymnosophisten Sisimithres, der sie einst ihrem künftigen Pflegevater Charikles übergeben hatte und nun ihren Eltern ihre Identität enthüllt, von der Verlobung der jungen Frau mit ihrem Vetter Meroibos und von der Bändigung eines Stiers, der sich losgerissen hat, durch Theagenes, woraufhin dieser auf Verlangen der Volksmenge mit einem kraftstrotzenden Athleten ringen muss und diesen bezwingt. Der junge Mann zeigt sich also, nachdem vorher durchweg Charikleia die treibende Kraft gewesen ist, überraschend aktiv. Damit greift Heliodor offenkundig das Motiv der Kriegstaten der Protagonisten in den älteren idealisierenden Romanen und bei Iamblichos auf (s. o. S. 16 und 53). Alle diese Ereignisse führen schließlich dazu, dass Theagenes und Charikleia zu Priestern des Sonnengottes und der Mondgöttin geweiht und zur Hochzeitsfeier geleitet werden.

Mit der Expositionsmethode der nachträglich gelieferten Informationen, welche die Erzählung in der ersten Hälfte des Romans wesentlich prägt, hängt sehr eng ein Kunstgriff zusammen, der sich schon im Roman des Achilleus Tatios beobachten ließ. Wie dort damit Spannung erzeugt werden kann, dass das Geschehen nur aus der restringierten Sicht des selbst in die Handlung involvierten Ich-Erzählers berichtet wird (s. S. 109f.), so erzielt Heliodor in einigen Episoden des Romans einen analogen Effekt, indem er seinen Erzähler zeitweilig die Position auktorialer Allwissenheit räumen lässt. So erreicht er z.

B. beim Übergang vom ersten zum zweiten Buch, dass der falsche Eindruck erweckt wird, Charikleia sei vom Hauptmann der Sumpfräuberbande erstochen worden: Diese Tat erzählt der *narrateur* aus der Perspektive des ›Mörders‹ der Charikleia (1,30), der sich, wie man später erfährt, in der Person seines Opfers täuschte.

Ebenso wie der Verfasser der *Aithiopika* auf solche Weise die Verfeinerung der Erzähltechnik im Bereich der griechischen Romanprosa zu höchster Vollkommenheit führt, ragt er durch eine vom idealisierenden Roman vorher unerreichte Meisterschaft in der realistischen Beschreibung von Personen und Gegenständen hervor. Dabei bewirkt Heliodor Anschaulichkeit auch dadurch, dass er die einzelnen Episoden noch ›bühnenmäßiger‹ als Chariton wie Dramenszenen komponiert (s. S. 53). Das gibt zudem Gelegenheit, intertextuelle Bezüge zur klassischen Tragödie, vor allem zu Euripides, herzustellen. Aber die literarischen Anspielungen beschränken sich natürlich nicht auf diese Gattung, sondern beziehen sich auf zahlreiche Werke der griechischen Poesie und Prosa von Homer an; gleich das Eröffnungstableau evoziert die Tötung der Freier in Buch 22 der *Odyssee*.

Der Erzähler der *Aithiopika* erinnert außerdem insofern an den der *Kallirhoe*, als er, wie schon erwähnt, in der Pose des Historikers berichtet (s. o. S. 35). Von den zahlreichen narrativen Raffinessen, die das fiktionale Geschehen bei Heliodor authentisch erscheinen lassen, sei hier nur eine angesprochen: Im vollen Bewusstsein der Tatsache, dass Charikleia und Theagenes es überwiegend mit Nicht-Griechen zu tun haben, nimmt der Erzähler auf die daraus entstehenden Verständnisschwierigkeiten konsequent Rücksicht (z. B. in 1,3). Gleichfalls nur kurz ins Auge gefasst sei, dass auch Heliodor die von den Vertretern der Zweiten Sophistik gepflegte Kunstsprache virtuos beherrscht und damit keineswegs allein in den rhetorischen Prunkstücken und den Exkursen brilliert, die er wie Achilleus Tatios (und übrigens Longos ebenso) zu bieten hat. Heliodor verfügt über eine umfangreiche und immer wieder poetische Lexik. Sein Satzbau, der meist eine ungewöhnliche Wortstellung aufweist und durch Partizipialkonstruktionen überladen ist, macht die *Aithiopika* schwer lesbar, aber das passt zur narrativen Technik der Verrätselung und Verschachtelung. Ohne den in der vorliegenden Einführung mehrfach gebrauchten Begriff des literarischen Spiels über Gebühr ausweiten zu wollen, möchte ich zu erwägen geben, ob es nicht zumindest einen gewissen Hang zum Spielerischen verrät, wenn Heliodor, der offenbar sehr viel Spaß an seiner Fabulier- und Sprachakrobatik hat, damit bis an die Grenzen dessen geht, was man den Leser:innen von Liebes- und Abenteuerromanen zumuten konnte.

Neben dem gegenüber Achilleus Tatios und Longos gesteigerten Niveau der Erzählkunst finden wir bei Heliodor im stofflichen Bereich die Wiederbelebung von typischen Motiven des älteren idealisierenden Romans, um deren Abwandlung bis hin zur Dekonstruktion die beiden Vorgänger sehr bemüht sind. Dabei ist besonders bemerkenswert, dass dieser Erzähler auf sexualpsychologische Beobachtungen, wie die Erzähler von *Leukippe und Kleitophon* und *Daphnis und Chloe* sie machen, keinen Wert legt. Es gibt immerhin eine geradezu spektakuäre Abweichung von dem Handlungsschema der frühen Romane vom Typ der *Ephesiaka* des Xenophon von Ephesos, und man kann sie vielleicht so deuten, dass Heliodor bestrebt war, den ihm abgesteckten Rahmen durch eine neue geistige Dimension zu erweitern: Bei ihm kehren die beiden Liebenden am Schluss des Romans nicht an den Ort in Griechenland zurück, von dem die Reise des Paars ihren Ausgang nahm. Stattdessen wohnen sie nach dem Happy End in einem fernen Land, das zwar äußerlich in einer historisch fassbaren Wirklichkeit lokalisiert wird – wir sollen uns in die Zeit hineinversetzen, in der Ägypten noch von den Persern beherrscht wurde, offenbar in das 6. Jahrhundert v. Chr. –, dessen Beschreibung aber wohl als eine Art Staatsutopie gelesen sein will.

Von einem idealen Herrscher gelenkt, welcher der neupythagoreisch und neuplatonisch gefärbten Weisheit seiner Priester, der Gymnosophisten, zugänglich ist, erscheinen Heliodors Äthiopier als eine Gesellschaft vollkommener Menschen. Ihrem hohen humanen Ethos verhelfen sie dadurch endgültig zum Durchbruch, dass sie nach der Wiedererkennung der für ein Siegesopfer bestimmten Königstochter Charikleia durch ihre Eltern beschließen, von nun an keine Menschen mehr zu schlachten. Welche Intention Heliodor, der sich im letzten Satz der *Aithiopika* als aus Emesa in Phönizien stammender Priester des Helios und damit des allerhöchsten äthiopischen Gottes bezeichnet, mit der Darstellung der Äthiopier als einer idealen Volksgemeinschaft verband, kann man nicht sagen. Bemerkenswert ist immerhin, dass Theagenes und Charikleia, die am Ende des Romans Priesterämter übernehmen, aus Delphi, einem der religiösen Zentren des klassischen Griechenland, nach Äthiopien gekommen sind und von dort ihre griechische Paideia mitgebracht haben. Dieses bedeutende kulturelle Erbe lässt sich eben nicht nur in der Polis, sondern auch in der Fremde pflegen und durch Vereinigung mit einer ebenfalls altehrwürdigen Kultur sinnvoll bereichern.

Da ich die Person des Autors angesprochen habe – wir wissen sonst fast nichts über ihn (s. S. 126f.) –, stellt sich jetzt die Frage nach der Datierung seines Werks. Von den *Aithiopika* existiert nur ein einziges Papyrusfragment (P. Amh. 160). Es stammt aus dem 6. Jahrhundert n. Chr., aber wir haben mehrere Anhaltspunkte innerhalb und außerhalb des Textes, die es wahrscheinlich machen, dass die Entstehung der *Aithiopika* in das zweite Viertel des 3. Jahrhunderts n. Chr. zu setzen und damit zeitlich nicht allzu weit von der mutmaßlichen Genese der Romane des Achilleus Tatios und des Longos abzurücken ist. Zu nennen sind vor allem die für Heliodor zu vermutende Kenntnis der Philostratschen Biographie des Apollonios von Tyana (Anfang 3. Jh.; s. S. 19f.); die Beschreibung der Kataphrakten, von Kopf bis Fuß schwer gepanzerter Reiter (9,14f.), welche die Römer 232/233 in einem Krieg des Severus Alexander gegen die Perser kennenlernten; die offizielle Erhebung der religiösen Verehrung des Sonnengottes zum Reichskult durch das severische Kaiserhaus; und Hinweise in den im zweiten Drittel des 3. Jahrhunderts n. Chr. in ihrer Urform entstandenen *Pseudo-Klementinen* (s. S. 25f.) auf die Bekanntschaft ihres Verfassers mit den *Aithiopika*.

Nun vertreten aber viele Heliodor-Forscher:innen die Meinung, der Roman sei frühestens in der zweiten Hälfte des 4. Jahrhunderts geschrieben worden, und das wurde in jüngerer Zeit zur *communis opinio*. Als Beleg dafür dienen ihnen die beiden Preisreden des Kaisers Julian auf Constantius II., in denen Julian die Belagerung der Stadt Nisibis in Mesopotamien durch Schapur II. im Jahre 350 schildert (or. 1,27 B ff.; 2,63 C ff.). Denn dieser Bericht und namentlich die Beschreibung einer bestimmten Belagerungstechnik zeigen so auffallende Berührungen mit Heliodors Erzählung der Belagerung von Syene in Buch 9 der *Aithiopika*, dass an der Abhängigkeit des einen von dem anderen Text nicht zu zweifeln ist; da bietet sich natürlich zunächst der Gedanke an, dass die Erzählung des historischen Ereignisses als eines solchen dem Romanautor den Prätext lieferte. Vergleiche des julianischen Berichts mit den übrigen antiken Darstellungen der Belagerung von Nisibis ergaben nun aber, dass der Kaiser gerade mit einem besonders romanhaften Zug seiner Schilderung von der gesamten Parallelüberlieferung abweicht, jedoch mit Heliodor übereinstimmt: Beide erzählen von der Verwendung von Kriegsschiffen auf einem künstlichen See, der um die belagerte Stadt gelegt wird.

Man darf also annehmen, dass Julian, der nachweislich griechische Romane kannte (s. S. 36), für seine Rede Heliodors Roman benutzte, und an der Datierung der *Aithiopika* in das zweite Drittel des 3. Jahrhunderts n. Chr. festhalten. Sollten jedoch jüngste Bemühungen ernst zu nehmen sein, die Auseinandersetzung Heliodors mit christlichem Gedankengut nachzuweisen, das bei Kirchenvätern des 4. Jahrhunderts v. Chr. zu finden ist, käme nur diese Entstehungszeit in Betracht.

Die Verfechter des Spätansatzes berufen sich auch gerne darauf, dass der im 5. Jahrhundert n. Chr. lebende Kirchenhistoriker Sokrates Scholastikos die *Aithiopika* zu dem Jugendwerk eines Heliodor macht, der im Alter Bischof von Trikka geworden sei und in Thessalien den Zölibat eingeführt habe. Diese Nachricht wird nicht glaubhafter durch die Behauptung eines anderen Kirchenhistorikers, des um 1320 schreibenden Nikephoros Kallistos, Heliodor sei von einer Synode dazu aufgefordert worden, entweder den Roman zu verbrennen oder auf sein geistliches Amt zu verzichten. Was Sokrates Scholastikos erzählt, lässt sich aber auch nicht durch das Argument untermauern, in der Humanität der äthiopischen Gymnosophisten Heliodors sei, wie man gesagt hat, ein Hauch von christlichem Geist zu verspüren.

In diesem Zusammenhang ist vor allem zu fragen, welchen sonstigen Gesinnungen der so auffällig an sexuellen Themen interessierte Romanautor Achilleus Tatios es verdankte, dass sogar er – so will jedenfalls die *Suda* wissen – die Bischofswürde errang. Folgende Erklärung für das Aufkommen der genannten ›biographischen‹ Angaben über Heliodor und Achilleus Tatios wäre eventuell denkbar: Ziemlich genau in der Zeit zwischen 150 und 250 n. Chr., als einige von der Zweiten Sophistik besonders stark beeinflusste griechische Schriftsteller den Versuch unternahmen, das im 1. Jahrhundert n. Chr. entstandene Genre des idealisierenden Romans inhaltlich und stilistisch auf ein höheres Niveau als das zu heben, was es bisher gehabt hatte, blühte auch die für ein breiteres Publikum bestimmte romanhafte Literatur mit christlicher Thematik (s. o. S. 24). Verglichen mit diesen Produkten der fiktionalen Prosa wirkten Romane wie der des Heliodor mit seinem komplizierten Stil, seiner ausgeklügelten narrativen Technik und seiner subtilen Intertextualität so anspruchsvoll, dass sie, in Konkurrenz mit den christlichen Erzählungen tretend, vielleicht weniger Leser:innen fanden als die älteren idealisierenden Romane. Aber einen kleinen Kreis von Interessenten gab es, wie die Papyrusfragmente von *Leukippe und Kleitophon* belegen, offenbar nach wie vor. Und so mag es denn dazu gekommen sein, dass man, um die Lektüre der heidnischen Romane neben derjenigen der fiktionalen Prosa christlicher Autoren weiterhin zu rechtfertigen, zwei Verfasser von Werken solcher Art von Literatur nachträglich christianisierte.

Heliodors Roman markiert für uns nicht nur in vielfacher Hinsicht den Höhepunkt der Gattung in der antiken griechischen Literatur, sondern auch das Ende. Es dürfte mit ideologischer Großzügigkeit der Byzantiner gegenüber den heidnischen Inhalten der *Aithiopika* und anderer griechischer Prosaerzählungen zu erklären sein, dass diese Texte im Mittelalter weiter abgeschrieben und speziell aus den idealisierenden Romanen sich im 12. Jahrhundert sogar Versromane entwickelten. Im westlichen Europa wurden antike Romane freilich erst in der Renaissance bekannt, als italienische Humanisten die lateinischen Texte Petrons und des Apuleius wiederentdeckten und durch griechische Emigranten aus dem von Türken eroberten Ostmittelmeerraum sowie durch eigene Bibliotheksreisen in den Besitz der bis in die damalige Zeit geretteten altgriechischen Literatur gelangten. Wollte ich jetzt noch einen Überblick über die Rezeption des antiken Romans seit dem 16. Jahrhundert zu geben versuchen, könnte ich in dem mir gesteckten Rahmen nicht mehr bieten als die übliche, aber im Grunde nutzlose Aufzählung von Autoren, Titeln und Daten. Das Thema sollte deshalb lieber in einer eigenen Monographie behandelt werden. Ich fürchte allerdings, dass der Verfasser oder die Verfasserin einer solchen nicht mit derselben Seitenzahl auskäme wie ich mit meiner Einführung in den antiken Roman.

Zu 5.1: *Herpyllis-Roman: Ausgabe:* López Martínez 1998, 107–120; *Bilinguen mit Kommentar:* Kussl 1991, 103–126; Stephens/Winkler 1995, 158–172; *Übersetzungen:* H. Maehler in Kytzler 1983, 2, 741–744; B. P. Reardon in Reardon 1989, 822f.; *Untersuchungen:* Kussl 1991, 127–140; Morgan 1998, 3351–3353.

5.2: *Iamblichos, Babyloniaka: Ausgabe:* Habrich 1960; *Bilinguen mit Kommentar:* Stephens/Winkler 1995, 179–245 (Testimonien nur in englischer Übersetzung); López Martínez 1998; Barbero 2015; *Übersetzungen:* B. Kytzler in Kytzler 1983, 2, 696–714; G. N. Sandy in Reardon 1989, 783–797 (beide ohne die kleinen Fragmente); *Untersuchungen:* Schneider-Menzel 1948; Borgogno 1975a; Beck 1982b; Morgan 1998, 3318–3329; Danek 2000; Ramelli 2001; T. Gärtner 2010b; Bianchi 2016; Dowden 2018; 2019b; Kanavou 2019; Librán-Moreno/Sanz Morales 2019; *zur Paraphrasiermethode des Photios:* Hägg 1975; Danek 2000.

5.3: *Achilleus Tatios, Leukippe und Kleitophon: Ausgabe:* Vilborg 1955; *Bilinguen:* Gaselee 1917; Garnaud 1991; Holzberg 2025; *Übersetzungen:* Plepelits 1980; F. Ast in Kytzler 1983, 2, 174–332; J. J. Winkler in Reardon 1989, 170–284; Whitmarsh 2001; *Kommentare:* Vilborg 1962; Whitmarsh 2020 (1–2); Bentel 2022 (6); Hilton 2024 (3–4); *Überlieferung und Textkritik:* Consonni 2006; Kanavou 2022; *themenübergreifende Monographien und Aufsätze:* Sedelmeier 1959; Bartsch 1989; Reardon 1994a; Mignogna 1996b; Plepelits 1996; Whitmarsh 2003; Morales 2004; Morgan 2004a; Nakatani 2005; Morgan 2007a; Ní Mheallaigh 2007; Chew 2014; Kauffman 2015; Schmid-Dümmler 2018; Kanavou 2023; Gödde 2024; Kanavou 2025; *Sprache:* Sexauer 1899; *zu Anfang und Ende:* Maeder 1991; Repath 2005; Möllendorff 2009.

5.4: *Longos, Daphnis und Chloe: Forschungsbericht:* Morgan 1997; *Ausgabe:* Reeve ^{3}1994; *Bilinguen:* Schönberger 1998; Morgan 2004e (mit Kommentar); Henderson 2009; Cikán/Danek 2018; *Kommentar:* Bowie 2019; *Übersetzungen:* F. Jacobs in Kytzler 1983, 1, 21–99; C. Gill in Reardon 1989, 285–348; *themenübergreifende Monographien und Aufsätze bzw. Kapitel:* Chalk 1960; Cresci 1981; Effe 1982; Hunter 1983; Bretzigheimer 1988; Merkelbach 1988; McQueen 1990; J. J. Winkler 1990; Teske 1991; Kussl 1992b; Morgan 1994b; Reardon 1994b; Zimmermann 1994; Hunter 1996; Wouters 1996; Zimmermann 1997; Kussl 2000; Czapla 2002; Morgan 2003; 2004d; Fakas 2005b; Hubbard 2006; Waldner 2009; Lauwers 2011; Morgan 2011; Repath 2011; Gillespie 2012; Montiglio 2012; Morgan 2012b; Alvares 2014; Bierl 2014; Bowie 2015; Sánchez Hernández 2015; Bierl

2018; Maciver 2020; Bowie 2021; Plantade 2023; Maciver 2024; *Sprache:* Bowie 2017; 2018; Gill 2018.

5.5: *Heliodor, Aithiopika: Bilinguen:* Rattenbury et al. ²1960; Colonna 1987; *Übersetzungen:* R. Reymer in Kytzler 1983, 1, 224–512; J. R. Morgan in Reardon 1989, 349–588; *themenübergreifende Monographien, Sammelbände und Aufsätze bzw. Kapitel:* Szepessy 1957; Morgan 1982; J. J. Winkler 1982; Morgan 1989a; 1989b; 1991; Paulsen 1992; Morgan 1994a; Dowden 1996; Morgan 1996b; Keul-Deutscher 1997; Bretzigheimer 1998; Futre Pinheiro 1998; Hunter 1998; Bretzigheimer 1999; Reardon 2001; Whitmarsh 2002; Morgan 2004c; 2012a; Futre Pinheiro 2014b; Morgan 2014; Dowden 2015; Grethlein 2016; 2017, 74–130; Kruchió 2017; Papadimitropoulos 2017; Grethlein 2020; Iakovou 2020; Palone 2020; Hafner 2021; Repath/Whitmarsh 2022; Grethlein 2024; *Sprache:* Mazal 1958; *Eröffnungsszene:* Bühler 1976; M. M. Winkler 2000/01; Tagliabue 2015; Zanetto 2018; *Exkurse:* Bartsch 1989; Hindermann 2018; *Datierung:* Szepessy 1975; Ross 2015; Mecella 2018; Hilton 2021; Jackson 2021; Krauss 2022.

Bibliographie

Adkins, E. (2022): Discourse, Knowledge, and Power in Apuleius' *Metamorphoses*, Ann Arbor.

Alpers, K. (1996): Zwischen Athen, Abdera und Samos. Fragmente eines unbekannten Romans aus der Zeit der Zweiten Sophistik, in: M. Billerbeck/J. Schamp (Hgg.): KAINOTOMIA. Die Erneuerung der griechischen Tradition, Freiburg/Schweiz, 19–55.

Althoff, J. (2022): Das Bild Demokrits im kaiserzeitlichen Hippokrates-Briefroman, in: O. Hellmann/B. Strobel (Hgg.): Rezeptionen der Vorsokratiker von der Antike bis in die Gegenwart. Akten der 22. Tagung der Karl und Gertrud Abel-Stiftung vom 29. bis 30. Juni 2018 in Trier, Berlin/Boston, Mass. (Philosophie der Antike 42), 207–235.

Alvares, J. (2014): *Daphnis and Chloe*: Innocence and Experience, Archetypes and Art, in: Cueva/Byrne 2014, 26–42.

– (2022): Ideal Themes in the Greek and Roman Novels, London/New York.

Amsler F. et al. (2008; Hgg.): Nouvelles intriges pseudo-clémentines = Plots in the Pseudo-Clementine Romance. Actes du deuxième colloque international sur la littérature apocryphe chrétienne, Lausanne/Genève, 30 août–2 septembre 2006, Prahins (Publications de l'Institut Romand des Sciences Bibliques 6).

Anderson, G. (1976): Studies in Lucian's Comic Fiction, Leiden (Mnemosyne Suppl. 43).

– (1982): Eros Sophistes: Ancient Novelists at Play, Chico, Ca.

– (1984): Ancient Fiction: The Novel in the Graeco-Roman World, London et al..

– (1996): Philostratus on Apollonius of Tyana: The Unpredictable on the Unfathomable, in: Schmeling 1996b, 613–618.

– (2014): Chariton: Individuality and Stereotype, in: Cueva/Byrne 2014, 13–25.

Anderson, M. G. (2009): The Silence of Semiramis: Shame and Desire in the Ninus Romance and Other Greek Novels, Ancient Narrative 7, 1–27.

Andreassi, M. (2015), The *Life of Aesop* and the Gospels: Literary Motifs and Narrative Mechanisms, in: S. Panayotakis et al. 2015, 151–166.

– (2018): La semantica di οὐᾶ nella »Vita Aesopi«: nuovi elementi per la datazione, Hermes 146, 166–186.

Aragosti, A. et al. (1988): Petronio: l'episodio di Quartilla: (*Satyricon* 16–26.6), Bologna.

Aresi, L. (2019): *Res novae*. Die »Cena Trimalchionis« und der Kreislauf der Transgression, Hermes 147, 469–482.

Astbury, R. (1977): Petronius, *P. Oxy.* 3010, and Menippean Satire, Classical Philology 72, 22–31; auch in: Harrison 1999b, 74–84.

Attridge, H. W./J. V. Hills (2010): The Acts of Thomas. Translated by H. W. A., Edited by J. V. H., Salem, Or. (Early Christian Apocrypha 3).

Aubin, M. (1998): Reversing Romance? *The Acts of Thecla* and the Ancient Novel, in: Hock et al. 1998, 257–272.

 | HTTPS://DOI.ORG/10.1515/9783119783112228999-006

Barbero, M. (2015): I *Babyloniaca* di Giamblico. Testimonianze e frammenti, Alessandria.

Barchiesi, A. (1986): Tracce di narrativa e romanzo latino: una rassegna, in: Semiotica della novella latina. Atti del seminario interdisciplinare »La novella latina«, Pisa (Materiali e discussioni per la storia della narrativa greco-latina 4), 219–236 = Traces of Greek Narrative and the Roman Novel: A Survey, in: Harrison 1999b, 124–141.

Barrier, J. W. (2009): The Acts of Paul and Thecla: a Critical Introduction and Commentary, Tübingen (Wissenschaftliche Untersuchungen zum Neuen Testament. 2. Reihe 270).

Bartsch, S. (1989): Decoding the Ancient Novel: The Reader and the Role of Description in Heliodorus and Achilles Tatius, Princeton, N. J.

Bastianini, G. (2010): PSI XIII 1305, *Romanzo di Nino*, in: Bastianini/Casanova 2010, 279–288.

– /A. Casanova (2010; Hgg.): I papiri del romanzo antico. Atti del convegno internazionale di studi, Firenze, 11–12 giugno 2009, Firenze (Studi e Testi di Papirologia / Istituto Papirologico G. Vitelli. n. s. 12).

Baumbach, M. (2004): Erotische Klippen auf der Kreuzfahrt zur Wahrheit. Zur narrativen Struktur von Lukians *Wahren Geschichten* als Parodie des griechischen Liebesromans, in: A. Hornung et al. (Hgg.): Studia humanitatis ac litterarum trifolio Heidelbergensi dedicata. Festschrift für Eckhard Christmann, Wilfried Edelmaier und Rudolf Kettemann, Bern et al. (Studien zur Klassischen Philologie 144), 19–32.

– /M. Sanz Morales (2021): Chariton von Aphrodisias, *Kallirhoe*. Kommentar zu den Büchern 1–4, Heidelberg (Wissenschaftliche Kommentare zu griechischen und lateinischen Schriftstellern).

Beck, R. (1973): Some Observations on the Narrative Technique of Petronius, Phoenix 27, 42–61; auch in: Harrison 1999b, 50–73.

– (1975): Encolpius at the *Cena*, Phoenix 29, 271–283.

– (1979): Eumolpus *poeta*, Eumolpus *fabulator*: A Study of Characterization in the *Satyricon*, Phoenix 33, 239–253.

– (1982a): The Satyricon: Satire, Narrator, and Antecedents, Museum Helveticum 39, 206–214.

– (1982b): Soteriology, the Mysteries, and the Ancient Novel: Iamblichus *Babyloniaca* as a Test-Case, in: U. Bianchi/M. J. Vermaseren (Hgg.): La soteriologia dei culti orientali nell'impero romano. Atti del Colloquio Internazionale, Leiden, 527–540.

Beer, B. (2011): Lucius bei den Phäaken. Zum νόστος-Motiv in Apuleius, *Met.* 11, Ancient Narrative 9, 77–98.

Benedikt, E. (2009): Initiationsmähler in den griechisch-römischen Mysterienkulten?, Jahrbuch für Antike und Christentum 52, 7–21.

Bentel, B. (2022): A Commentary on Book 6 of Achilles Tatius' *Leucippe and Clitophon*, Diss. University of Capetown.

Bentley, R. (1874): Dissertations Upon the Epistles of Phalaris, Themistocles, Socrates, Euripides, and Upon the Fables of Aesop [1699]. Edited with an Introduction and Notes by W. Wagner, Berlin.

Bernsdorff, H. (2006): Zur Handlung von P. Oxy. 4761 (Antonios Diogenes?), Göttinger Forum für Altertumswissenschaft 9, 7–12.

Beschorner, A. (1992): Untersuchungen zu *Dares Phrygius*, Tübingen (Classica Monacensia 4).

– (1994): Griechische Briefbücher berühmter Männer. Eine Bibliographie, in: Holzberg 1994, 169–190.

– /N. Holzberg (1992): A Bibliography of the Aesop Romance, in: Holzberg 1992, 165–187.

Bianchi, N. (2015): Antonio Diogene: nuovi testimonia e un frammento inedito (Olympiod. in Arist. Meteor. 350b, Schol. in cod. Marc. Gr. 450), Bollettino dei Classici / Academia Nazionale de Lincei 36, 61–76.

– (2016): The Number of Books of Iamblichus' *Babyloniaca* (on Photius *Bibl.* 94, 78b 3), Prometheus n. s. 5, 219–225.

Bierl, A. (2006): Räume im Anderen und der griechische Liebesroman des Xenophon von Ephesos: Träume?, in: A. Loprieno (Hg.): Mensch und Raum von der Antike bis zur Gegenwart, München (Colloquia Raurica 9), 71–103.

– (2014): Love, Myth, and Ritual: the Mythic Dimension and Adolescence in Longus' *Daphnis and Chloe*, in: Cueva/Byrne 2014, 441–455.

– (2018): Longus' Hyperreality: *Daphnis and Chloe* as Meta-text About Mimesis and Simulation, in: Cueva et al. 2018, 3–27.

Billault, A. (1991): La création romanesque dans la littérature grecque à l'époque impériale, Paris (Écriture).

– (2010): Le Roman dé Sésonchosis: fragments, thèmes et fiction, in: Bastianini/Casanova 2010, 193–205.

– (2019): Lucien, l'âne et la metamorphose dans *Lucius ou L'âne*, Revue des Études Grecs 132, 263–275.

– (2024): Le Roman dé Sésonchosis et les romans grecs, in: F. Hoffmann et al. (Hgg.): Sesostrosis. Scheschonq. Sesonchosis. Ein internationaler Held und sein Nachwirken. Beiträge der Tagung vom 14. bis 16.9.2012 an der Ludwig-Maximilians-Universität und am Staatlichen Museum ägyptischer Kunst in München, Leiden/Boston, Mass. (Culture & History of the Ancient Near East 139), 327–341.

Bird, R. (2021): Sophrosune in the Greek Novel: Reading Reaktions to Desire, London/New York (Bloomsbury Classical Study Monographs).

Bitel, A. P. (2000/01): *Quis ille Asinus aureus?* The *Metamorphoses* of Apuleius' Title, Ancient Narrative 1, 208–244.

Bodel, J. (1994): Trimalchio's Underworld, in: Tatum 1994b, 237–259.

– (1999): The *Cena Trimalchionis*, in: Hofmann 1999, 38–51.

– (2019): *Liber esto*: Free Speech at the Banquet of Trimalchio, in: S. Panayotakis/ Paschalis 2019, 161–180.
– (2024): Not So Funny After All: On Deconstructing (and Reconstructing) the Text of Petronius, in: D. W. Dixon/M. C. English (Hgg.): The Spirit of Aristophanes, Edinburgh, 178–203.
Borgogno, A.(1975a): Sui *Babyloniaca* di Giamblico, Hermes 103, 101–126.
– (1975b): Sulla struttura degli *Apista* di Antonio Diogene, Prometheus 1, 49–64.
– (1979): Antonio Diogene e le trame dei romanzi greci, Prometheus 5, 137–156.
Borkowski, J.-F. (1997): Socratis quae feruntur epistolae. Edition, Übersetzung, Kommentar, Stuttgart/Leipzig (Beiträge zur Altertumskunde 94); Nachdr. Berlin/Boston, Mass. 2015.
Boter, G. (2015): The Title of Philostratus' *Life of Apollonius of Tyana*, The Journal of Hellenic Studies 135, 1–7.
– (2022): Flavius Philostratus. Vita Apollonii Tyanei, Berlin/Boston, Mass. (Bibliotheca Scriptorum Graecorum et Romanorum Teubneriana).
Bowie, E. (1994a): Philostratus: Writer of Fiction, in: Morgan/Stoneman 1994, 181–199.
– (1994b): The Readership of Greek Novels in the Ancient World, in: Tatum 1994b, 435–459.
– (1996): The Ancient Readers of the Greek Novels, in: Schmeling 1996b, 87–106.
– (2002): The Chronology of the Earlier Greek Novels since B. E. Perry: Revisions and Precisions, Ancient Narrative 2, 47–64.
– (2007): Links Between Antonius Diogenes and Petronius, in: Paschalis et al. 2007, 121–132.
– (2013): Milesian Tales, in: Whitmarsh/Thomson 2013, 243–257.
– (2015): A Land Without Priests? Religious Authority in Longus, *Daphnis and Chloe*, in: S. Panayotakis et al. 2015, 69–83.
– (2017): Poetic Elements in the Greek Novelists' Prose, in: M. Biraud/M. Briand (Hgg.): Roman grec et poésie. Dialogue des genres et nouveaux enjeux du poétique. Actes du colloque international, Nice, 21–22 mars 2013, Lyon (Collection de la Maison de l'Orient et de la Méditerranée. Série Littéraire et Philosophique 22), 97–131.
– (2018): Λέξεις Λόγγου, in: Chew et al. 2018, 99–112.
– (2019): Longus. Daphnis and Chloe, Cambridge (Cambridge Greek and Latin Classics).
– (2021): Theocritus and Longus, in: P. Kyriakou et al. (Hgg.): Brill's Companion to Theocritus, Leiden/Boston, Mass. (Brill's Companions in Classical Studies), 747–768.
– /J. Elsner (2009; Hgg.): Philostratus, Cambridge/New York (Greek Culture in the Roman World).
– /S. J. Harrison (1993): The Romance of the Novel, The Journal of Roman Studies 83, 159–178.
Boyce, B. (1991): The Language of the Freedmen in Petronius' *Cena Trimalchionis*, Leiden (Mnemosyne Suppl. 117).

Brandt, E./W. Ehlers (^{6}2012): Der goldene Esel. Metamorphosen. Lateinisch–deutsch. Mit einer Einführung von N. Holzberg, München (Sammlung Tusculum).

Branham, R. B. (2019): Inventing the Novel: Bakhtin and Petronius Face To Face, Oxford.

Brant, J.-A. A. et al. (2005; Hgg.): Ancient Fiction: the Matrix of Early Christian and Jewish Literature. Leiden (Symposium Series / Society of Biblical Literature 32).

Breitenstein, N. (2009): Petronius, *Satyrica* 1–15. Text, Übersetzung, Kommentar, Berlin (Texte und Kommentare 32).

Bremi, J. H. (1829): Aeschines der Redner. III, Stuttgart (Griechische Prosaiker in neuen Übersetzungen 53).

Bremmer, J. N. (1998): The Novel and the Apocryphal Acts: Place, Time and Readership, Groningen Colloquia on the Novel 9, 157–180.

– (1999): Achilles Tatius and Heliodorus in Christian East Syria, in: H. L. J. Vanstiphout (Hg.): All Those Nations...: Cultural Encounters Within and with the Near East. Studies Presented to H. Drijvers, Groningen, 21–29.

– (2000; Hg.): The Apocryphal Acts of Andrew, Leuven (Studies on the Apocryphal Acts of the Apostles 5).

– (2010; Hg.): Pseudo-Clementines, Leuven (Studies on Early Christian Apocrypha 10).

– (2021): The *Acts of John*, the *Acts of Andrew* and the Greek Novel, Ancient Narrative 17, 125–143.

Brescia, G. et al. (2018): Revival and Revision of the Trojan Myth: Studies on Dictys Cretensis and Dares Phrygius, Hildesheim/New York (Spudasmata 177).

Brethes, R. (2007): De l'idéalisme au réalisme: une étude du comique dans le roman grec. Avec une préface de D. Konstan, Salerno.

Bretzigheimer, G. (1988): Die Komik in Longos' Hirtenroman »Daphnis und Chloe«, Gymnasium 95, 515–555.

– (1998): Die Persinna-Geschichte – eine Erfindung des Kalasiris? Überlegungen zu Heliodors Äthiopika, 4, 12, 1 – 13, 1, Wiener Studien 111, 93–118.

– (1999): Brudermord und Kindesmord. Pseudotragik in Heliodors Äthiopika (mit einer Appendix zum Beginn des Romans), Wiener Studien 112, 59–86.

– (2008): Dares Phrygius. *Historia ficta.* Die Präliminarien zum trojanischen Krieg, Rheinisches Museum für Philologie 151, 365–397.

– (2009): Dares Phrygius. Transformationen des trojanischen Kriegs, Rheinisches Museum für Philologie 152, 63–95.

– (2010): Der Porträtkatalog des Dares Phrygius und seine Rezeption bei Joseph von Exeter und Albert von Stade, Mittellateinisches Jahrbuch 45, 419–444.

Brodersen, K. (1994): Hippokrates und Artaxerxes: Zu P. Oxy. 1184^{v}, P. Berol. inv. 7094^{v} und 21137^{v} + 6934^{v}, Zeitschrift für Papyrologie und Epigraphik 102, 100–110.

– (2019): Dictys/Dares. Krieg um Troja. Lateinisch-deutsch. Hg. und übersetzt, Berlin/Boston, Mass. (Sammlung Tusculum).

– (2025a): Hippokrates. Griechische Briefe. Zweisprachige Ausgabe, Speyer (Opuscula 19).
– (2025b): Phalaris. Griechische Briefe. Zweisprachige Ausgabe, Speyer (Opuscula 23).
– (2025c): Themistokles. Griechische Briefe. Zweisprachige Ausgabe, Speyer (Opuscula 18).
– (2026): Chion: Griechische Briefe. Zweisprachige Ausgabe, Speyer (Opuscula 26).
Bühler, W. (1976): Das Element des Visuellen in der Eingangsszene von Heliodors Aithiopika, Wiener Studien 10, 177–185.
Burnet, J. (1907): Platonis Opera. Tomus V. Tetralogiam IX Definitiones et Spuria continens, Oxford (Scriptorum Classicorum Bibliotheca Oxoniensis).
Bury, R. G. (1929): Plato in Twelve Volumes. IX. Timaeus. Critias. Cleitophon. Epistles. With an English Translation, Cambridge, Ma./London (Loeb Classical Library 234).
Byrne, S. N. et al. (2006; Hgg.): Authors, Authority, and Interpreters in the Ancient Novel: Essays in Honor of Gareth L. Schmeling, Eelde (Ancient Narrative. Suppl. 5).

Callebat, L. (1969): Sermo cotidianus dans les Métamorphoses d'Apulée, Caen.
– (1998): Langages du roman latin, Hildesheim (Spudasmata 71).
Callu, J.-P. (2020): Julius Valère. Roman d'Alexandre. Texte traduit et commenté, Turnhout (Recherches sur les rhetoriques religieuses).
Capra, A. (2018): Xenophon's ›Round Trip‹: Geography as Narrative Consistency in the *Ephesiaka*, in: Fuetre Pinheiro et al. 2018, 17–28.
Casanova, A. (2014a): Un'interpretazione del nuovo frammento di Lolliano, in: M. Tulli (Hg.): Φιλία. Dieci contributi per Gabriele Burzacchini, Bologna (Eikasmos. Studi 25), 115–132.
– (2014b): Tombs and Stables, Roofs and Brothels, Dens and Raids in Lollianos' Fragments, in: Futre Pinheiro 2014 et al., 171–185.
Chalk, H. H. O. (1960): Eros and the Lesbian Pastorals of Longos, The Journal of Hellenic Studies 80, 32–51; auch in: H. Gärtner 1984, 388–407 und in: B. Effe (Hg.): Theokrit und die griechische Bukolik, Darmstadt 1986 (Wege der Forschung 580), 374–401.
Chew, K. (2014): Achilles Tatius: Sophistic Master of Novelistic Conventions, in: Cueva/Byrne 2014, 62–75.
– et al. (2018; Hgg.): Literary Currents and Romantic Forms: Essays in Memory of Bryan Reardon, Groningen (Ancient Narrative. Suppl. 26).
Chiarini, G. (1983): Esogamia e incesto nella Historia Apollonii regis Tyri, Materiali e discussioni per l'analisi dei testi classici 10/11, 267–292.
Christesen, P./Z. Torlone (2002): Ex omnibus in unum, nec hoc nec illud: Genre in Petronius' Satyricon, Materiali e discussioni per l'analisi dei testi classici 49, 135–172.
Christy, J. P. (2016): Chion of Heraclea: Letters and Life of a Tyrannicide, in: De Temmerman/Demoen 2016, 259–277.

Cikán, O./G. Danek (2018): Longos. Daphnis und Chloë. Ein poetischer Liebesroman. Hg., übersetzt, kommentiert und mit einem Nachwort versehen, Wien/Prag.

Cioffi, R./Y. Trnka-Amrhein (2010): What's in a Name? Further Similarities Between Lollianos' *Phoinikika* and Apuleius' *Metamorphoses*, Zeitschrift für Papyrologie und Epigraphik 173, 66–68.

Cizek, A. (1978): Historical Distortions and Saga Patterns in the Pseudo-Callisthenes Romance, Hermes 106, 593–607.

Cobb, C. (2018): Madly in Love: the Motive of Lovesickness in the Acts of Andrew, in: Johnson et al. 2018, 29–41.

Coleman, K. M. (2011): Sailing to Nuceria: Evidence for the Date of Xenophon of Ephesus, Acta Classica 54, 27–42.

Colonna, A. (1987): Eliodoro. Le Etiopiche, Torino (Classici greci).

Coneybeare, F. C. (1912): Philostratus. The Life of Apollonius of Tyana. Translated from Greek, London/Cambridge, Mass. (Loeb Classical Library).

Connors, C. (1998): Petronius the Poet: Verse and Literary Tradition in the *Satyricon*, Cambridge.

Consonni, C. (2006): On the Text of Achilles Tatius, in: Byrne et al. 2006, 112–130.

Conte, G. B. (1997): The Hidden Author: An Interpretation of Petronius' *Satyricon*, Berkeley et al.

Cooper, K. (1996): The Virgin and the Bride: Idealized Womanhood in Late Antiquity, Cambridge, Mass.

Cortassa, G./E. Culasso Gastaldi (1990): Le lettere di Temistocle. I: Edizione critica, traduzione, note testuali e indici. II: Il problema storico. Il testimone e la tradizione, Padova.

Cortez, P. (2022): Núcleos narrativos novelísticos en el episodio de Píramo y Tisbe (*Met.* 4.55–166), Argos 47, unpaginiert.

Costa, C. D. N. (2001): Greek Fictional Letters: A Selection with Introduction, Translation and Commentary, Oxford.

Costantini, L. (2019): The People as a Collective Character in the Story of the Widow of Ephesus (Petronius, *Satyrica* 111–112), Mnemosyne 72, 827–839.

– (2021): Apuleius Madaurensis, Metamorphoses. Book III. Text, Introduction, Translation and Commentary, Leiden/Boston, Mass. (Groningen Commentarie on Apuleius).

Côté, D. (2006): La figure d'Éros dans les *Homélies pseudo-clémentines*, in: L. Painchaud/ P.-H. Poirier (Hgg.): Coptica, gnostica, Manichaica. Mélanges offerts à Wolf-Peter Funk, Leuven (Bibliothèque Copte de Nag Hammadi. Section Études 7), 135–165.

Courtney, E. (1991): The Poems of Petronius, Atlanta.

– (2001): A Companion to Petronius, Oxford.

Crabbe, K. (2023): Domestic Sexual Abuse in Early Christianity: Conflations of Violence and Desire in the *Acts of John*, Bulletin of the Institute of Classical Studies 66, 163–174.

Cresci, L. R. (1981): Il romanzo di Longo sofista e la tradizione bucolica, Atene e Roma 26, 1–25 = The Novel of Longus the Sophist and the Pastoral Tradition, in: Swain 1999c, 210–242.

Cucchiarelli, A. (1998): Eumolpo poeta civile. Tempesta ed epos nel *Satyricon*, Antike und Abendland 44, 127–138.

Cueva, E. (2004): The Myths of Fiction: Studies in the Canonical Greek Novels, Ann Arbor.

– et al. (2018; Hgg.): Re-wiring the Ancient Novel. 1: Greek Novels. 2: Roman Novels and Other Important Texts, Groningen (Ancient Narrative. Suppl. 24).

– /S. Byrne (2014; Hgg.): A Companion to the Ancient Novel, Chichester/Malden, Mass.

Czapla, B. (2002): Literarische Lese-, Kunst- und Liebesmodelle. Eine intertextuelle Interpretation von Longos' Hirtenroman, Antike und Abendland 48, 18–42.

Dalbera, J./D. Longrée (2019; Hgg.): La langue d'Apulée dans les *Métamorphoses*, Paris (Collection Kubaba. Série »Grammaire et linguistique«).

Dalley, S. (2013): The Greek Novel *Ninus and Semiramis*: Its Background in Assyrian and Seleucid History and Monuments, in: Whitmarsh/Thomson 2013, 117–126.

Dana, D. (1998–2000): Zalmoxis in Antonius Diogenes' *Wonders Beyond Thule*, Studii Clasice 34–36, 79–135.

Danek, G. (2000): Iamblichs Babyloniaka und Heliodor bei Photios. Referattechnik und Handlungsstruktur, Wiener Studien 113, 113–134.

– (2013): Autorisierte Fiktionen – fingierte Autoren. Chariton und der antike Roman, in: H. Bannert/E. Klecker (Hgg.): Autorschaft. Konzeptionen, Transformationen, Diskussionen, Wien (Singularia Vindobonensia 3), 77–100.

De Filippo, J. (1990): *Curiositas* and the Platonism of Apuleius' *Golden Ass*, American Journal of Philology 111, 471–492; auch in: Harrison 1999a, 269–289.

De Jong et al. (2004; Hgg.): Studies in Ancient Greek Narrative. 1. Narrators, Narratees, and Narratives in Ancient Greek Literature, Leiden/Boston, Mass. (Mnemosyne Suppl. 257).

– (2012; Hg.): Studies in Ancient Greek Narrative. 3. Space in Ancient Greek Literature, Leiden/Boston, Mass. (Mnemosyne Suppl. 339).

De Temmerman, K (2014): Crafting Characters: Heroes and Heroines in the Ancient Greek Novel, Oxford/New York.

– (2020; Hg.): The Oxford Handbook of Ancient Biography, Oxford/New York.

– /K. Demoen (2016; Hgg.): Writing Biography in Greece and Rome: Narrative Technique and Fictionalization, Cambridge/New York.

Del Corso, Lucio (2010): Il romanzo greco a Ossirinco e i suoi lettori. Osservazioni paleografiche, bibliologiche, storio-culturali, in: Bastianini/Casanova 2010, 247–277.

Dell'Isola, M. (2022): Violence Against Women in the Apocryphal Acts of the Apostles: Some Insights on the *Acts of Thomas* and the *Acts of John*, Vetera Christianorum 59, 107–120.

Demoen, K./D. Praet (2009; Hgg.): Theios Sophistes: Essays on Flavius Philostratus' *Vita Apollonii*, Leiden/Boston, Mass. (Mnemosyne Suppl. 305).

Dentice di Accadia Ammone, S. (2022): Eumolp Simulator: Ein Lebenskünstler in Petrons Satyrica, Gymnasium 129, 195–214.

Dijk, G.-J. van (2009): The *Odyssey* of Apollonius: an Intertextual Paradigm, in: Bowie/Elsner 2009, 176–202.

Dillery, J. (1999): Aesop, Isis, and the Heliconian Muses, Classical Philology 94, 268–280.

Doenges, A. (1981): The Letters of Themistocles, New York.

Dollins, E. (2015): Women's Voices in the Lucianic *Onos*: the Tale of the »Edible Man«, Cambridge Classical Journal 61, 15–28.

Döpp, S. (1991): »Leben und Tod« in Petrons ›Satyrica‹, in: G. Binder/B. Effe (Hg.): Tod und Jenseits im Altertum, Trier (Bochumer Altertumswissenschaftliches Colloquium 6), 144–166.

– (1999): Alexander in spätlateinischer Literatur, Göttinger Forum für Altertumswissenschaft 2, 193–216.

– (2003): Kambyses' Feldzug gegen Ägypten: Der sogenannte Kambyses-Roman und sein Verhältnis zur griechischen Literatur, Göttinger Forum für Altertumswissenschaft 6, 1–17.

Doulamis, K. (2011; Hg.): Echoing Narratives: Studies of Intertextuality in Greek and Roman Prose Fiction, Eelde (Ancient Narrative Suppl. 13).

– (2012): All's Well That Ends Well: Storytelling, Predictive Signs, and the Voice of the Author in Chariton's *Callirhoe*, Mnemosyne 65, 18–39.

Dowden, K. (1982): Apuleius and the Art of Narration, Classical Quarterly 32, 419–435.

– (1994): The Roman Audience of the *Golden Ass*, in: Tatum 1994b, 419–434.

– (1996): Heliodoros: Serious Intentions, Classical Quarterly 46, 267–285.

– (2009): Reading Diktys: The Discrete Charm of Bogosity, in: Paschalis et al. 2009, 155–168.

– (2015): Kalasiris, Apollonios of Tyana and the Lies of Teiresias, in: S. Panayotakis et al. 2015, 1–16.

– (2018): The Plot of Iamblichos' *Babyloniaka*: Sources and Influence, in: Chew et al. 2018, 149–172.

– (2019a): Fact and Fiction in the New Mythography: 100 BC – AD 100, in: Repath/Herrmann 2019, 65–84.

– (2019b): Slavery and Despotism in Iamblichos' *Babyloniaka*, in: S. Panayotakis/Paschalis 2019, 75–94

Due, B. (1989): The *Cyropaedia*: Xenophon's Aims and Methods, Aarhus.

– (1996): Xenophon of Athens: The *Cyropaedia*, in: Schmeling 1996b, 581–599.

– (1999): Narrative Technique in Xenophon's *Cyropaedia*, Classica & Mediaevalia 50, 213–220.

– (2002): Narrator and Narratee in Xenophon's *Cyropaedia*, in: B. Amden et al. (Hgg.): *Noctes Atticae*. 34 Articles on Graeco-Roman Antiquity and Its Nachleben. Studies Presented to Jørgen Mejer on His Sixtieth Birthday, March 2002, Copenhagen, 82–92.

Dührsen, N. C. (1994): Die Briefe der sieben Weisen bei Diogenes Laertios. Möglichkeiten und Grenzen der Rekonstruktion eines verlorenen griechischen Briefromans, in: Holzberg 1994, 84–115.

Düring, I. (1951): Chion of Heraclea. A Novel in Letters, Göteborg (Acta Universitatis Gotoburgensis. Göteborgs högscholas årsskrift 57); Nachdr. New York 1979.

Edmunds, L. (2009): Rules for Poems in Petronius' *Satyrica*, Syllecta Classica 20, 71–104.

Edwards, D. R. (1994): Defining the Web of Power in Asia Minor: The Novelist Chariton and His City Aphrodisias, Journal of the American Academy of Religion 62, 699–718.

Edwards, M. J. (1992): The *Clementina*: A Christian Response to the Pagan Novel, Classical Quarterly 42, 459–474.

Effe, B. (1975): Entstehung und Funktion ›personaler‹ Erzählweisen in der Erzählliteratur der Antike, Poetica 7, 135–157.

– (1982): Longos. Zur Funktionsgeschichte der Bukolik in der römischen Kaiserzeit, Hermes 110, 65–84; auch in: Ders. (Hg.): Theokrit und die griechische Bukolik, Darmstadt 1986 (Wege der Forschung 580), 402–438 = Longus: Towards a History of Bucolic and Its Function in the Roman Empire, in: Swain 1999c, 189–209.

Egelhaaf-Gaiser, U. (2000): Kulträume im römischen Alltag. Das Isisbuch des Apuleius und der Ort von Religion im kaiserzeitlichen Rom, Stuttgart (Potsdamer Altertumswissenschaftliche Beiträge 2).

– (2018): *Poeta* und *gubernator*. Eumolp und die Poetik des Schiffbruchs bei Petron (Sat. 100–115), in: M. Baumann/S. Fröhlich (Hgg.): Auf segelbeflügelten Schiffen das Meer befahren. Das Erlebnis der Schiffsreise im späten Hellenismus und in der römischen Kaiserzeit, Wiesbaden (Philippika. Altertumswissenschaftliche Abhandlungen 119), 329–350.

Egger, B.: (1988): Zu den Frauenrollen im griechischen Roman. Die Frau als Heldin und Leserin, Groningen Colloquia on the Novel 1, 33–66 = The Role of Women in the Greek Novel: Woman as Heroine and Reader, in: Swain 1999c, 108–136.

– (1994a): Looking at Chariton's *Callirhoe*, in: Morgan/Stoneman 1994, 31–48.

– (1994b): Women and Marriage in the Greek Novels: The Boundaries of Romance, in: Tatum 1994b, 260–280.

Ehlers, W.-W. (1985): Mit dem Südwestmonsun nach Ceylon. Eine Interpretation der Iambul-Exzerpte Diodors, Würzburger Jahrbücher für die Altertumswissenschaft 11, 73–84.

Eickmeyer, J. (2006): Eumolpus' Fast Cuts. Formen und Funktionen der Lesersteuerung in der ›Witwe von Ephesus‹-Episode (*Satyrica* 110,6–113,5), mit einem Ausblick auf Petrons Poetik des Blicks, Göttinger Forum für Altertumswissenschaft 9, 73–104.

Eisenhut, W. (^{2}1973): Dictys Cretensis Ephemeridos belli Troiani libri a Lucio Septimio ex Graeco in Latinum sermonem translati. Accedunt papyri Dictys Graeci in Aegypto inventae, Leipzig (Bibliotheca Scriptorum Graecorum et Romanorum Teubneriana).

Erhorn, D. A. (2021): Die Reisen des Petrus: Recognitiones Clementis. Bericht des Klemens von Rom an Jakobus, den Bruder Jesu, über seine Reisen mit Petrus, dem Apostel Christi und Bischof von Rom, Lympia/Nikosia.

Fakas, C. (2005a): Charitons Kallirhoe und Sybaris, Rheinisches Museum für Philologie 148, 413–417.

– (2005b): Seeräuberei und Homoerotik bei Longos, Würzburger Jahrbücher für die Altertumswissenschaft 29, 185–191.

– (2022/23): Volkstümliche Erzählung und homerische Reminiszenzen. Die *Odyssee* als Vorlage der *Ephesiaka* von Xenophon Ephesios, 'Επιστημονικὴ 'Επετηρὶς τῆς Φιλοσοφικῆς Σχολῆς τοῦ Πανεπιστημίου Ἀθηνῶν 47, 105–121.

Fauth, W. (1978a): Astraios und Zamolxis. Über Spuren pythagoreischer Aretalogie im Thule-Roman des Antonius Diogenes, Hermes 106, 220–241.

– (1978b): Zur kompositorischen Anlage und zur Typik der Apista des Antonius Diogenes, Würzburger Jahrbücher für die Altertumswissenschaftr 4, 57–68.

Fehling, D. (1977): Amor und Psyche. Die Schöpfung des Apuleius und ihre Einwirkung auf das Märchen, eine Kritik der romantischen Märchentheorie, Wiesbaden (Akademie der Wissenschaften und der Literatur [Mainz]. Abhandlungen der Geistes- und Sozialwissenschaftlichen Klasse Jahrgang 1977. Nr. 9).

Fernández Garrido, R. (2022): Ninus and Metiochus in the School of Rhetoric: the First Greek Novels, Ancient Narrative 18, 57–75.

Ferrari, F. et al. (1997): Romanzo di Esopo. Introduzione e testo critico a cura di F. F. Traduzione e note di G. Bonelli e G. Sandrolini, Milano (Classici della Biblioteca Universale Rizzoli).

Fingerle, A. (1938): Die Briefe des Hippokrates. Ergänzungsteil zu R. Kapferer: Die Werke des Hippokrates. Die hippokratische Schriftensammlung in neuer deutscher Übersetzung. <Bd. 18a>, Stuttgart; auch in: K. Broderson (Hg.): Hippokrates. Sämtliche Werke Bd. 3, Darmstadt 2022.

Finkelpearl, E. (1998): Metamorphosis of Language in Apuleius: a Story of Allusion in the Novel, Ann Arbor.

– (2003): Lucius and Aesop Gain a Voice: Apul. *Met.* 11.1–2 and *Vita Aesopi* 7, in: S. Panayotakis et al. 2003, 37–51.

Flashar, H. (2016): Hippokrates. Meister der Heilkunst, München.

Fletcher, K. F. B. (2023): The Ass of the Gods: Apuleius *Golden Ass*, the *Onos* Attributed to Lucian, and Graeco-Roman Metamorphosis Literature, Leiden/Boston, Mass. (Mnemosyne Suppl. 472).

Foubert, F. (2014): La geste d'Alexandre le Grand. Version latine de Julius Valerius, Leuven et al. (Lettres Orientales et Classiques 18).

Francis, J. (1998): Truthful Fiction: New Questions to Old Answers on Philostratus' *Life of Apollonius*, American Journal of Philology 119, 419–441.

Frazer jr., R. M. (1966): The Trojan War. The Chronicles of Dictys and Dares the Phrygian, Bloomington, In./London.

Freas, D. (2021): *Fabula muta*: Petronius, Poetry, and Rape, American Journal of Philology 142, 629–658.

Frye, C. (2011): La langue des oubliés: Dictys, Dares, l'*Historia Apollonii* et les *Res gestae Alexandri*, in: Poignault 2011, 237–254.

Fusillo, M. (1988): Le miroir de la Lune: L'*Histoire vraie* de Lucien de la satire à l'utopie, Poètique 73, 109–135 = The Mirror of the Moon: Lucian's *A True Story* – From Satire to Utopia, in: Swain 1999c, 351–381.

– (1989): Il romanzo greco: polifonia ed eros, Venetia = La naissance du roman, Paris 1991.

– (1990; Hg.): Le incredibili avventure al di là di Tule. Testo greco a fronte. Traduzione latina di Andreas Schottius, Palermo.

– (1997): How Novel Ends: Some Patterns of Closure in Ancient Narrative, in: D. Roberts et al. (Hgg.): Classical Closure: Reading the End in Greek and Latin Literature, Princeton, N. J., 209–227.

Futre Pinheiro, M. P. (1998): Time and Narrative Technique in Heliodorus' ›Aethiopica‹, Aufstieg und Niedergang der römischen Welt II 34.4, 3148–3173.

– (2014a): The Genre of the Novel: a Theoretical Approach, in: Cueva/Byrne 2014, 201–216.

– (2014b): Heliodorus: the *Ethiopian Story*, in: Cueva/Byrne 2014, 76–94.

– (2016): Playing the Game: Fiction, Truth, and Reality in Lucian's *Verae Historiae*, in: J. A. López Férez (Hg.): Πολυπραγμοσύνη. Homenaje al profesor Alfonso Martínez Díez, Madrid, 239–250.

– et al. (2013; Hgg.): The Ancient Novel and Early Christian and Jewish Narrative: Fictional Intersections, Eelde (Ancient Narrative Suppl. 16).

– et al. (2014): The Ancient Novel and the Frontiers of Genre, Eelde (Ancient Narrative. Suppl. 18).

– et al. (2018; Hgg.): Cultural Crossroads in the Ancient Novel, Berlin/Boston, Mass. (Trends in Classics Suppl. Volumes 40).

– et al. (2022; Hgg.): Modern Literary Theory and the Ancient Novel: Poetics and Rhetoric, Groningen (Ancient Narrative Suppl. 30).

Gainsford, P. (2011): Satire and the Marginal Text: Lucian Parodies Dictys (VH 2.25–26), Hermes 139, 97–105.

– (2012): Dictys of Crete, Cambridge Classical Journal 58, 58–87.

Garbugino, G. (2011): Darete Frigio, La storia della destruzione di Troia. Introduzione, testo, traduzione e note, Alessandria (Studi e ricerche).

– (2014): *Historia Apollonii regis Tyri*, in: Cueva/Byrne 2014, 133–145.

Garnaud, J.-P (1991): Achille Tatius d'Alexandrie, Le roman de Leucippé et Clitophon. Texte établi et traduit, Paris (Collection des Universités de France. Série Grecque 345); ... revue par F. Frazier; introduction, notes et annexes par F. F., Paris 2013.

Gärtner, H. (1967): Xenophon von Ephesos, Realencyclopädie der classischen Altertumswissenschaft IX A 2, 2055–2089.

– (1984; Hg.): Beiträge zum griechischen Liebesroman, Hildesheim et al..

Gärtner, T. (1999): Klassische Vorbilder mittelalterlicher Trojaepen, Stuttgart/Leipzig (Beiträge zur Altertumskunde 133).

– (2009): Die petronianische Iliupersis im Munde des Poetasters Eumolpus: Ein Beispiel für exzessive Vergil-Imitation?, Würzburger Jahrbücher für die Altertumswissenschaft 33, 105–121.

– (2010a): Der Ninos-Roman als Vorbild für die Hochzeitshandlung im ersten Buch der *Achilleis* des Statius, Hermes 138, 296–307.

– (2010b): Literarische Anspielungen in den *Babyloniaka* des Iamblichos, Prometheus 36, 257–262.

– (2010c): Wird Lukios im Eselsroman ein zweites Mal verhext?, L'Antiquité Classique 79, 275–285.

– (2011): Ein gattungsinternes Vorbild der Erzählung über Amor und Psyche, Quaderni Urbinati di Cultura Classica 97, 103–125.

Gaselee, S. (1917): Achilles Tatius. With an English Translation, London/Cambridge, Mass. (The Loeb Classical Library); Revised by E. Warmington, Cambridge, Mass./ London 1969.

Gassino, I. (2011): Les Histoires vraies de Lucien: de la parodie au manifeste, in: Poignault 2011, 179–191.

Gemoll, W./J. Peters (1968): Xenophon, Institutio Cyri, Leipzig (Bibliotheca Scriptorum Graecorum et Romanorum Teubneriana).

Georgiadou, A./D. H. J. Larmour (1994): Lucian and Historiography: ›De Historia Conscribenda‹ and ›Verae Historiae‹, Aufstieg und Niedergang der römischen Welt II 34.2, 1448–1509.

– (1998): Lucian's Science Fiction Novel *True Histories*. Interpretation and Commentary, Leiden et al. (Mnemosyne Suppl. 179).

Gera, D. L. (1993): Xenophon's *Cyropaedia*: Style, Genre, and Literary Technique, Oxford.

Giangrande, G. (1962): On the Origins of the Greek Romance: The Birth of a Literary Form, Eranos 60, 132–159; auch in: H. Gärtner 1984, 125–152.

Gill, C. (2018): Style and Ethos in Longus' *Daphnis and Chloe*, in: Chew et al. 2018, 113–135.

Gillespie, C. C. (2012): Creating Chloe: Education in Eros through Aesthetics in Longus' *Daphnis and Chloe*, in: I. Sluiter/R. M. Rosen (Hgg.): Aesthetic Value in Classical Antiquity, Leiden/Boston, Mass. (Mnemosyne Suppl. 350), 421–446.

Giuliano, Laura (2010): PSI XII 1285 e le lettere del ciclo di Alessandro, in: Bastianini/Casanova 2010, 207–222.

Glaser, T. (2009): Paulus als Briefroman erzählt. Studien zum antiken Briefroman und seiner christlichen Rezeption in den Pastoralbriefen, Göttingen (Novum Testamentum et Orbis Antiquus / Studien zur Umwelt des Neuen Testamentes 76).

– (2014): Liaisons Dangereuses: Epistolary Novels in Antiquity, in: Cueva/Byrne 2014, 244–256.

Gödde, S. (2024): Virginity and Violence: the Threatened Body in Achilles Tatius's *Leucippe and Clitophon*, in: M. v. Koppenfels/M. Mühlbacher (Hgg.): Adventure at Arms, Leiden (Philologie des Abenteuers 9), 3–27.

Goldhill, S. (1995): Foucault's Virginity: Ancient Erotic Fiction and the History of Sexuality, Cambridge.

Goold, J. P. (1995): Chariton. Callirhoe. Edited and Translated, Cambridge, Mass./London (Loeb Classical Library 481).

Gösswein, H.-U. (1975): Die Briefe des Euripides, Meisenheim am Glan (Beiträge zur klassischen Philologie 55).

Graverini, L. (2007): Le *Metamorfosi* di Apuleio: letteratura e identità, Ospedaletto (Pisa) (Arti, spazi, scritture. Letteratura latina 5) = Literature and Identity in the *Golden Ass* of Apuleius, Columbus 2012.

– et al. (2006): Il romanzo antico. Forme, testi, problemi, Roma.

– et al. (2013; Hgg.): Collected Studies on the Roman Novel = Ensayos Sobre La Novela Romana, Cordoba = Ordia prima 7.

Grethlein, J. (2016): Minding the Middle in Heliodorus' *Aethiopica*: False Closure, Triangular Foils and Self-reflection, Classical Quarterly 66, 316–335.

– (2017): Aesthetic Experiences and Classical Antiquity: the Significance of Form in Narratives and Pictures, Cambridge.

– (2020): World and Words: the Limits to *mimesis* and Immersion in Heliodorus' *Ethiopica*, in: Ders. et al. (Hgg.): Experience, Narrative, and Criticism in Ancient Greece: Under the Spell of Stories, Oxford (Cognitive Classics), 127–147.

– (2024): The Spatial Dimension of Prolepsis: Mise-en-abîme and the Dynamics of Plot in Heliodorus' *Aethiopica*, in: S. Schomber/A. Tagliabue (Hgg.): Prolepsis in Ancient Greek Narrative, Leiden (The Language of Classical Literature 40), 3–27.

Gronewald, M. (1979): Ein neues Fragment zu einem Roman, Zeitschrift für Papyrologie und Epigraphik 35, 15–20.

– (1993): Zum Ninos-Roman, Zeitschrift für Papyrologie und Epigraphik 97, 1–6.

Grossardt, P. (1998): Die Trugreden in der Odyssee und ihre Rezeption in der antiken Literatur, Bern (Sapheneia 2).

– (2007): Heimkehr, Traum und Wiedererkennung – zur Rezeption der ›Odyssee‹ in Petrons ›Satyrica‹, Hermes 135, 80–97.

– (2015): Ironische Strukturen in Flavius Philostrats *Vita Apollonii*. Der Besuch des

Weisen in Indien und die Parallelisierung seines Lebenswegs mit dem des Odysseus, Würzburger Jahrbücher für die Altertumswissenschaft 39, 93–135.

Guez, J.-P. (2009): To Reason and to Marvel: Images of the Reader in the *Life Of Apollonius*, in: Paschalis et al. 2009, 241–253.

Guo, Z. (2019): The Ostensible Author of Ps.-Aeschines Letter 10 Reconsidered, The Journal of Hellenic Studies 139, 210–221.

Habermehl, P. (2006–2021): Petronius: *Satyrica* 79–141. Ein philologisch-literarischer Kommentar. Bd. 1: *Sat.* 79–110; Bd. 2: 111–118; Bd. 3: *Bellum civile* (*Sat.* 119–124), Berlin/New York (Texte und Kommentare 27/1–3).

– (2014): Die Magie des Wortes. Thema und Variationen in den poetischen Einlagen Petron. Sat. 134–135, Gymnasium 121, 355–373.

– (2020): A Poetical Shipwreck? Petronius' *Bellum civile* and the Tricky Question: how to Start a Civil War?, Giornale Italiano di Filologia 72, 223–274.

Habrich, E. (1960): Iamblichi Babyloniacorum Reliquiae, Leipzig (Bibliotheca Scriptorum Graecorum et Romanorum Teubneriana).

Hafner, M. (2021): Ἀμηχανόν τι κάλλος: Revaluating the Concept of Beauty in Heliodorus' *Aithiopika*, Nova Tellus 39, 107–129.

Hägg, T. (1966): Die *Ephesiaka* des Xenophon Ephesios – Original oder Epitome?, Classica et Mediaevalia 27, 118–161 = The *Ephesiaca* of Xenophon Ephesius – Original or Epitome?, in: Hägg 2004, 159–198.

– (1971): Narrative Technique in Ancient Greek Romances: Studies of Chariton, Xenophon Ephesius, and Achilles Tatius, Stockholm.

– (1975): Photios als Vermittler antiker Literatur. Untersuchungen zur Technik des Referierens und Exzerpierens in der *Bibliotheke*, Stockholm.

– (1983): The Novel in Antiquity, Oxford = Eros und Tyche. Der Roman in der antiken Welt, Mainz 1987.

– (1987): *Callirhoe* and *Parthenope*: The Beginnings of the Historical Novel, Classical Antiquity 6, 184–204; auch in: Swain 1999c, 137–160.

– (1997): A Professor and His Slave: Conventions and Values in the *Life of Aesop*, in: P. Bilde et al. (Hgg.): Conventional Values of the Hellenistic Greeks, Aarhus, 177–203; auch in: Hägg 2004, 41–70.

– (2004): Parthenope: Selected Studies in Ancient Greek Fiction 1969–2004, København.

– (2012): The Art of Biography in Antiquity, Cambridge/New York.

– (2018): The Sense of Travelling: Philostratus and the Novel, in: Chew et al. 2018, 173–183.

– /B. Utas (2003): The Virgin and Her Lover: Fragments of an Ancient Greek Novel and a Persian Epic Poem, Leiden/Boston, Mass. (Brill Studies in Middle Eastern Literatures 30).

Hanink, J. (2010): The *Life* of the Author in the Letters of »Euripides«, Greek, Roman and Byzantine Studies 50, 537–564.

Hansen, D. U. (1997): Die Metamorphose des Heiligen. Clemens und die *Clementina*, Groningen Colloquia on the Novel 8, 119–129.

Hansen, W. (1998): Anthology of Ancient Greek Popular Literature, Bloomington/Indianapolis, In.

Hanson, J. A. (1989): Apuleius: Metamorphoses. 2 Bde. Cambridge, Ma./London (Loeb Classical Library 44. 45).

Harmon, A. M. (1913): Lucian. With an English Translation. Vol. 1, London/New York (Loeb Classical Library).

Harrauer, C./F. Römer (1985): Beobachtungen zum Metamorphosen-Prolog des Apuleius, Mnemosyne 38, 1985, 353–372.

Harrison, S. J. (1996): Apuleius' *Metamorphoses*, in: Schmeling 1996b, 491–516.

– (1999a; Hg.): Oxford Readings in the Roman Novel, Oxford.

– (1999b): Twentieth-Century Scholarship on the Roman Novel, in: Harrison 1999a, xi–xxxix.

– (2000): Apuleius: a Latin Sophist, Oxford.

– (2013): Framing the Ass: Literary Texture in Apuleius' *Metamorphoses*, Oxford.

– (2017): Apuleius, in: D. S. Richter/W. A. Johnson (Hgg.): The Oxford Handbook of the Second Sophistic, Oxford, 345–356.

– et al. (2005); Hgg.): Metaphor and the Ancient Novel, Eelde (Ancient Narrative. Suppl. 4).

Hatzilambrou, R./D. Obbink (2009a): 4943. Dictys Cretensis, Bellum Troianum II 29–30, The Oxyrhynchus Papyri LXXIII, London, 82–88; 4944. V 15–17, ebd. 88–103.

– (2009b): 4945. Lollianus, Phoenicica. Ebd. 103–113.

Haynes, K. (2003): Fashioning the Feminine in the Greek Novel, London/New York.

Heinze, R. (1899): Petron und der griechische Roman, Hermes 34, 494–519; auch in: Ders.: Vom Geist des Römertums, Darmstadt [4]1972, 417–439; auch in: H. Gärtner 1984, 15–40.

Helm, R. ([2]1956a): Der antike Roman, Göttingen.

– (1956b): Apuleius, Metamorphosen oder Der goldene Esel. Lateinisch und deutsch, Berlin (Schriften und Quellen der Alten Welt 1); Nachdr. 1978.

Henderson, J. (2009): Longus. Daphnis and Chloe. Xenophon of Ephesus. Anthia and Habrocomes, Cambridge, Mass./London (Loeb Classical Library 69).

– (2010): The *Satyrica* and the Greek Novel: Revisions and Some Open Questions, International Journal of the Classical Tradition 17, 483–496.

Hennecke, E./W. Schneemelcher ([6]1999; Hgg.): Neutestamentliche Apokryphen in deutscher Übersetzung, Bd. 2, Tübingen = R. M. Wilson: New Testament Apocrypha. I: Gospels and Related Writings, Cambridge 1992.

Henrichs, A. (1972): Die Phoinikika des Lollianos. Fragmente eines neuen griechischen Romans, Bonn.

– (2010): Fractured Communications: Narrators, Narratives and Discourse in Greek Novels on Papyrus, in: Bastianini/Casanova 2010, 65–80.

– (2011): Missing Pages: Papyrology, Genre, and the Greek Novel, in: Obbink/Rutherford 2011, 302–322.

Hercher, R. (1873): Epistolographi Graeci, Paris; Nachdr. Amsterdam 1965.

Herman, J./H. Rosén (2003; Hgg.): Petroniana. Gedenkschrift für Hubert Petersmann, Heidelberg (Bibliothek der Klassischen Altertumswissenschaften 112).

Hernández Lara, C.: (1994): Estudios sobre el Aticismo de Cariton de Afrodisias, Amsterdam.

Hernández Muñoz, F. G. (2012): Critical Edition of the Letters Attributed to Aeschines, Berlin.

Herzog, R. (1989): Fest, Terror und Tod in Petrons *Satyrica*, in: W. Haug/R. Warning (Hg.): Das Fest, München (Poetik und Hermeneutik 12), 120–150.

Hijmans Jr., B. L. (1981): Apuleius Madaurensis. Metamorphoses. Books VI 25–32 and VII, Groningen (Groningen Commentaries on Apuleius).

– (1985): Apuleius Madaurensis. Metamorphoses, Book VIII, Groningen (Groningen Commentaries on Apuleius).

– (1995): Apuleius Madaurensis. Metamorphoses. Book IX. Text, Introduction and Commentary, Groningen (Groningen Commentaries on Apuleius).

– /R. T. van der Paardt (1978; Hgg.): Aspects of Apuleius' Golden Ass: A Collection of Original Papers, Groningen.

– et al. (1977): Apuleius Madaurensis. Metamorphoses.Book IV 1–27, Groningen (Groningen Commentaries on Apuleius).

Hilton, J. (2021): Was the Emperor Julian a Reader of the *Aethiopica* of Heliodorus?, Transactions of the American Philological Association 151, 395–417.

– (2024): A Commentary on Books 3 and 4 of Achilles Tatius' *Leucippe and Clitophon*, Leiden/Boston, Mass. (Mnemosyne Suppl. 480).

Hindermann, J. (2018): Die enzyklopädischen Exkurse in Heliodors *Aithiopika*. Die *Naturalis Historia* des älteren Plinius und das *mirabile* der Zeugung Charikleas, in: Rivoletti/Seeber 2018, 57–75.

Hinz, V. (2023): Vom Topos zum Ethos. Überlegungen zum Umgang mit tradiertem Gedankengut in den Phalarisbriefen, in: Marquis 2023, 125–138.

Hirschberger, M. (2001): Epos und Tragödie in Charitons Kallirhoe. Ein Beitrag zur Intertextualität des Romans, Würzburger Jahrbücher für die Altertumswissenschaft 25, 157–186.

Hock, R. F. et al. (1998; Hgg.): Ancient Fiction and Early Christian Narrative, Atlanta (Society of Biblical Literature, Symposium Series 6).

Hodkinson, O. (2007): Novels in the Greek Letter: Inversions of Writer-oral Hierarchy in the ›Briefroman‹ Themistocles, in: Rimell 2007, 257–278.

– (2013): Epistolarity in Ps.-Aeschines *Epistle* 10, in: Hodkinson et al. 2013, 323–345.

– (2019): *Les lettres dangereuses*: Epistolary Narratives as Metafiction in the *Epistles* of Chion of Heraclea, in: Repath/Herrmann 2019, 127–153.

– et al. (2013; Hgg.): Epistolary Narratives in Ancient Greek Literature, Leiden/Boston, Mass.

Hofmann, H. (1993): Parodie des Erzählens – Erzählen als Parodie: Der Goldene Esel des Apuleius, in: W. Ax/R. F. Glei (Hgg.): Literaturparodie in Antike und Mittelalter, Trier (Bochumer Altertumswissenschaftliches Colloquium 15), 119–151.

– (1999): Latin Fiction: The Latin Novel in Context, London/New York.

– (2014): Petronius: *Satyrica*, in: Cueva/Byrne 2014, 96–118.

Holzberg, N. (1988): Ovids ›Babyloniaka‹ (Met. 4,55–166), Wiener Studien 101, 265–277.

– (1990): The *Historia Apollonii regis Tyri* and the *Odyssey*, Groningen Colloquia on the Novel 3, 1990, 91–101.

– (1992; Hg.): Der Äsop-Roman. Motivgeschichte und Erzählstruktur, Tübingen (Classica Monacensia 6).

– (1993a): Ktesias von Knidos und der griechische Roman, Würzburger Jahrbücher für die Altertumswissenschaft 19, 79–84.

– (1993b): A Lesser Known »Picaresque« Novel of Greek Origin: The *Aesop Romance* and Its Influence, Groningen Colloquia on the Novel 5, 1–16.

– (1993c): Zwei Vorläufer des utopischen Romans: Die Inselbeschreibungen des Euhemeros und Iambulos, Anregung 39, 244–250.

– (1994; Hg.): Der griechische Briefroman. Gattungstypologie und Textanalyse, Tübingen (Classica Monacensia 8).

– (1995): Historie als Fiktion – Fiktion als Historie. Zum Umgang mit Geschichte im griechischen Roman, in: C. Schubert/K. Brodersen (Hgg.): Rom und der griechische Osten. Festschrift für H. H. Schmitt, Stuttgart 93–101.

– (1996a): Novels Proper and the Fringe, in: Schmeling 1996b, 11–28.

– (1996b): Utopias and Fantastic Travels: Euhemerus, Iambulus, in: Schmeling 1996b, 621–628.

– (2003): *Lettore, attento: ti spasserai.* Apuleio, *L'asino d'oro*, sec. II d. C., in: F. Moretti, et al. (Hgg.): Il romanzo. Volume quinto: Lezioni, Torino, 3–16.

– (2005): Inszenierung und Intertextualität in Petrons *Cena Trimalchionis*, in: R. Kussl (Hg.): Impulse, München (Dialog Schule – Wissenschaft. Klassische Sprachen und Literaturen 39), 33–47; auch in: Ders.: Brückenschlag zwischen Universität und Schule. Beiträge zur Lehrerfortbildung, Bamberg 2009, 130–143.

– (2007): Der antike Roman – Textspektrum und Lektüreangebot, Der Altsprachliche Unterricht 50.4+5, 4–14.

– (2012): Warum nicht auch einmal die »Matrone von Ephesus«? Zu Interpretation und Rezeption von Petron 110,6–113,2, in: R. Kussl (Hg.): Altsprachlicher Unterricht: Kompetenzen, Texte und Themen, Speyer (Dialog Schule – Wissenschaft. Klassische Sprachen und Literaturen 46), 129–144; auch in: Ders.: Ad usum scholarum. Beiträge zur Lehrerfortbildung im Fach Latein, Baden-Baden 2021 (Paradeigmata 66), 285–298.

– (2013): Petronius Arbiter. Satyrische Geschichten. Lateinisch–deutsch. Hg. und übersetzt, Berlin (Sammlung Tusculum).

– (2021): Leben und Fabeln Äsops. Griechisch–deutsch. Hg. und übersetzt, Berlin/Boston, Mass. (Sammlung Tusculum).

– (2023): Apuleius. Der Goldene Esel oder Metamorphosen. Lateinisch–deutsch. Hg. und übersetzt. Mit einer griechisch–deutschen Ausgabe von (Ps.?)Lukian, *Lukios oder der Esel* von R. Kussl, Berlin/Boston, Mass. (Sammlung (Tusculum).

– (2025): Achilleus Tatios. Leukippe und Kleitophon. Griechisch–deutsch. Hg. und übersetzt, Berlin/Boston, Mass. (Sammlung (Tusculum).

Horsfall, N. (2008/09): Dictys's *Ephemeris* and the Parody of Scholarship, Illinois Classical Studies 33/34, 41–63.

Höschele, R. (2014): Greek Comedy, the Novel, and Epistolography, in: M. Fontaine/A. C. Scafuro (Hg.): The Oxford Handbook of Greek and Roman Comedy, Oxford/New York, 735–752.

Hubbard, T. K. (2006): The Piper That Can Imitate All Pipes: Longus' *Daphnis and Chloe* and the Intertextual Polyphony of Pastoral Music, in: M. Skoie/S. Bjørnstad-Velásquez (Hgg.): Pastoral and the Humanities. Arcadia Re-inscribed, Exeter, 101–106.

Huber, G. (1990): Das Motiv der Witwe von Ephesus in lateinischen Texten der Antike und des Mittelalters, Tübingen (Mannheimer Beiträge zur Sprach- und Literaturwissenschaft 18).

Hunink, V. (2002): The Date of Apuleius' *Metamorphoses*, in: P. Defosse (Hg.): Hommages à Carl Deroux, Bruxelles (Collection Latomus 266. 267), 2, 224–235.

Hunter, R. (1983): A Study of *Daphnis & Chloe*, Cambridge (Cambridge Classical Studies).

– (1994): History and Historicity in the Romance of Chariton, Aufstieg und Niedergang der römischen Welt II 34.2, 1055–1086.

– (1996): Longos, *Daphnis and Chloe*, in: Schmeling 1996b, 361–386.

– (1998; Hg.): Studies in Heliodorus, Cambridge (Cambridge Philological Society Suppl. 21).

– (2010): Rhythmical Language and Poetic Citation in Greek Narrative Texts, in: Bastianini/Casanova 2010, 223–245.

Iakovou, E. (2020): Tragödie im Roman. Euripides-Rezeption in Heliodors *Aithiopika*, in: M. Schramm (Hg.): Euripides-Rezeption in Kaiserzeit und Spätantike, Berlin/Boston, Mass. (Millennium-Studien zu Kultur und Geschichte des Ersten Jahrtausends n. Chr. 83), 205–224.

Jackson, C. R. (2021): Believable Lies and Implausible Truths: Negotiating Late Antique Concepts of Fiction in Heliodorus's *Aithiopika*, Transactions of the American Philological Association 151, 203–235.

James, P. (2014): Apuleius' *Metamorphoses*, a Hybrid Text?, in: Cueva/Byrne, 317–329.

Janßen, M. (2020): Die Themistoklesbriefe zwischen Fälschung und Fiktion. Zur Relevanz griechischer Brieffiktionen für die neutestamentliche Pseudepigraphiefrage, Zeitschrift für Neutestamentliche Wissenschaft 111, 161–193.

Jedrkiewicz, S. (1989): Sapere e paradosso nell'antichità: Esopo e la favola, Roma.

Jensson, G. (2004): The Recollections of Encolpius. The *Satyrica* of Petronius as Milesian Fiction, Groningen (Ancient Narrative Suppl. 2).

Johnson, S. R. et al. (2018; Hgg.): Reading and Teaching Ancient Fiction: Jewish, Christian, and Greco-Roman Narratives, Atlanta, Ga. (Writings from the Greco-Roman World 11).

Jolowicz, D. (2018a): The Roman Army and Greek Militarism in Chariton's *Chaereas and Callirhoe*, Cambridge Classical Journal 64, 113–138.

– (2018b): Sicily and Roman Republican History in Chariton's *Chaereas and Callirhoe*, The Journal of Hellenic Studies 138, 127–149.

– (2021): Latin Poetry in the Ancient Greek Novel, Oxford/New York.

Jones, C. P. (1980): Apuleius' *Metamorphoses* and Lollianus' *Phoinikika*, Phoenix 34, 243–254.

Jones, M. (2012): Playing the Man: Performing Masculinity in the Ancient Greek Novel, Oxford/New York.

Jones, S. F. (1982): The Pseudo-Clementines: A History of Research, The Second Century 2, 1–33. 63–96.

– (1992): Evaluating the Latin and Syriac Translations of the Pseudo-Clementine Recognitions, Apocrypha 3, 237–257.

– (2001): Eros and Astrology in the Períodoi Pétrou: the Sense of the Pseudo-Clementine Novel, Apocrypha 12, 53–78.

– (2006): Late Antique Narrative Fiction: Apocryphan Acta and the Greek Novel in the Fifth Century. *Life and Miracles of Thekla*, in: Ders.: Greek Literature in Late Antique: Dynamism, Didacticism, Classicism Narrative, Aldershot, 189–207.

– (2014; Hg.): The Syriac *Pseudo-Clementines:* An Early Version of the First Christian Novel, Turnhout (Apocryphes 14).

Jouanno, C. (2002): Naissance et métamorphoses du Roman d'Alexandre (domaine grec), Paris.

– (2020): The *Alexander Romance*, in: De Temmerman 2020, 209–220.

Junghanns, P. (1932): Die Erzählungstechnik von Apuleius' Metamorphosen und ihrer Vorlage, Leipzig (Philologus Suppl. 24,1).

Junod, E./J.-D. Kastli (1983): Acta Iohannis. 2 Bde., Turnhout (Corpus Christianorum, Series Apocrypha 1.2).

Kahane, A./A. Laird (2001; Hgg.): A Companion to the Prologue of Apuleius' *Metamorphoses*, Oxford.

Kaltsas, D. (2020): Neues zum »Antheia-Fragment« (PSI VI 726), Zeitschrift für Papyrologie und Epigraphi 216, 27–49.

– (2021): Textual Remarks on Two Papyri of the Greek Novel, The Bulletin of the American Society of Papyrologists 58, 249–265.

Kanavou, N. (2016): The Vocabulary of Chaste Love in the Ninus Fragments, Classical Philology 111, 276–282.

– (2018a): Philostratos' *Life of Apollonios of Tyana* and Its Literary Context, München (Zetemata 153).

– (2018b): New Remarks on the *Panionis* (P. Oxy. LXXI 4811), Archiv für Papyrusforschung und verwandte Gebiete 64, 13–31.

– (2019): Iamblichos' *Babyloniaka*, the Greek Novel and Satire, Ancient Narrative 15, 109–113.

– (2022): Textual Notes on Achilles Tatius, Classical Quarterly 72, 347–354.

– (2023): Achilles Tatius' Leucippe as a *puella docta*, in: M. P. López Martínez et al. (Hgg.): La realidad de la mujer en el universo de la ficción antigua, Amsterdam, 199–207.

– (2025): Early Comic Intertexts of the Greek Novels, in: Stramaglia 2025a, 197–225

Karakasis, E. (2016): Petronian Spectacles: The Widow of Ephesus Generically Revisited, in: S. Frangoulidis et al. (Hgg.): Roman Drama and Its Contexts, Berlin/Boston, Mass., 505–532.

Karla, G. A. (2001): Vita Aesopi. Überlieferung, Sprache und Edition einer frühbyzantinischen Fassung des Äsopromans, Wiesbaden (Serta Graeca 13).

– (2003): Die Redactio Accursiana der *Vita Aesopi*: ein Werk des Maximos Planudes, Byzantinische Zeitschrift 96, 661–669.

– (2009; Hg.): Fiction on the Fringe: Novelistic Writing in the Post-classical Age, Leiden/Boston, Mass. (Mnemosyne. Suppl. 310).

– (2011): A Parody of the *Odyssey* in the *Life of Aesop*, Cambridge Classical Journal 57, 55–69.

– (2012): Folk Narrative Techniques in the *Alexander Romance*, Mnemosyne 65, 626–655.

– (2014): Isis-Epiphany in the *Life of Aesop*: a Structural Analytic Approach, in: Futre Pinheiro et al. 2014, 83–102.

– /C. Jouanno (2025): Vie d'Ésope (Récension G). Texte établi par G. K. Traduit et commenté par C. J., Paris (Collection des Universités de France).

– /D. Konstan (2024): Life of Aesop the Philosopher. Introduction, Text, and Commentary by Grammatiki A. Karla. Translation by D. K., Atlanta, Ga. (Writings from the Graeco-Roman World 50).

Kauffman, N. (2015): Beauty as Fiction in *Leucippe and Clitophon*, Ancient Narrative 12, 43–69.

Kelley, N. (2005): Problems of Knowledge and Authority in the Pseudo-Clementine Romance of Recognitions, Journal of Early Christian Studies 13, 315–348.

Kenney, E. J. (1990): Apuleius. Cupid & Psyche, Cambridge (Cambridge Greek and Latin Classics. Imperial Library).

Kerényi, K. (1927): Die griechisch-orientalische Romanliteratur in religionsgeschichtlicher Beleuchtung, Nachdr. Darmstadt [3]1973.

Keul-Deutscher, M. (1996/97): Heliodorstudien. I: Die Schönheit in den ›Aithiopika‹, Rheinisches Museum für Philologie 139, 319–333; II: Die Liebe in den ›Aithiopika‹, ebd. 140, 341–362.

Keulen, W. (2007): Apuleius Madaurensis. Metamorphoses. Book I. Text, Introduction and Commentary, Groningen (Groningen Commentaries on Apuleius).

– /U. Egelhaaf-Gaiser (2012; Hgg.): Aspects of Apuleius' Golden Ass. Vol. III. The Isis Book. A Collection of Original Papers, Leiden/Boston, Mass.

– et al. (2006): *Lectiones scrupulosae*: Essays on the Text and Interpretation of Apuleius' *Metamorphoses* in Honour of Maaike Zimmerman, Groningen (Ancient Narrative. Suppl. 6).

– et al. (2015): Apuleius Madaurensis. Metamorphoses. Book XI. The Isis Book. Text, Introduction and Commentary, Leiden et al. (Groningen Commentaries on Apuleius).

Klebs, E. (1899): Die Erzählung von Apollonius aus Tyrus. Eine geschichtliche Untersuchung über ihre lateinische Urform und ihre späteren Bearbeitungen, Berlin.

Knöbl, R. (2016): Brief Encounter: Timing and Biographical Representation in the Ps.-Hippocratic Letters, in: De Temmerman/Demoen 2016, 278–292.

Köhler, L. (1928; Hg.): Die Briefe des Sokrates und der Sokratiker, Leipzig (Philologus Suppl. Bd. 20,2).

König, J. (2007): Orality and Authority in Xenophon of Ephesus, in: Rimell 2007, 1–22.

– (2009): Novelistic and Anti-novelistic: Narrative in the *Acts of Thomas* and the *Acts of Andrew* and *Matthias*, in: Karla 2009, 121–149.

Konstan, D. (1994a): *Apollonius, King of Tyre* and the Greek Novel, in: Tatum 1994b, 173–182.

– (1994b): Sexual Symmetry: Love in the Ancient Novel and Related Genres, Princeton, N. J.

– (1994c): Xenophon of Ephesus: Eros and Narrative in the Novel, in: Morgan/Stoneman 1994, 49–63.

– (1998): The Alexander Romance: the Cunning of the Open Text, Lexis 16, 123–138.

– (2013a): *Apollonius King of Tyre*: Between Novel and New Comedy, in: T. D. Papanghelis et al. (Hgg.): Generic Interfaces in Latin Literature: Encounters, Interactions and Transformations, Berlin/Boston, Mass. (Trends in Classics. Supplementary Volumes 20), 449–454.

– (2013b): The ›Hansel and Gretel‹ Effect in *Apollonius*, in: Graverini et al. 2013 = Ordia prima 7, 247–256.

– /P. Mitsis (1990): Chion of Heracleia: A Philosophical Novel in Letters, Apeiron 23, 257–279.
– /I. Ramelli (2014): The Novel and Christian Narrative, in: Cueva/Byrne 2014, 180–197.

Konstantakos, I. M. (2006): Aesop Adulterer and Trickster: a Study of *Vita Aesopi* ch. 75–76, Athenaeum 94, 563–600.
– (2009): Nektanebo in the *Vita Aesopi* and in Other Narratives, Classica et Mediaevalia 60, 99–144.
– (2010a): Aesop and Riddles, Lexis 28, 257–90.
– (2010b): The Miserly Monarch: Nektanebo's Tribute to Babylon in the *Vita Aesopi*, Symbolae Osloenses 84, 90–110.
– (2011): A Passage to Egypt: Aesop, the Priests of Heliopolis and the Riddle of the Year (*Vita Aesopi* 119–120), Trends in Classics 3, 83–112.
– (2015): Alexander and Darius in a Contest of Wit (»Alexander Romance« 1.36–38): Sources, Formation and Storytelling Traditions, Acme 68, 129–156.
– (2020): Popular Biography, in: De Temmerman 2020, 45–57.
– (2021): Pathological Love in the ›Open‹ or ›Fringe‹ Novels, in: D. Kanellakis (Hg.): Pathologies of Love in Classical Literature, Berlin/Boston, Mass., 159–178.
– (2023a): The *Odyssey*, Travel Literature, and the Utopian Novel, from Euhemerus to Lucian, in: A. D. Mavroudis/A. V. Rengakos (2013; Hg.): Ἔτος ἦλθε περιπλομένων ἐνιαυτῶν ...: τιμητικός τόμος για τον καθηγητή Ακαδημαϊκό Ν. Χ. Κονομή, Athina (Ακαδημία Αθηνών), 221–238.
– (2023b): Portrait of Alexander as Achilles and as Odysseus, Aevum 97, 29–50.
– (2025): A Wisdom Tale: Fable, the *Life of Aesop*, and the Narrative Use of Wisdom Genres, in: S. De Martin/A. L. Furlan (Hgg.): Wisdom Discourse in the Ancient World, London/New York, 165–196.

Korhonen, T. (2019): What Is It Like to Be a Donkey (with a Human Mind)? Pseudo-Lucian's *Onos*, in: G. M. Chesi/F. Spiegel (Hgg.): Classical Literature and Posthumanism, London/New York, 73–83.

Koroli, A./A. Papathomas (2019): Calligone's Suicide Attempt (PSI VIII 981) and the Croesus-Adrastus' Scene in Herod. 1.35–44, Aegyptus 99, 67–73.

Kortekaas, G. A. A. (1984): Historia Apollonii Regis Tyri. Prolegomena, Text Edition of the Two Principal Latin Recensions, Groningen (Mediaevalia Groningana 3).
– (1998): Enigmas in and Around *The Historia Apollonii Regis Tyri*, Mnemosyne 51, 176–191.
– (2004): The Story of Apollonius King of Tyre: A Study of Its Greek Origin and an Edition of the Two Oldest Latin Recensions, Leiden/Boston, Mass. (Mnemosyne Suppl. 253).
– (2007): Commentary on the *Historia Apollonii regis Tyri*, Leiden (Mnemosyne Suppl. 284).

Koulakiotis, E. (2006): Genese und Metamorphosen des Alexandermythos im Spiegel der griechischen nicht-historiographischen Überlieferung bis zum 3. Jh. n.Chr., Konstanz.

Kozić, R. (2005): Il termine δρᾶμα e le origini del romanzo antico, Invigilata Lucernis 27, 181–203.

– (2018): Die Gattungsbezeichnung *drama* und der Symbolismus in Makrembolites' Roman, Classica et Christiana 13, 63–148.

Krauss, K. (2022): Heliodorus' *Aethiopica*: a New Patristic Context, Ancient Narrative 18, 95–117.

Krewet, M. (2018): Der antike Roman und seine ›Wirklichkeit‹. Zur Bedeutung Homers für die Ausbildung des Romans im Hellenismus am Beispiel Charitons, in: B. Kappel/S. Meier (Hgg.): Gnothi sauton. Festschrift für Arbogast Schmitt zum 75. Geburtstag, Heidelberg (Studien zu Literatur und Erkenntnis 15), 333–392.

Kroll, W. (1926): Historia Alexandri Magni (Pseudo-Callisthenes) Volumen I: Recensio Vetusta, Berlin; ²1928.

Kruchió, B. (2017): What Chariclea Knew: Fragmentary Narration and Ambiguity in Heliodorus' *Aethiopica*, Ancient Narrative 14, 175–194.

Kuch, H. (1985): Gattungstheoretische Überlegungen zum antiken Roman, Philologus 129, 3–19.

– (1989; Hg.): Der antike Roman. Untersuchungen zur literarischen Kommunikation und Gattungsgeschichte, Berlin (Veröffentlichungen des Zentralinstituts für Alte Geschichte und Archäologie der Akademie der Wissenschaften der DDR 19).

– (2014): The Pillars of Hercules: the Genre Understanding of the Utopian Novel, in: Futre Pinheiro et al. 2014, 11–21.

Kuhlmann, P. (2002): Die Historia Apollonii regis Tyri und ihre Vorlagen, Hermes 130, 109–120.

Kussl, R. (1990): Die Metamorphosen des ›Lukios von Patrai‹. Untersuchungen zu Phot. Bibl. 129, Rheinisches Museum für Philologie 133, 379–388.

– (1991): Papyrusfragmente griechischer Romane, Tübingen (Classica Monacensia 2).

– (1992a): Achikar, Tinuphis und Äsop, in: Holzberg 1992, 23–30.

– (1992b): Longos' Daphnis und Chloe als Griechischlektüre der 11. Jahrgangsstufe, in: Holzberg et al. (Hgg.): Amor ludens. Liebeselegie und Liebesroman im Lektüreunterricht, Bamberg (Auxilia 30), 76–127.

– (1997): Ninos-Roman, in: M. Capasso (Hg.): Bicentario della morte di Antonio Piaggio. Raccolta di Studi, Galatina (Papyrologica Lupiensia 5).

– (2000): Der Roman des Longos – ein Projekt des griechischen Lektüreunterrichts, in: P. Neukam (Hg.): Antike Literatur – Mensch, Sprache, Welt, München (Dialog Schule – Wissenschaft. Klassische Sprachen und Literaturen 34), 80–105.

Kytzler, B. (1983; Hg.): Im Reiche des Eros. Sämtliche Liebes- und Abenteuerromane der Antike. 2 Bde., München (Winkler-Weltliteratur); Nachdr. Düsseldorf 2001.

– (1996): Xenophon of Ephesus, in: Schmeling 1996b, 336–360.

La Bua, G. (2023): Intertextuality, Parody, and the Immortality of Poetry: Petronius and Ovid, in: J. Farrell et al. (Hgg.): Ovid, Death and Transfiguration, Leiden/Boston, Mass. (Mnemosyne Suppl. 465), 351–366.

Labate, M. et al. (2020): Petronio: ricostruzioni e interpretazion, Pisa (Bibliotheca 17).

Laes, C. (2025): Aesopus. Op de sklavenmarkt in de oudheid, Gorredijk (Classics, Ancient History & Egyptology).

Laird, A. (2003): Fiction as a Discourse of Philosophy in Lucian's *Verae Historiae*, in: S. Panayotakis et al. 2003, 115–127.

– (2005): Metaphor and the Riddle of Representation in the *Historia Apollonii regis Tyri*, in: Harrison et al. 2005, 225–244.

– (2007): The True Nature of the *Satyricon*?, in: Paschalis et al. 2007, 151–167.

Lalleman, P (1998): The Canonical and the Apocryphal Acts of the Apostles, Groningen Colloquia on the Novel 9, 181–192.

Längin, H. (1998): Erzählkunst und Philosophie in den Platon-Briefen, Grazer Beiträge 22, 101–115.

Lapini, W (1992): L'archetipo dell'*Ephemeris* di Ditti-Settimio, Atti e Memorie dell'Accademia Toscana di Scienze e Lettere La Colombaria 43, 43–104.

Lauwers, J. (2011): A *pepaideumenoi*'s Novel: Sophistry in Longus' *Daphnis and Chloe*, Ancient Narrative 9, 53–75.

Lefteratou, A. (2018): Mythological Narratives: the Bold and Faithful Heroines of the Greek Novel, Berlin/Boston, Mass. (MythosEikonPoiesis 8).

Létoublon, F. (1993): Les lieux communs du roman: stéréotypes grecs d'aventure et d'amour, Leiden (Mnemosyne Suppl. 123).

Librán-Moreno, M./M. Sanz Morales (2019): Animales y cuento popular en Jámblico, *Babiloniacas*, Prometheus n. s. 8, 205–222.

Lipsius, R./M. Bonnet (1891–1903; Hg.): Acta Apostolorum Apocrypha. Post Constantinum Tischendorf denuo ediderunt. 3 Bde., Leipzig; Nachdr. Darmstadt 1959.

Long, H. S. (1964): Diogenis Laertii vitae philosophorum. Recognovit brevique adnotatione critica instruxit. 2 Bde, Oxford (Scriptorum classicorum Bibliotheca Oxoniensis).

López Martínez, M. P. (1998): Fragmentos papiráceos de novella griega, Alicante.

– (2010): New Contributions to Some Papyri Labelled as *incerta* in a Corpus of Novel Fragments, in: Bastianini/Casanova 2010, 95–119.

– (2019): The *Ninus* Romance: New Textual and Contextual Studies, Archiv für Papyrusforschung und verwandte Gebiete 65, 20–44.

– (2021a): *Parthenope*'s Novel: P. Berol. 7927 + 9588 + 21179, II column Revisited, Ancient Narrative 17, 1–23.

– (2021b): Von Schiffbrüchen, Reisen und Abenteurern. Die ersten griechischen Romane der Antike, Antike Welt 52, 72–80.

– (2022a): The Pontic Princess Calligone, the Queen Themisto, and the Amazons in the Black Sea (P. Oxy. 5355 and PSI 981), Archiv für Papyrusforschung und verwandte Gebiete 68, 23–55.
– (2022b): La travesía del faraón Sesoncosis: hipótesis de reconstrucción del texto de la novela griega, in: M. P. de Hoz/A. López Fonseca (Hgg.): Literatura e historia en el mundo clásico, Madrid (Estudios Clásicos 1), 271–298.
– (2022c): Yawning Matters: What Can Hiatus Tell Us about the Lost Greek Novels? What Can the Heroon in Honor of Kineas on the Banks of the Oxus River Tell Us About *The Wonders Beyond Thule*?, Ancient Narrative 18, 119–150.
– (2025): Fiction in a Multicultural Context: the Papyri of the Earliest Greek Novels, in: Stramaglia 2025a, 127–158.
– /C. Ruiz Montero (2016): *Parthenope*'s Novel: P. Oxy 435 Revisited, in: R. J. Gallé et al. (Hgg.): Fronteras entre el verso y la prosa en la literatura helenística y helenístico-romana. Homenaje al Prof. José Guillermo Montes Cala, Bari (Le Rane 62), 479–489.
– /C. Ruiz Montero (2019): Magia y erotismo en la novela griega: P. Oxy. 4945 de las *Feniciácas* de Lolliano, in: J. F. Martos Montiel et al. (Hgg.): Plutarco, entre dioses y astros. Homenaje al Profesor Aurelio Pérez Jiménez de sus discípulos, colegas y amigos, Zaragoza, 2, 1223–1249.
– /C. Ruiz Montero (2023): PSI 726: *Antheia*'s Novel, Ordia Prima N. S. 1, 1–19.
– et al. (2023; Hgg.): The Reality of Women in the Universe of the Ancient Novel, Amsterdam/Philadelphia.

MacDonald, D. R. (1994): Christianizing Homer: *The Odyssey*, Plato, and *The Acts of Andrew*, New York/Oxford.
Maciver, C. A. (2016): Truth, Narration, and Interpretation in Lucian's *Verae historiae*, American Journal of Philology 137, 219–250.
– (2020): Longus' Narrator: a Reassessment, Classical Quarterly 70, 827–845.
– (2024): Generic Games: The Ending of Longus' *Daphnis and Chloe*, AJPh 145, 433–460.
Macleod, M. D. (1967): Lucian. With an English Translation, Bd. 8, Cambridge, Mass./London (Loeb Classical Library 432).
– (1972): Luciani Opera. Recognovit brevique adnotatione critica instruxit. Tomus I. Libelli 1–25, Oxford (Scriptorum Classicorum Bibliotheca Oxoniensis).
– (1974): Luciani Opera. Tomus II. Libelli 26–42, Oxford (Scriptorum Classicorum Bibliotheca Oxoniensis).
MacQueen, B. D. (1990): Myth, Rhetoric and Fiction: A Reading of Longus's *Daphnis and Chloe*, Lincoln/London.
Maeder, D. (1991): Au seuil des romans grecs: effets de réel et effets de création, Groningen Colloquia on the Novel 4, 1–33.
Maehler, H. (1976): Der Metiochos-Parthenope-Roman, Zeitschrift für Papyrologie und Epigraphik 23, 1–20.

Mal-Maeder, D. van (1992): Les détournements homériques dans l'*Histoire vraie* de Lucien: le rapatriement d'une tradition littéraire, Études de Lettres, 123–146.

– (1997): *Lector, intende: laetaberis*: the Enigma of the Last Book of Apuleius' *Metamorphoses*, Groningen Colloquia on the Novel 8, 87–118.

– (2001): Apuleius Madaurensis. Metamorphoses. Livre II. Texte, Introduction et Commentaire, Groningen (Groningen Commentaries on Apuleius).

– (2003): La mise en scène déclamatoire chez les romanciers latins, in: S. Panayotakis et al. 2003, 345–355.

– (2012): Les beaux principes: du discours à l'action dans le *Satyricon* de Pétrone, Ancient Narrative 10, 1–16.

Malherbe, A. J. (1977): The Cynic Epistles: a Study Edition, Missouri, Mo. (Society of Biblical Literature. Sources for Biblical Study 12).

Malits, A./T. Fuhrer (2002): Stationen einer Impotenz. Zur Funktion der Frauenfiguren Quartilla, Circe, Oenothea und Proselenos in Petrons *Satyrica*, in: B. Feichtinger/G. Wöhrle (Hg.): Gender-Studies in den Altertumswissenschaften: Möglichkeiten und Grenzen,Trier (Iphis 1), 81–96.

Malosse, P.-L. (2004): Lettres de Chion d'Héraclée, Salerno.

Manuwald, G. (2000): Zitate als Mittel des Erzählens – zur Darstellungstechnik Charitons in seinem Roman *Kallirhoe*, Würzburger Jahrbücher für die Altertumswissenschaft 24, 97–122.

Marini, N. (1993): Osservazioni sul »Romanzo di Chione«, Athenaeum 80, 587–600.

Marquis, É. (2023; Hg.): Epistolary Fiction in Ancient Greek Literature, Berlin/Boston, Mass.

– /P. v. Möllendorff (2025; Hgg.): Brief und Macht. Pseudonyme Briefsammlungen der Antike, Berlin/Boston, Mass. (Millennium-Studien zu Kultur und Geschichte des Ersten Jahrtausends n. Chr. 109).

Martelli, M. F. A. (2018): Clues from the Papyri: Structure and Style of Chariton's Novel, in: Futre Pinheiro et al. 2018, 195–208.

Martin, V./G. de Budé (1952; Hgg.): Eschine, Discours Tome II: Contre Ctésiphon. Lettres. Texte établi et traduit, Paris (Collection Budé).

Mason, H. J. (1978): Fabula Graecanica: Apuleius and His Greek Sources, in: Hijmans/ Paardt 1978, 1–15; auch in: Harrison 1999a, 217–236.

– (1994): Greek and Latin Versions of the Ass-Story, Aufstieg und Niedergang der römischen Welt II 34.2, 1665–1707.

– (1999): The *Metamorphoses* of Apuleius and Its Greek Sources, in: Hofmann 1999, 103–112.

May, R. (2006): Apuleius and Drama: the Ass on Stage, Oxford.

– (2010): An Ass from Oxyrhynchus: P. Oxy. LXX.4762, Loukios of Patrae and the Milesian Tales, Ancient Narrative 8, 59–83.

– (2020): Theatricality and Self-fashionig: Reading Apollonius' Dramatic Performance in *Historia Apollonii Regis Tyri* Chapter 16, Ancient Narrative 16, 61–80.

Mazal, O. (1958): Die Satzstruktur in den Aithiopika des Heliodor von Emesa, Wiener Studien 71, 116–131; auch in: H. Gärtner 1984, 451–466.

McCollum, J./B. Niedergall (2022): Acts of John. Translated, Turnhout (Brepols Library of Christian Sources: Patristic and Medieval Texts with English Translations 7).

McLarty, J. D. (2018): Thecla's Devotion: Narrative, Emotion and Identity in the *Acts of Paul and Thecla*, Cambridge.

McQueen, B.D. (1990): Myth, Rhetoric and Fiction: A Reading of Longus's *Daphnis and Chloe*, Lincoln/London.

Mecella, L. (2018): Heliodor zwischen Historie und Legende. Überlegungen zum Problem der Datierung, in: Rivolett/Seeber 2018, 19–42.

Meckelnborg, C./K.-H. Schäfer (2006): Chariton. Kallirhoe. Griechisch und Deutsch. Hg., übersetzt und kommentiert, Darmstadt (Edition Antike).

Meister, F. (1873): Daretis Phrygii de excidio Troiae historia, Leipzig (Bibliotheca Scriptorum Graecorum et Romanorum Teubneriana); Nachdr. 1991.

Merkelbach, R. (1962): Roman und Mysterium in der Antike, München/Berlin.

– ([2]1977): Die Quellen des griechischen Alexanderromans, München (Zetemata 9).

– (1988): Die Hirten des Dionysos. Die Dionysos-Mysterien der römischen Kaiserzeit und der bukolische Roman des Longos, Stuttgart.

Merkle, S. (1989): Die Ephemeris belli Troiani des Diktys von Kreta, Frankfurt a. M. et al. (Studien zur klassischen Philologie 44).

– (1990a): »Artless and abrupt?« Bemerkungen zur ›Ephemeris belli Troiani‹ des Diktys von Kreta, Groningen Colloquia on the Novel 3, 79–90.

– (1990b): *Troiani belli verior textus*. Die Trojaberichte des Dictys und Dares, in: H. Brunner (Hg.): Die deutsche Trojaliteratur des Mittelalters und der frühen Neuzeit. Materialien und Untersuchungen, Wiesbaden, 491–522.

– (1994): Telling the True Story of the Trojan War: The Eyewitness Account of Dictys of Crete, in: Tatum 1994b, 183–196.

– (1996a): Fable, ›Anecdote‹ and ›Novella‹ in the *Vita Aesopi*: The Ingredients of a ›Popular Novel‹, in: Pecere/Stramaglia 1996, 209–234.

– (1996b): The Truth and Nothing but the Truth: Dictys and Dares, in: Schmeling 1996b, 563–580.

– (1999): News from the Past: Dictys and Dares on the Trojan War, in: Hofmann 1999, 155–166.

– /Beschorner, A. (1994): Der Tyrann und der Dichter. Handlungssequenzen in den Phalaris-Briefen, in: Holzberg 1994, 116–168.

Messeri, G. (2010): I papiri di narrativa 1893 ad oggi, in: Bastianini/Casanova 2010, 3–41.

Mignogna, E. (1996a): Cimone e Calliroe: un »romanzo« nel romanzo. Intertestualità e valenza strutturale di Ps.-Eschine *Epist.* 10, Maia 48, 315–326.

– (1996b): Roman und *Paradoxon*: Die Metamorphosen der Metapher in Achilleus Tatios' *Leukippe und Kleitophon*, Groningen Colloquia on the Novel 6, 21–37.

Millar, F. (1981): The World of the *Golden Ass*, The Journal of Roman Studies 71, 63–75; auch in: Harrison 1999a, 247–268.

Miller, W. (1914): Xenophon. Cyropaedia. With an English Translation (Loeb Classical Library).

Möllendorff, P. v. (2000a): Auf der Suche nach der verlogenen Wahrheit: Lukians *Wahre Geschichten*, Tübingen (Classica Monacensia 21).

– (2000b): Apuleius, Der goldene Esel oder Von den Folgen der Neugierde, in: M. Hose (Hg.): Meisterwerke der antiken Literatur. Von Homer bis Boethius, München, 143–162.

– (2004): Im Grenzland der literarischen Satire: Apuleius' *Metamorphosen*, in: R. Kussl (Hg.): Alte Texte – neue Wege, München (Dialog Schule – Wissenschaft. Klassische Sprachen und Literaturen 38), 45–72.

– (2009): Bild-Störung. Das Gemälde von Europas Entführung in Achilleus Tatios' Roman *Leukippe und Kleitophon*, in: A.-B. Renger/R. A. Ißler (Hgg.): Europa – Stier und Sternenkranz. Von der Union mit Zeus zum Staatenverbund, Göttingen (Gründungsmythen Europas in Literatur, Musik und Kunst 1), 145–164.

– (2014): Mimet(h)ic *paideia* in Lucian's *True History*, in: Cueva/Byrne 2014, 522–534.

– (2015): Stoics in the Ocean: Iambulus' Novel as Philosophical Fiction, in: M. P. Futre Pinheiro/S. Montiglio (Hgg.): Philosophy and the Ancient Novel, Eelde (Ancient Narrative. Suppl. 20), 19–33.

– (2025): Macht und Ohmacht eines Exilierten. Die Briefe des Themistokles, in: Marquis 2025, 109–122.

Montanari, S./B. Puderon (2022): Évhémère de Messène. Inscription sacrée. Introduction et annotations par S. M. Texte et traduction de B. P., Paris (Fragments 23).

Montiglio, S. (2007): »You Can't Go Home Again«: Lucius' Journey in Apuleius' *Metamorphoses* Set Against the Background of the *Odyssey*, Materiali e Discussioni per l'analisi dei testi classici 58, 93–113.

– (2012): The (Cultural) Harmony of Nature: Music, Love, and Order in *Daphnis and Chloe*, Transactions of the American Philological Society 142, 133–156.

– (2013a): Love and Providence: Recognition in the Ancient Novel, Oxford/New York.

– (2013b): ›Thou Shalt not Lie‹: Truthfulness and Autobiography in The *Historia Apollonii regis Tyri*, in: Graverini et al. 2013 = Ordia Prima 7, 190–202.

Morales, H. L. (2004): Vision and Narrative in Achilles Tatius' *Leucippe and Clitophon*, Cambridge.

Morgan, J. R. (1982): History, Romance, and Realism in the *Aithiopika* of Heliodoros, Classical Antiquity 1, 221–265.

– (1985): Lucian's *True Histories* and *The Wonders Beyond Thule* of Antonius Diogenes, The Classical Journal 35, 475–490.

– (1989a): A Sense of the Ending: The Conclusion of Heliodoros' *Aithiopika*, Transactions of the American Philological Society 119, 299–320.

– (1989b): The Story of Knemon in Heliodoros' *Aithiopika*, The Journal of Hellenic Studies 109, 99–113; auch in: Swain 1999c, 259–285.
– (1991): Reader and Audiences in the *Aithiopika* of Heliodoros, Groningen Colloquia on the Novel 4, 1991, 85–103.
– (1993): Make-believe and Make Believe: The Fictionality of the Greek Novels, in: C. Gill/T. P. Wiseman (Hgg.): Lies and Fiction in the Ancient World, Exeter, 175–229.
– (1994a): The *Aithiopika* of Heliodoros: Narrative as Riddle, in: Morgan/Stoneman 1994, 97–113.
– (1994b): *Daphnis and Chloe:* Love's Own Sweet Story, in: Morgan/Stoneman 1994, 64–79.
– (1995): The Greek Novel: Towards a Sociology of Production and Reception, in: A. Powell (Hg.): The Greek World, London/New York, 130–152.
– (1996a): The Ancient Novel at the End of the Century: Scholarship since the Dartmouth Conference, Classical Philology 91, 63–73.
– (1996b): Heliodoros, in: Schmeling 1996b, 417–456.
– (1997): Longus, ›Daphnis and Chloe‹: A Bibliographical Survey, 1950–1995, Aufstieg und Niedergang der römischen Welt II 34.3, 2208–2276.
– (1998): On the Fringes of the Canon: Work on the Fragments of Ancient Greek Fiction 1936–1994, Aufstieg und Niedergang der römischen Welt II 34.4, 3293–3390.
– (2003): Nymphs, Neighbours and Narrators: A Narratological Approach to Longus, in: S. Panayotakis et al. 2003, 171–189.
– (2004a): Achilles Tatius, in: De Jong et al. 2004, 493–506.
– (2004b): Chariton, in: De Jong et al. 2004, 479–487.
– (2004c): Heliodorus, in: De Jong et al. 2004, 523–543.
– (2004d): Longus, in: De Jong et al. 2004, 507–522.
– (2004e): Longus: Daphnis and Chloe. Translated with an Introduction and Commentary, Oxford (Aris & Phillips Classical Texts).
– (2004f): Xenophon of Ephesus, in: De Jong et al. 2004, 489–492.
– (2007a): Kleitophon and Encolpius: Achilleus Tatius as Hidden Author, in: Paschalis et al. 2007, 105–120.
– (2007b): The Representation of Philosophers in Greek Fiction, in: Morgan/Jones 2007, 23–51.
– (2009): Readers Writing Readers, and Writers Reading Writers: Reflections of Antonius Diogenes, in: Readers and Writers in the Ancient Novel, Groningen (Ancient Narrative Suppl. 12), 127–141.
– (2011): Poets and Shepards: Philetas and Longus, in: Doulamis 2011, 139–160.
– (2012a): Heliodorus, in: De Jong 2012, 557–577.
– (2012b): Longus, in: De Jong 2012, 537–555.
– (2014): Heliodorus the Hellene, in: D. L. Cairns/R. Scodel (Hgg.): Defining Greek Narrative, Edinburgh (Edinburgh Leventis Studies 7), 260–276.

– (2017): Chariton and Xenophon of Ephesus, in: D. S. Richter/W. A. Johnson (Hgg.): The Oxford Handbook of the Second Sophistic, 389–403.

– (2018): »A Cast of Thousands«: the Riddle of the *Antheia Romance* Solved, in: Chew et al. 2018, 81–97.

– /R. Stoneman (1994; Hgg.): Greek Fiction: The Greek Novel in Context, London/New York.

– /M. Jones (2007; Hgg.): Philosophical Presences in the Ancient Novel, Groningen (Ancient Narrative. Suppl. 10).

Morrison, A. D. (2013): Narrative and Epistolarity in the »Platonic« Epistles, in: Hodkinson et al. 2013, 107–131.

– (2014a): Autorship and Authority in Greek Fictional Letters, in: A. Marmodoro/J. Hill (2014; Hg.): The Author's Voice in Classical and Late Antiquity, Oxford/New York, 287–312.

– (2014b): *Pamela* and Plato: Ancient and Modern Epistolary Narratives, in: D. L. Cairns/R. Scodel (Hgg.): Defining Greek Narrative, Edinburgh (Edinburgh Leventis Studies 7), 298–313.

Mras, K. (1954): Die Hauptwerke des Lukian. Hg. und übersetzt, München (Tusculum-Bücherei).

Müller, C.W. (1981): Der griechische Roman, in: E. Vogt (Hg.): Griechische Literatur, Wiesbaden (Neues Handbuch der Literaturwissenschaft 2), 377–412.

– (1991): Der Romanheld als Rätsellöser in der Historia Apollonii regis Tyri, Würzburger Jahrbücher für die Altertumswissenschaft 17, 267–279.

Müller, K. ([5]2003): Petronius, Satyricon reliquiae. Editio iterata correctior editionis quartae (MCMXCV), München/Leipzig (Bibliotheca Scriptorum Graecorum et Romanorum Teubneriana); Nachdr. Berlin/New York 2009.

– /W. Ehlers ([5]2004): Petronius, Satyrica – Schelmengeschichten. Lateinisch–Deutsch. Mit einer Bibliographie von N. Holzberg, München (Sammlung Tusculum).

Müller, R. J. (1993): Überlegungen zur *Hiera Anagraphe* des Euhemeros von Messene, Hermes 121, 276–300.

Mumprecht, V. (1983): Philostratos: Das Leben des Apollonios von Tyana. Griechisch–Deutsch. Hg., übersetzt und erläutert, München/Zürich (Sammlung Tusculum).

Mundt, F.: (2016): Jüngling trifft Mädchen – Leser trifft Welt. Herkunftsräume im griechischen Liebesroman, in: M. Benz/K. Dennerlein (Hgg.): Literarische Räume der Herkunft. Fallstudien zu einer historischen Narratologie, Berlin/Boston, Mass. (Narratologia 51), 41–66.

Murgatroyd, T. (2013): Petronius' *Satyrica*, in: E. Buckley/M. T. Dinter (Hgg.): A Companion to the Neronian Age, Oxford (Blackwell Companions to the Ancient World).

Nakatani, S. (2005): A Re-examination of Some Structural Problems in Achilles Tatius' *Leucippe and Clitophon*, Ancient Narrative 3, 63–81.

Narro, Á. (2016): The Influence of the Greek Novel on the Life and Miracles of Saint Thecla, Byzantinische Zeitschrift 109, 73–95.

– /I. Muños Gallarte (2023): A New Edition, Translation, and Commentary of the Abridged Version of the Apocryphal *Acts of Thomas* in the ms. Pet. Φ 906 (Z1)[BHG s. n.], Annali di Storia dell'Esegesi 40, 403–426.

Nawotka, K. (2017): The Alexander Romance by Ps.-Callisthenes: a Historical Commentary, Leiden/Boston, Mass. (Mnemosyne Suppl. 399).

Nelson, P. B. (2016): Euripides' *Alcestis* and the Apollonius Romance, Classical Quarterly, 421–423.

Nesselrath, G. (1993): Utopie-Parodie in Lukians Wahren Geschichten, in: W. Ax/R. F. Glei (Hgg.): Literaturparodie in Antike und Mittelalter, Trier (Bochumer Altertumswissenschaftliches Colloquium 15), 41–56.

– (2023): Der ›alte gute‹ Euripides der ›Euripidesbriefe‹, oder: Sinn und Zweck einer ›biographie corrigée‹, in: Marquis 2023, 139–150.

Neumann, W./J. Kerschensteiner (1967; Hg.): Platon, Briefe. Griechisch–deutsch, bearbeitet von J. K., München (Tusculum-Bücherei).

Ng, E. Y. L. (2004): *Acts of Paul and Thekla*: Women's Stories and Precedent?, Journal of Theological Studies 55, 1–29.

Ní Mheallaigh, K. (2007): Philosophical Framing: the Phaedran Setting of *Leucippe and Cleitophon*, in: Morgan/Jones 2007, 231–244.

– (2013): Lost in Translation: the Phoenician Journal of Dictys of Crete, in: Whitmarsh/Thomson 2013, 196–210.

– (2014): Reading Fiction with Lucian: Fakes, Freaks and Hyperreality, Cambridge/New York (Greek Culture in the Roman World).

Nickel, R. (1992): Xenophon. Kyrupädie. Die Erziehung des Kyros. Griechisch – deutsch. Hg. und übersetzt, München (Sammlung Tusculum).

Nicolini, L. (2011): *Ad (l)usum lectoris*: etimologia e giochi di parole in Apuleio, Bologna (Testi e Manuali per l'Insegnamento Universitario del Latino n.s. 117).

Obbink, D. (2011): Vanishing Conjecture: Lost Books and Their Recovery from Aristotle to Eco, in: Obbink/Rutherford 2011, 20–49.

– /R. Rutherford (2011; Hgg.): Culture in Pieces: Essays on Ancient Texts in Honour of Peter Parsons, Oxford.

Obermayer, H. P. (1998): Martial und der Diskurs über männliche »Homosexualität« in der Literatur der frühen Kaiserzeit, Tübingen (Classica Monacensia 18).

Oldfather, C. H. (1935): Diodorus of Sicily. II: Books II, 35–IV, 58. With an English Translation, London/Cambridge, Mass. (Loeb Classical Library 303).

– (1939): Diodorus of Sicily. III: Books IV, 59–VIII. With an English Translation, London/Cambridge, Mass. (Loeb Classical Library 279).

Orofino, G. (2011): The Long Voyage of a Trickster Story from Ancient Greece to Tibet,

Annali dell'Istituto Universitario Orientale di Napoli, Dipartimento di Studi del Mondo classico e del Mediterraneo antico. Sezione filologico letteraria 23, 101–115.
O'Sullivan, J. N. (1984): The Sesonchosis Romance, Zeitschrift für Papyrologie und Epigraphik 56, 39–44.
– (1995): Xenophon of Ephesus: His Compositional Technique and the Birth of the Novel, Berlin/New York (Untersuchungen zur antiken Literatur und Geschichte 44).
– (2005): Xenophon Ephesius. De Anthia et Habrocome Ephesiacorum libri V, München (Bibliotheca Scriptorum Graecorum et Romanorum Teubneriana).
– (2014): Xenophon: *The Ephesian Tale*, in: Cueva/Byrne 2014, 43–61.
– /W. A. Beck (1982): P. Oxy 2466: The Sesonchosis Romance, Zeitschrift für Papyrologie und Epigraphik 45, 71–83.

Paardt, R. van der (1971): Apuleius Madaurensis, The Metamorphoses. A Commentary on Book III with Text and Introduction, Amsterdam.
– (1981): The Unmasked 'I': Apuleius *Met.* XI 27, Mnemosyne 34, 96–106; auch in: Harrison 1999a, 237–246.
Palone, M. (2020): Le *Etiopiche* di Eliodoro: approcci narratologici e nuove prospettive, Stuttgart (Palingenesia 120).
Panayotakis, C. (1995): *Theatrum arbitri*: Theatrical Elements in the *Satyrica* of Petronius, Leiden et al. (Mnemosyne Suppl. 146).
– (2019): Slavery and Beauty in Petronius, in: S. Panayotakis/Paschalis 2019, 181–201.
Panayotakis, S. (2002): The Temple and the Brothel: Mothers and Daughters in *Apollonius of Tyre*, in Paschalis/Frangoulidis 2002, 98–117.
– (2003): Three Death Scenes in *Apollonius of Tyre*, in: S. Panayotakis et al. 2003, 143–157.
– (2006): The Logic of Inconsistency: Apollonios of Tyre and the Thirty-days' Period of Grace, in: Byrne et al. 2006, 211–226.
– (2007): Fixity and Fluidity in *Apollonius of Tyre*, in: Rimell 2007, 299–320.
– (2009): A Fisherman's Cloak and the Literary Texture of the *Story of Apollonius, King of Tyre*, in: F. Gasti (Hg.): Il romanzo latino: modelli e tradizione letteraria. Atti della VII Giornata ghisleriana di Filologia classica (Pavia, 11–12 ottobre 2007), Pavia (Studia Ghisleriana), 125–138.
– (2011): The Divided Cloak in the *Historia Apollonii Regis Tyri*: Further Thoughts, in: Doulamis 2011, 185–199.
– (2012): *The Story of Apollonius, King of Tyre.* A Commentary, Berlin/Boston, Mass. (Texte und Kommentare 38).
– /M. Paschalis (2019; Hgg.): Slaves and Masters in the Ancient Novel, Groningen (Ancient Narrative Suppl. 23).
– et al. (2003; Hgg.): The Ancient Novel and Beyond, Leiden/Boston, Mass. (Mnemosyne Suppl. 241).

– et al. (2015; Hgg.): Holy Men and Charlatans in the Ancient Novel, Groningen (Ancient Narrative Suppl. 19).

Papadimitropoulos, L. (2017): Chariclea's Identity and the Structure of Heliodorus' *Aethiopica*, Harvard Studies in Classical Philology 109, 209–223.

– (2023): The Homeric Chariton, Exemplaria Classica 27, 125–139.

Papanikolaou, A. D. (1973): Xenophon Ephesius. Ephesiacorum libri V de amoribus Anthiae et Abrocomae, Leipzig (Bibliotheca Scriptorum Graecorum et Romanorum Teubneriana).

Papathomopoulos, M. ([3]2010): Βίβλος Ξάνθου φιλοσόφου καὶ Αἰσώπου δούλου αὐτοῦ περὶ τῆς ἀναστροφῆς Αἰσώπου. Κριτική έκδοση με εισαγωγή και μετάφραση, Athina (Λόγος Ελληνικός 3).

Parsons, P. (1971): A Greek *Satyricon*?, Bulletin of the Institute of Classical Studies 18, 53–68.

– (1974): 3010. Narrative About Iolaus, in: The Oxyrhynchus Papyri 42, 34–41.

Paschalis, M. et al. (2007): The Greek and Roman Novel: Parallel Readings, Groningen (Ancient Narrative Suppl. 8).

– /S. Frangoulidis (2002; Hgg.): Space in the Ancient Novel, Groningen (Ancient Narrative Suppl. 1).

– et al. (2009; Hgg.): Readers and Writers in the Ancient Novel, Groningen (Ancient Narrative 12).

Paulsen, T. (1992): Inszenierung des Schicksals. Tragödie und Komödie im Roman des Heliodor, Trier (Bochumer Altertumswissenschaftliches Colloquium 10).

Pavano, A. (1993): A proposito di una presunta seconda redazione della *De excidio Troiae historia* di Darete Frigio, Sileno 19, 229–275.

– (1996): La *quaestio* daretiana: problemi ecdotici, esegetici, metodologici (A proposito di A. Beschorner, *Untersuchungen zu Dares Phrygius*, Tübingen 1992), Cassiodorus 2, 305–321.

Pecere, O./A. Stramaglia (1996; Hgg.): La letteratura di consumo nel mondo greco-latino. Atti del Convegno Internazionale, Cassino.

– /A. Stramaglia (2003): Studi apuleiani, Cassino.

Penwill, J. L. (1978): The Letters of Themistokles: An Epistolary Novel?, Antichthon 12, 83–103.

– (2010): Evolution of an Assassin: the Letters of Chion of Heraclea, Ramus 39, 24–52.

Perkins, J. (1995): The Suffering Self: Pain and Narrative Representation in the Early Christian Era, London.

Perry, B. E. (1952): Aesopica. A Series of Texts Relating to Aesop or Ascribed to Him or Closely Connected with the Literary Tradition That Bears His Name. Collected and Critically Edited, in Part Translated from Oriental Languages, with a Commentary and Historical Essay. I: Greek and Latin Texts, Urbana, Illinois; Nachdr. New York 1980 und Urbana/Chicago 2007.

– (1967): The Ancient Romances: A Literary-Historical Account of Their Origins, Berkeley/Los Angeles.

Pertsinidis, S. (2020): A Dung Beetle's Victory: the Moral of the *Life of Aesop* (Vita G), Antichthon 54, 141–163.

Pervo, R. (1987): Profit with Delight: The Literary Genre of the Acts of the Apostles, Minneapolis.

– (1994): Early Christian Fiction, in: Morgan/Stoneman 1994, 239–254.

– (1996): The Ancient Novel Becomes Christian, in: Schmeling 1996b, 685–711.

– (1998): A Nihilist Fabula: Introducing the *Life of Aesop*, in: Hock et al. 1998, 77–120.

– (2014): The Acts of Paul: a New Translation and Commentary, Eugene, Or.

– (2018): History Told by Losers: Dictys and Dares on the Trojan War, in: Johnson et al. 2018, 123–136.

Petersmann, H. (1977): Petrons urbane Prosa. Untersuchungen zu Sprache und Text (Syntax), Wien (Sitzungsberichte der Österreichischen Akademie der Wissenschaften. Philosophisch-historische Klasse 323).

– (1985): Umwelt, Sprachsituation und Stilschichten in Petrons ‚Satyrica', Aufstieg und Niedergang der römischen Welt II 32.3, 1985, 1687–1705 = Environment, Linguistic Situation and Levels of Style in Petronius' *Satyrica*, in: Harrison 1999a, 105–123.

– (2000): Antike Unterhaltungsliteratur zwischen Roman und Satire: Petrons *Satyrica*, das *Iolaos-* und das *Tinouphisfragment*, Acta Antiqua Academiae Scientiarum Hungaricae 40, 371–379.

Pfister, F. (1976): Kleine Schriften zum Alexanderroman, Meisenheim am Glan (Beiträge zur klassischen Philologie 61).

– (1978): Der Alexanderroman. Mit einer Auswahl aus den verwandten Texten übersetzt, Meisenheim am Glan (Beiträge zur Klassischen Philologie 92).

Picone, M./B. Zimmermann (1997; Hgg.): Der antike Roman und seine mittelalterliche Rezeption, Basel et al..

Plantade, E. (2023): Le conte de Psyché et Cupidon, témoin du folklore d'Afrique du nord: essai sur la poétique transculturelle d'Apulée, Hildesheim/Zürich (Spudasmata 196).

– /D. Vallat (2018; Hgg.): Les savoirs d'Apulée. Πολυμαθία et πολυτροπία à l'époque antonine, Hildesheim/Zürich (Spudasmata 175).

Plastira-Valkanou, M. (2015): Xenophon's *Ephesiaca* and Literary Tradition: Amphinomus' Episode, in: M. Tziatzi [et al] (Hgg.): Lemmata. Beiträge zum Gedenken an Christos Theodoridis, Berlin/Boston, Mass., 353–369.

Plepelits, K. (1980): Achilleus Tatios: Leukippe und Kleitophon. Eingeleitet, erstmalig übersetzt und erläutert, Stuttgart (Bibliothek der griechischen Literatur 1).

– (1996): Achilles Tatius, in: Schmeling 1996b, 387–416.

Plümacher, E. (1978): Apokryphe Apostelakten, Realencyclopädie der classischen Altertumswissenschaft Suppl. 15, 11–70.

Poignault, R. (2011; Hg.): Présence du roman grec et latin. Actes du Colloque tenu à Clermont-Ferrand (23–25 novembre 2006), Clermont-Ferrand (Caesarodunum Bis 40/41).

Poltera, O. (2013): The Letters of Euripides, in: Hodkinson et al. (2013), 152–165.

Prag, J. R. W./I. Repath (2009): Petronius: A Handbook, Malden, Mass./Oxford.

Prieur, J.-M. (1989): Acta Andreae. 2 Bde., Turnhout (Corpus Christianorum, Series Apocrypha 5. 6).

Ramelli, I. (2001): I *Babyloniakà* di Giamblico e la cultura plurietnica dell'impero fra II e III secolo, Athenaeum 89, 447–458.

– /J. Perkins (2015): Early Christian and Jewish Narrative: The Role of Religion in Shaping Narrative Forms, Tübingen (Wissenschaftliche Untersuchungen zum Neuen Testament 348).

Rattenbury, R. M. et al. (^{2}1960): Héliodore. Les Éthiopiques. Théagene et Chariclée. Texte établi par R. M. R. et T. W. Lumb, traduit par J. Maillon, Paris (Collection des Universités de France. Série Grecque 145).

Reardon, B. P. (1969): The Greek Novel, Phoenix 23, 291–309; auch in: H. Gärtner 1984, 218–236.

– (1971): Courants littéraires grecs des IIe et IIIe siècles après J.-C., Paris.

– (1976): Aspects of the Greek Novel, Greece & Rome 23, 118–131.

– (1982): Theme, Structure and Narrative in Chariton, Yale Classical Studies 27, 1–27; auch in: Swain 1999c, 163–188.

– (1989; Hg.): Collected Ancient Greek Novels, Berkeley/Los Angeles; Nachdr. 2008 (with a New Foreword by J. R. Morgan).

– (1991): The Form of Greek Romance, Princeton, N. J.

– (1994a): Achilles Tatius and Ego-Narrative, in: Morgan/Stoneman 1994, 80–96; auch in: Swain 1999c, 243–258.

– (1994b): Μῦθος οὐ λόγος. Longus's Lesbian Pastorals, in: Tatum 1994b, 135–147.

– (1996): Chariton, in: Schmeling 1996b, 309–335.

– (1998): Apographs and Atticists: Adventures of a Text, in: J.P. Bews et al. (Hgg.): Celebratio: Thirtieth Anniversary Essays at Trent University, Peterborough, Ontario, 67–75.

– (2001): Heliodorus's *Ethiopica*: la grande illusion?, in: M. Joyal (Hg.): *In altum*. Seventy-five Years of Classical Studies in Newfoundland, St. John's, Newfoundland, 313–327.

– (2004): Chariton. De Callirhoe narrationes amatoriae, München (Bibliotheca Scriptorum Graecorum et Romanorum Teubneriana).

Reeve, M. D. (1971): Hiatus in the Greek Novelists, Classical Quarterly 21, 514–539.

– (^{3}1994): Longus, Daphnis et Chloe, Leipzig (Bibliotheca Scriptorum Graecorum et Romanorum Teubneriana)

Rehm, B./G. Strecker (^{3}1992–^{2}1994)): Die Pseudoklementinen I: Homilien. II: Rekognitionen, Berlin.

Reichel, M. (1995): Xenophon's *Cyropaedia* and the Hellenistic Novel, Groningen Colloquia on the Novel 6, 1–20.

Reiser, M. (1984): Der Alexanderroman und das Markusevangelium, in: H. Cancik (Hg.): Markus-Philologie. Historische, literargeschichtliche und stilistische Untersuchungen zum zweiten Evangelium, Tübingen, 131–161.

Repath, I. D. (2005): Achilles Tatius' *Leucippe and Cleitophon*: What Happened Next?, Classical Quarterly 55, 250–265.

– (2011): Platonic Love and Erotic Education in Longus' *Daphnis and Chloe*, in: Doulamis 2011, 99–122.

– /F.-G. Herrmann (2019; Hgg.): Some Organic Readings in Narrative, Ancient and Modern: Gathered and Originally Presented as a Book for John, Groningen (Ancient Narrative. Suppl. 27).

– /T. Whitmarsh (2022; Hgg.): Reading Heliodorus' *Aethiopica*, Oxford/New York.

Reyhl, K. (1969): Antonios Diogenes. Untersuchungen zu den Roman-Fragmenten der »Wunder jenseits von Thule« und zu den »Wahren Geschichten« des Lukian, Diss. Tübingen.

Richardson, T. W. (2014): Paths of Love: Age and Gender Dynamics in the Erotic Novel, in: T. K. Hubbard (2014): A Companion to Greek and Roman Sexualities, Oxford (Blackwell Companions to the Ancient World), 479–492.

Riess, Werner (2008; Hg.): Paideia at Play: Learning and Wit in Apuleius, Groningen (Ancient Narrative. Suppl. 11).

Rife, J. L. (2002): Officials of the Roman Provinces in Xenophon's *Ephesiaca*, Zeitschrift für Papyrologie und Epigraphik 138, 93–108.

Rimell, V. (2002): Petronius and the Anatomy of Fiction, Cambridge.

– (2007; Hg.): Seeing Tongues, Hearing Scripts. Orality and Representation in the Ancient Novel, Eelde (Ancient Narrative Suppl. 7).

Riquier, K. (2019): The Early Modern Transmission of the Ancient Greek Romances: a Bibliographical Survey, Ancient Narrative 15, 1–34.

Rivoletti, C./S. Seeber (2018; Hgg.): Heliodorus redivivus. Vernetzung und interkultureller Kontext in der europäischen *Aithiopika*-Rezeption der Frühen Neuzeit, Stuttgart (Palingenesia 112).

Robiano, P. (2008): La scène de reconnaissance de Chariton, *Chéreas et Callirhoé*, Hermes 136, 426–437.

Robins, W. (1996): Latin Literature's Greek Romance, Materiali e discussioni per l'analisi dei testi classici 35, 207–215.

Rohde, E. (1876): Der griechische Roman und seine Vorläufer; Nachdr. Darmstadt ^{5}1974.

Roig Lanzillotta, L. (2010): The *Acts of Andrew*: a New Perspective on the Primitive Text, Cuadernos de Filología Clásica. Estudios Griegos e Indoeuropeos 20, 247–259.

Romano, D. (1974): Giulio Valerio, Palermo.
Roncali, R. (1996): Caritone di Afrodisia. Il romanzo di Calliroe. Introduzione, traduzione e note. Testo greco a fronte, Milano (Biblioteca Universale Rizzoli L 1137).
Rosati, G. (1985): Trimalchio in scena, Maia 35, 213–227 = Trimalchio on Stage, in: Harrison 1999a, 85–104.
Rose, K. F. C. (1971): The Date and Author of the Sayricon, Leiden (Mnemosyne Suppl. 16).
Rosellini, M. (1993): Iuli Valeri Res Gestae Alexandri Macedonis translatae ex Aesopo Graeco adhibitis schedis Roberti Calderan edidit, Stuttgart/Leipzig (Bibliotheca Scriptorum Graecorum et Romanorum Teubneriana).
Rosenmeyer, P. A. (1994): The Epistolary Novel, in: Morgan/Stoneman 1994, 146–165.
– (2001): Ancient Epistolary Fictions: The Letter in Greek Literature, Cambridge.
Roskam, G. (2014): Once Again on the Title of Apuleius' *Asinus aureus*, Hermes 142, 255–257.
Ross, A. J. (2015): Syene as Face of Battle: Heliodorus and Late Antique Historiography, Ancient Narrative 12, 1–26.
Roth, U. (2016): Liberating the *Cena*, Classical Quarterly 66, 614–634.
Ruiz Montero, C. (1989): P. Oxy 2466: The Sesonchosis Romance, Zeitschrift für Papyrologie und Epigraphik 79, 51–57.
– (1994a): Chariton von Aphrodisias: Ein Überblick, Aufstieg und Niedergang der römischen Welt II 34.2, 1006–1054.
– (1994b): Xenophon von Ephesos: Ein Überblick, Aufstieg und Niedergang der römischen Welt II 34.2, 1088–1138.
– (1996): The Rise of the Greek Novel, in: Schmeling 1996b, 29–85.
– (2003): Xenophon of Ephesus and Orality in the Roman Empire, Ancient Narrative 3, 43–62.
– (2014): *The Life of Aesop* (rec. G): the Composition of the Text, in: Cueva/Byrne 2014, 257–271.
– (2017): Personal Names in Antonius Diogenes' *Incredible Things Beyond Thule*, in: A. N. Michalopoulos et al. (Hgg.): *Dicite, Pierides*: Classical Studies in Honour of Stratis Kyriakidis, Newcastle Upon Tyne, 107–123.
– (2025): Ancient Fiction Before the Century of Augustus, in: Stramaglia 2025a, 5–38.
Rutherford, I. (2013): Greek Fiction and Egyptian Fiction: Are they Related and, if so, how?, in: Whitmarsh/Thomson 2013, 23–37.
Rütten, U. (1997): Phantasie und Lachkultur. Lukians »Wahre Geschichten«, Tübingen (Classica Monacensia 16).

Sakalis, D. T. (1989): Ιπποκράτους Επιστολαί. Έκδοση κριτική και ερμηνευτική, Ioannina.
Sallmann, K. (1988): Irritation als produktionsästhetisches Prinzip in den *Metamorphosen* des Apuleius, Groningen Colloquia on the Novel 1, 81–102.

Sánchez Hernández, J. P. (2015): Νεανίσκοι: The Priviledged Youth of Lesbos in Longus' Daphnis and Chloe, Materiali e discussioni per l'analisi dei testi classici 74, 181–206.

Sandy, G. N. (1997): The Greek World of Apuleius and the Second Sophistic, Leiden (Mnemosyne. Suppl. 174).

– (1999a): Apuleius' *Golden Ass*: From Miletus to Egypt, in: Hofmann 1999, 81–102.

– (1999b): The Tale of Cupid and Psyche, in: Hofmann 1999, 126–138.

Sanz Morales, M. (2009): Testimonio de los papíros y tradición medieval: ¿una versión diferente de la novela de Caritón?, in: Ders./M. Librán Moreno (Hgg.): *Verae lectiones*. Estudios de crítica textual y edición de textos griegos, Cácers, 203–226.

– (2015): La lengua de Caritón de Afrodisias: características morfológicas, Cuadernos de Filología Clásica. Estudios Griegos 25, 39–66.

– (2018): Copyist's Versions and the Readership of the Greek Novel, in: Futre Pinheiro et al. 2018, 183–193.

– (2020; Hg.): Chariton of Aphrodisias' *Callirhoe*: a Critical Edition, Heidelberg (Antike Texte 2).

Sassi, I. (2024): Fortuna durior. Gewalt und Macht im Goldenen Esel des Apuleius, Basel.

Schenkeveld, D. M. (1993): The Lexicon of the Narrator and His Characters: Some Aspects of Syntax and Choice of Words in Chariton's *Chaereas and Callirhoe*, Groningen Colloquia on the Novel 5, 17–30.

Schetter, W. (1987): Dares und Dracontius über die Vorgeschichte des Trojanischen Krieges, Hermes 115, 1987, 211–231; auch in: Ders., Kaiserzeit und Spätantike. Kleine Schriften 1957–1992, Stuttgart 1994, 295–313.

– (1988): Beobachtungen zum Dares Latinus, Hermes 116, 94–109; auch in: Ders., Kleine Schriften (s.o.), 280–294.

Schindler, C. (2019): Genial daneben? Überlegungen zu Eumolpus' Troiae Halosis, Gymnasium 126, 167–190.

Schirren, T. (2005): Philosophos Bios. Die antike Philosophenbiographie als symbolische Form. Studien zur *Vita Apollonii* des Philostrat, Heidelberg (Bibliothek der Klassischen Altertumswissenschaft N. F. II 115).

Schlam, C. C.(1992): The *Metamorphoses* of Apuleius: on Making an Ass of Oneself, London.

– /E. Finkelpearl (2000): A Review of Scholarship on Apuleius' *Metamorphoses* 1970–1998, Lustrum 42, 7–220.

Schmedt, H. (2020): Antonios Diogenes, *Die unglaublichen Dinge jenseits von Thule*. Edition, Übersetzung, Kommentar, Berlin/Boston, Mass. (Millennium-Studien zu Kultur und Geschichte des Ersten Jahrtausends n. Chr. 78).

Schmeling, G. (1988): Historia Apollonii Regis Tyri, Leipzig (Bibliotheca Scriptorum Graecorum et Romanorum Teubneriana).

– (1996a): *Historia Apollonii Regis Tyri*, in: Schmeling 1996b, 517–551.

– (1996b; Hg.): The Novel in the Ancient World, Leiden (Mnemosyne Suppl. 159).
– (1996c): The *Satyrica* of Petronius, in: Schmeling 1996b, 457–490.
– (1998): *Apollonius of Tyre*: Last of the Troublesome Latin Novels, Aufstieg und Niedergang der römischen Welt II 34.4, 1998, 3270–3291.
– (1999a): *The Historia Apollonii Regis Tyri*, in: Hofmann 1999, 141–152.
– (1999b): Petronius and the *Satyrica*, in: Hofmann 1999, 23–37.
– (2011): A Commentary on the *Satyrica* of Petronius, Oxford.
– (2020): Petronius. Satyricon. Seneca. Apocolocyntosis. Edited and Translated, Cambridge, Mass./London (Loeb Classical Library 15).
– /J. H. Stuckey (1977): A Bibliography of Petronius, Leiden (Mnemosyne Suppl. 39).
Schmid-Dümmler, N. N. (2018): Achilleus Tatios, *Leukippe und Kleitophon*. Rhetorik im Dienst der Verführung, Trier (Bochumer Altertumswissenschaftliches Colloquium 101).
Schneider-Menzel, U. (1948): Jamblichos' »Babylonische Geschichten«, in: F. Altheim, Literatur und Gesellschaft im ausgehenden Altertum, Bd. 1, Halle/Saale, 48–92.
Schönberger, O. (1998): Longos. Hirtengeschichten von Daphnis und Chloe. Griechisch-deutsch. Hg. und übersetzt, München/Zürich (Sammlung Tusculum).
Schwartz, S. C. (2003): Rome in the Greek Novel? Images and Ideas of Empire in Chariton's Persia, Arethusa 36, 375–394.
– (2007): From Bedroom to Courtroom: the Adultery Type Scene and the *Acts of Andrew*, in: T. C. Penner/C. van der Stichele (Hgg.): Mapping Gender in Ancient Religious Discourses, Leiden/Boston, Mass. (Biblical Interpretation Series 84), 267–311.
– (2016): From Bedroom to Courtroom: Law and Justice in the Greek Novel, Eelde (Ancient Narrative. Suppl. 21).
Sedelmeier, D. (1959): Studien zu Achilleus Tatios, Wiener Studien 72, 113–143; auch in: H. Gärtner 1984, 330–360.
Setaioli, A. (2011): *Arbitri Nugae*: Petronius' Short Poems in the *Satyrica*, Frankfurt a. M. et al. (Studien zur klassischen Philologie 165).
– (2014): Poems in Petronius' *Satyrica*, in: Cueva/Byrne 2014, 371–383.
Sexauer, H. (1899): Der Sprachgebrauch des Romanschriftstellers Achilles Tatius, Diss. Heidelberg, Karlsruhe.
Shiner, W. (1998): Creating Plot in Episodic Narratives: The *Life of Aesop* and the Gospel of Mark, in: Hock et al. 1998, 155–176.
Shumate, N. (1996): Crisis and Conversion in Apuleius' *Metamorphoses*, Ann Arbor.
– (1999): Apuleius' *Metamorphoses*: The Inserted Tales, in: Hofmann 1999, 113–125.
Slater, N. W. (1990): Reading Petronius, Baltimore.
– (2014): Various Asses, in: Cueva/Byrne 2014, 384–399.
– (2018a): Resurrection Woman: Love, Death and (After) Life in Petronius's Widow of Ephesus, in: S. Frangoulidis/S. Harrison (Hg.): Life, Love and Death in Latin Poetry, Berlin/Boston, Mass., 237–250.

– (2018b): Speech Acts and Genre Games in the *Protagoras Romance*, in: Cueva et al. 2, 231–246.

– (2021): Repetition, Improvisation, and Parody: Eumolpus Re-takes Troy in Petronius's *Satyrica* 83–90, in: D. Beck (Hg.): Repetition, Communication, and Meaning in the Ancient World, Leiden/Boston, Mass., 285–303.

– (2024): Role-Playing, Reconciliation, and Repetition: Parodies of Peacemaking on the Petronian Ship of State, Trends in Classics 16, 336–354.

Smith, M. S. (1975): Petronii Arbitri Cena Trimalchionis, Oxford.

Smith, S. D. (2007): Greek Identity and the Athenian Past in Chariton: the Romance of the Empire, Groningen (Ancient Narrative Suppl. 9).

Smith, W. D. (1990): Hippocrates. Pseudoepigraphic Writings. Letters – Embassy – Speech from the Altar-Decree. Edited and Translated with an Introduction. Leiden/Boston, Mass. 1990 (Studies in Ancient Medicine 2).

Smith, W. S. (1972): The Narrative Voice in Apuleius' *Metamorphoses*, Transactions and Proceedings of the American Philological Society 103, 513–534; auch in: Harrison 1999a, 195–216.

Snyder, J. A. (2014): Language and Identity in Ancient Narratives: the Relationship Speech Patterns and Social Context in the *Acts of the Apostles*, *Acts of John*, and *Acts of Philip*, Tübingen (Wissenschaftliche Untersuchungen zum Neuen Testament 2. Reihe 370).

Söder, R. (1932): Die apokryphen Apostelgeschichten und die romanhafte Literatur der Antike, Stuttgart; Nachdr. Darmstadt 1969.

Spittler, J. E. (2013): Μανθάνεις πρὸς τίνας εἴρηται τὰ εἰρημένα: Metalepsis in the *Apocryphal Acts of Andrew*, in: U. E. Eisen/P. v. Möllendorff (Hgg.): Über die Grenze. Metalepse in Text und Bildmedien des Altertums, Berlin/Boston, Mass. (Narratologia 39), 387–402.

– (2019): The Narrative Self in Early Christianity: Essays in Honor of Judith Perkins. Atlanta, Ga. (Writings from the Greco-Roman World 15).

Stadter, P. A. (1991): Fictional Narrative in the *Cyropaideia*, American Journal of Philology 112, 461–491.

Stenger, Jan (2005): Dares Phrygius und kein griechisches Original, Grazer Beiträge 24, 175–190.

Stephens, S. A. (1994): Who Read Ancient Novels?, in: Tatum 1994b, 405–418.

– (1996): Fragments of Lost Novels, in: Schmeling 1996b, 655–683.

– (2014): The Other Greek Novels, in: Cueva/Byrne 2014, 147–185.

– /J. J. Winkler (1995; Hg.): Ancient Greek Novels: The Fragments. Introduction, Text, Translation, and Commentary, Princeton, N. J.

Stöcker, C. (1969): Humor bei Petron, Diss. Erlangen.

Stoneman, R. (1994): The *Alexander Romance*: from History to Fiction, in: Morgan/Stoneman 1994, 117–129.

– (1996): The Metamorphoses of the *Alexander Romance*, in: Schmeling 1996b, 601–612.

– (1999): The Latin Alexander, in: Hofmann 1999, 167–186.

– /T. Gargiulo (2007–2012): Il romanzo di Alessandro. Scelta dei testi e commento di R. S. Testo critico e traduzione di T. G. Vol. I–II, Milano (Scrittori Greci e Latini).

– et al. (2012): The Alexander Romance in Persia and the East, Eelde (Ancient Narrative Suppl. 15).

– et al. (2018; Hgg.): The Alexander Romance: History and Literature, Groningen (Ancient Narrative Suppl. 25).

Stoops, R. F./J. V. Hills (2012): The Acts of Peter. Translated by R. F. S. Edited by J. V. H., Salem, Or. (Early Christian Apocrypha 4).

Stramaglia, A. (1998): Il soprannaturale nella narrativa greco-latina: testimonianze papirologiche, Groningen Colloquia on the Novel 9, 29–60.

– (2025a; Hg.): À l'aube du Roman: La fiction narrative au siècle d'Auguste. Neuf Exposés suivis de Discussions, Vandœuvres (Entretiens sur l'Antiquité Classique 70).

– (2025b): Un ciclo di novelle nella Roma di Augusto, in: Stramaglia 2025a, 197–228.

Swain, S. (1996): Hellenism and Empire: Language, Classicism, and Power in the Greek World, AD 50–250, Oxford.

– (1999a): Defending Hellenism: Philostratus, *In Honour of Apollonius*, in: M. Edwards et al. (Hgg.): Apologetics in the Roman Empire. Pagans, Jews, and Christians, Oxford, 157–196.

– (1999b): A Century and More of the Greek Novel, in: Swain 1999c, 3–35.

– (1999c; Hg.): Oxford Readings in the Greek Novel, Oxford.

Szepessy, T. (1957): Die Aithiopika des Heliodoros und der griechische sophistische Liebesroman, Acta Antiqua Academiae Scientiarum Hungaricae 5, 241–259; auch in: H. Gärtner 1984, 432–450.

– (1975): Die »Neudatierung« des Heliodoros und die Belagerung von Nisibis, in: Actes de la XIIe conférence internationale d'études classiques »Eirene« Bukarest, Amsterdam, 279–287.

– (1978): Zur Interpretation eines neu entdeckten griechischen Romans, Acta Antiqua Academiae Scientiarum Hungaricae 26, 29–36.

– (1995): Les Actes d'apôtres apocryphes et le roman antique, Acta Antiqua Academiae Scientiarum Hungaricae 36, 133–161.

Tagliabue, A. (2015): Heliodorus's *Aethiopica* and the Odyssean *Mnesterophonia*: an Intermedial Reading, Transactions of the American Philological Association 145, 445–468.

– (2017): Xenophon's *Ephesiaka*: a Paraliterary Love-story from the Ancient World, Groningen (Ancient Narrative Suppl. 22).

Tamiolaki, M. (2017): Xenophon's *Cyropaedia*: Tentative Answers to an Enigma, in: M. A. Flower (Hg.): The Cambridge Companion to Xenophon, Cambridge/New York, 174–194.

Tatum, J. (1979): Apuleius and the *Golden Ass*, Ithaca, N. Y./London.
– (1989): Xenophon's Imperial Fiction: On *The Education of Cyrus*, Princeton, N. J. 1989.
– (1994a): *The Education of Cyrus*, in: Morgan/Stoneman 1994, 15–28.
– (1994b; Hg.): The Search for the Ancient Novel, Baltimore/London.
Teske, D. (1991): Der Roman des Longos als Werk der Kunst. Untersuchungen zum Verhältnis von Physis und Techne in ›Daphnis und Chloe‹, Münster.
Teuber, B. (1993): Zur Schreibkunst eines Zirkusreiters: Karnevaleskes Erzählen im »Goldenen Esel« des Apuleius und die Sorge um sich in der antiken Ethik, in: S. Döpp (Hg.): Karnevaleske Phänomene in antiken und nachantiken Kulturen und Literaturen, Trier (BAC. Bochumer Altertumswissenschaftliches Colloquium 13), 179–238.
Thiel, H. van (1971/72): Der Eselsroman. 2 Bde., München (Zetemata 54. I/II).
– (1972): Abenteuer eines Esels, oder die Verwandlungen des Lukios. Der griechische Eselsroman rekonstruiert, übersetzt, erläutert, München (Tusculum Schriften).
Thomas, C. (2003): The *Acts of Peter*, Gospel Literature, and the Ancient Novel: Rewriting the Past, Oxford.
Tilg, S. (2002): Die ›Flucht‹ als literarisches Prinzip in Petrons Satyrica, Materiali e discussioni per l'analisi dei testi classici 49, 213–226.
– (2010a): Chariton of Aphrodisias and the Invention of the Greek Love Novel, Oxford/New York.
– (2010b): Eine Gattung ohne Namen, Theorie und feste Form: Der griechische Roman als literaturgeschichtliche Herausforderung, in: J. Grethlein/A. Rengakos (Hgg.): Griechische Literaturgeschichtsschreibung. Traditionen, Probleme und Konzepte, Berlin/Boston, Mass., 83–101.
– (2013): Das ›Missing Link‹ in der Geschichte des lateinischen Romans: Die Milesiaka, Gymnasium 120, 325–342.
– (2014): Apuleius' *Metamorphoses*: a Study in Roman Fiction, Oxford/New York.
Treu, K. (1989): Der antike Roman und sein Publikum, in: Kuch 1989, 178–197.
Trnka-Amrhein, Y. (2016): 5262–5263. *Sesonchosis*, in: J. H. Brusuelas/C. Meccariello (Hgg.): The Oxyrhynchus Papyri. Edited with Translations and Notes, London (Graeco-Roman Memoirs 102), 19–40.
– (2020): Interpreting *Sesonchosis* as a Biographical Novel, Classical Philology 115, 70–94.
Turasiewicz, R. (1995): Zum Stil des Romanciers Xenophon von Ephesos, Grazer Beiträge 21, 1995, 175–188.
Trzaskoma, S. M. (2018): Citations of Xenophon in Chariton, in: Chew et al. 2018, 65–79.

Ulrich, J. P. (2024): The Shadow of an Ass: Philosophical Choice and Aesthetic Experience in Apuleius' *Metamorphoses*, Ann Arbor.

Vannini, G. (2007): Petronius 1975–2004: bilancio critico e nuove proposte, Lustrum 49, 7–511.

– (2010): Petronii Arbitri *Satyricon* 100–115. Edizione critica e commento, Berlin/New York (Beiträge zur Altertumskunde 281).

– (2018; Hg.): Storia di Apollonio Re di Tiro. Testo latino a fronte, Milano (Scrittori Greci e Latini).

Vendruscolo, F. (2023): Postille a papiri di Caritone, Archiv für Papyrusforschung und verwandte Gebiete 69, 7–21.

Vielberg, M. (2000): Klemens in den pseudoklementinischen Rekognitionen. Studien zur literarischen Form des spätantiken Romans, Berlin (Texte und Untersuchungen zur Geschichte der altchristlichen Literatur 145).

Vilborg, E. (1955): Achilles Tatius. Leucippe and Clitophon. Edited with Introduction, Stockholm (Studia Graeca et Latina Gothoburgensia 1).

– (1962): Achilles Tatius. Leucippe and Clitophon: a Commentary, Stockholm (Studia Graeca et Latina Gothoburgensia 15).

Völker, T./D. Rohmann (2011): *Praenomen Petronii*: The Date and Author of the *Satyricon* Reconsidered, Classical Quarterly 61, 660–676.

Waiblinger, F. P. ([2]1994): Historia Apollonii regis Tyri. Die Geschichte von König Apollonius. Übersetzt und eingeleitet, München (dtv 9324).

Waldner, K. (2009): Religion im Roman des Longos. Die Erfindung des ›Hirteneros‹ auf Lesbos, Archiv für Religionsgeschichte 11, 263–283.

Walsh, R. F. (2020): The *Satyrica* and the Gospels in the Second Century, Classical Quarterly 70, 356–367.

Watson, D. F. (2010): The *Life of Aesop* and the Gospel of Mark: Two Ancient Approaches to Elite Values, Journal of Biblical Literature 129, 699–716.

Weeber, K.-W. (2018): Petronius Arbiter. Satyrica. Übersetzt und hg., Ditzingen (Reclams Universalbibliothek 19553).

Wehnert, J. (2010): Pseudoklementinische Homilien: Einführung und Übersetzung. Göttingen.

Wehrli, F. (1965): Einheit und Vorgeschichte der griechisch-römischen Romanliteratur, Museum Helveticum 22, 133–154; auch in: H. Gärtner 1984, 161–182.

Weissenberger, M. (1997): Der ›Götterapparat‹ im Roman des Chariton, in: Picone/Zimmermann 1997, 49–73.

Wesseling, B. (1988): The Audience of the Greek Novel, Groningen Colloquia on the Novel 1, 67–79.

Wessels, A. (2021): *Liber esto* – Wordplay and Ambiguity in Petronius' *Satyrica*. in: M. Vöhler et al. (Hgg.): Strategies of Ambiguity in Ancient Literature, Berlin/Boston, Mass.

Wheaton, B. (2018): The *Historia Apollonii Regis Tyri* and the Transformation of Civic Power in the Late Empire, in: Chew et al. 2018, 2, 263–276.

Whitmarsh, T. (2001): Leucippe and Clitophon. Translated with Notes. Introduction by H. Morales, Oxford.

– (2002): Written on the Body: Ekphrasis, Perception and Deception in Heliodorus' *Aethiopica*, Ramus 31, 111–125.

– (2003): Reading for Pleasure: Narrative, Irony, and Erotics in Achilles Tatius, in: S. Panayotakis et al. 2003, 191–205.

– (2005): The Greek Novel: Titles and Genre, American Journal of Philology 126, 587–611.

– (2010a): Epitomes of Greek Novels, in: M. Horster/C. Reitz (Hgg.): Condensing Texts – Condensed Texts, Stuttgart (Palingenesia 98), 307–320.

– (2010b): The Metamorphoses of the Ass, in: F. Mestre/P. Gómez (Hgg.): Lucian of Samosata: Greek Writer and Roman Citizen, Barcelona, 131–143.

– (2011): Narrative and Identity in the Ancient Greek Novel: Returning Romance, Cambridge (Greek Culture in the Roman World).

– (2013a): Addressing Power: Fictional Letters Between Alexander and Darius, in: Hodkinson et al. 2013, 169–186.

– (2013b): Euhemerus, the Sacred Inscription, and Philosophical Fiction, in: C. Bréchet et al. (Hgg.): Théories et pratiques de la fiction à l'époque impériale, Nanterre cedex (Textes, Histoire et Monuments de l'Antiquité au Moyen Âge), 179–191.

– (2020): Achilles Tatius: Leucippe and Clitophon. Books I–II, Cambridge/New York (Cambridge Greek and Latin Classics).

– /S. Thomson (2013; Hgg.): The Romance Between Greece and the East, Cambridge/New York.

Wiesehöfer, J. (2013): Ctesias, the Achaemenid Court, and the History of the Greek Novel, in: Whitmarsh/Thomson 2013, 127–141.

Wills, L. M. (1997): The Quest of the Historical Gospel. Mark, John, and the Origin of the Gospel Genre. London/New York.

Winiarczyk, M. (1991): Euhemeri Messenii Reliquiae, Stuttgart/Leipzig (Bibliotheca Scriptorum Graecorum et Romanorum Teubneriana).

– (1997): Das Werk des Jambulos. Forschungsgeschichte (1550–1988) und Interpretationsversuch, Rheinisches Museum für Philologie 140, 128–153.

– (2013): The ›Sacred History‹ of Euhemeros of Messene, Berlin/Boston, Mass. (Beiträge zur Altertumskunde 312) ~ [kürzer] Euhemeros von Messene. Leben, Werk und Nachwirkung, München 2002 (Beiträge zur Altertumskunde 157).

Winkler, J. J. (1980): Lollianos and the Desperadoes, The Journal of Hellenic Studies 100, 155–181; auch in: R. Hexter/D. Selden (Hgg.): Innovations of Antiquity, New York/London 1992, 5–50.

– (1982): The Mendacity of Kalasiris and the Narrative Strategy of Heliodoros' *Aithiopika*, Yale Classical Studies 27, 93–158; auch in: Swain 1999c, 286–350.

– (1985): Auctor & Actor: a Narratological Reading of Apuleius's *The Golden Ass*, Berkeley, Los Angeles/London.

– (1990): The Education of Chloe: Hidden Injuries of Sex, in: Ders., The Constraints of Desire: The Anthropology of Sex and Gender in Ancient Greece, New York/London, 101–126; (gekürzt) auch in: L.A. Higgins/B.R. Silver (Hgg.): Rape and Representation, New York 1991, 15–34.

Winkler, M. M. (2000/01): The Cinematic Nature of the Opening Scene of Heliodoros' *Aithiopika*, Ancient Narrative 1, 161–184.

Wlosok, A. (1969): Zur Einheit der Metamorphosen des Apuleius, Philologus 113, 68–84 = On the Unity of Apuleius' *Metamorphoses*, in: Harrison 1999a, 142–156.

Wolff, E. (1999): Le rôle de l'énigme dans l'*Historia Apollonii regis Tyri*, Revue de Philologie, de littérature et d'histoire anciennes 73, 279–288.

Wouters, A. (1996): Longos' »Daphnis und Chloe« – ein anspruchsvoller Roman für einen anspruchsvollen Leser, Anregung 42, 1–14.

Wulfram, H. (2018): Intertextuality through Translation: the Foundation of Alexandria and Virgil in Julius Valerius' *Alexander Romance*, in: Stoneman et al. 2018, 169–188.

– (2023; Hg.): Der lateinische *Alexanderroman* des Iulius Valerius. Sprache, Erzählung, Kontext. Berlin/Boston, Mass. (Millennium-Studien zu Kultur und Geschichte des Ersten Jahrtausends n. Chr. 101).

Zanetto, G. (2018): Intertextualität und Intervisualität bei Heliodorus, in: Rivoletti/Seeber 2018, 43–56.

Zeitlin, F. I. (1971): Petronius as Paradox: Anarchy and Artistic Integrity, Transactions and Proceedings of the American Philological Association 102, 631–684; auch in: Harrison 1999a, 1–49.

Zimmerman, M. (2000): Apuleius Madaurensis. Metamorphoses. Book X. Text, Introduction and Commentary, Groningen (Groningen Commentaries on Apuleius).

– (2002): Latinising the Novel. Scholarship since Perry on Greek ›Models‹ and Roman (Re-)Creations, Ancient Narrative 2, 123–142.

– (2012): Apulei Metamorphoseon libri XI. Recognovit brevique adnotatione critica instruxit, Oxford (Scriptorum Classicorum Bibliotheca Oxoniensis).

– et al. (1998; Hgg.): Aspects of Apuleius' Golden Ass. Vol. II. Cupid and Psyche, Groningen.

– et al. (2004): Apuleius Madaurensis. Metamorphoses, Book IV 28–35, V and VI 1–24. The Tale of Cupid and Psyche. Text, Introduction and Commentary, Groningen (Groningen Commentaries on Apuleius).

Zimmermann, B. (1989): Roman und Enkomion – Xenophons ›Erziehung des Kyros‹, Würzburger Jahrbücher für die Altertumswissenschaft 15, 97–105.

– (1994): Liebe und poetische Reflexion. Der Hirtenroman des Longos, Prometheus 20, 193–210.
– (1997): Die Symphonie der Texte. Zur Intertextualität im griechischen Liebesroman, in: Picone/Zimmermann 1997, 3–13.
– (2009): The Historical Novel in the Greek World: Xenophon's *Cyropaedia*, in: Karla 2009, 95–103.

Personen- und Sachverzeichnis

 | HTTPS://DOI.ORG/10.1515/9783119783112228999-007

www.ingramcontent.com/pod-product-compliance
Lightning Source LLC
LaVergne TN
LVHW050956080826
845145LV00006B/1514